KB239713

# 한문교육론

## – 반성과 전망–

한 예 원 저

초판 1쇄 인쇄 2006년 6월 5일
초판 1쇄 발행 2006년 6월 9일

**지은이** 한예원
**펴낸이** 조윤숙
**펴낸곳** 문자향
**신고번호** 제300-2001-48호
**주소** 서울 서대문구 남가좌동 124-313 / 2층
**전화** 02-303-3491
**팩스** 02-303-3492
**이메일** munjahyang@korea.com

**값 15,000원**
ISBN 89-90535-28-X 93370

# 한문교육론

## -반성과 전망-

한예원 저

漢文教育論

문자향

요즈음 한문학습은 영어나 수학만큼이나 관심의 대상이 되고 있다. 그것은 한문학습에 따른 시너지 효과와 중요성에 대해서 학습자나 학부모 모두가 인식한 결과이다. 이러한 변화를 88올림픽 이전과 비교하여보면 참으로 격세지감隔世之感이라는 말이 실감날 정도이다.

그런데 피교육자 측이 한문학습의 필요성을 인정하고 적극적으로 학습에 임하면서 한문교육계에는 새로운 문제가 드러나고 있다. 기존에 한문교육을 실시하고 있던 중학교 · 고등학교의 경우는 교육용 기초한자 1,800자를 중심으로 편성된 한문교과서가 있기 때문에 비교적 그 혼란이 크지 않은 편이다. 반면에 초등학교의 경우는 한문학습에 관한 가이드라인조차도 설정되어 있지 않은 상태이다. 따라서 각 학교의 사정에 따라 천차만별의 한자 · 한문 학습이 진행되고 있고, 초등학교 주변에는 우후죽순雨後竹筍처럼 한문학원이 성업중이다. 여기서 문제가 되는 것은 '한자인증시험' 일명 '한자급수시험' 준비가 곧 한문학습이라는 인식이 피교육자 측에 확산되고 있다는 점이다.

반면에 중 · 고등학교 및 대학 등 제도권의 한문교육 담당자들은, 공통적으로 오늘날 유행하고 있는 급수 준비의 한자학습은 어디까지나 부차적副次的일 뿐, 한문학습의 중심으로 인정하기 어렵다는 입장이다. 그 이유는 한자급수시험 준비로는 한문과 교육과정에서 제시하는 교육목표를 실현하기 어렵기 때문이다. 교육과정이 추구하는 한문교육 목표는 풍요로운 국어생활을 위하여 적합한 한자어를 활용, 고사성어나 한자성어 속의 옛 선인의 삶과 지혜를 배워 바람직한 가치관 형성, 그리고 한문독해를 통하여 전통을 이해하고 계승하며, 한자문화권 속에서의 교류를 넓혀간다는 것이다. 따라서 이런 목표 실현을 위한 한자·한문 학습의 올바른 교육내용이 절실히 요망되는 때이기도 하다. 그렇게 되면 피교육자의 혼란은 해소될 것이다.

피교육자 쪽에 일어나는 한문학습에 관한 혼란을 바라보며, 필자는 처음 교육현장에 발을 디뎠을 때의 혼란감이 떠올랐다. 대학을 졸업하고 교원임용에 선발되어 교육현장에 가서 중학교 한문교과서(당시는 제5차 교육과정의 교과서)를 받아들었을 때의 그 당혹감이다. 당시 한문교육과에서는 그다지 중요시하지 않던 내용들이 교과서를 가득 채우고 있었기 때문이다. 예를 들면 '한자의 생성원리'(육서六書)를 조사하고 부수를 찾고 '한자어의 짜임' 및 '한문구조'를 비롯한 국어식의 문법체계 등이다.

이것은 사범대학 한문교육과의 교육과정과 중·고등학교 교육현장의 교육내용이 서로 그다지 연계되지 않고 있었다는 것이다. 그렇게 된 이유는 사범대학이지만 한문교육보다 한문학 중심의 교육과정으로 운영되어 교과교육학보다는 전공 중심의 교육이 이루어졌던 반면에, 제4차·제5차 한문교과서 및 교육과정은 국어교과의 도구교과적 성격으로 편성 운영되고 있었기 때문이기도 하다.

따라서 현장의 한문교육은 담당교사의 역량과 관심에 따라 그 수업의 깊이와 범위를 달리하게 되었다. 이때부터 한문교사들은 무엇을 어떻게 교육하는 것이 한문교육의 정도正道인지에 대하여 끝없이 고민하고 의논하여 오늘날에 이르렀다고 하여도 과언이 아닐 것이다.

　이제 한문과가 국어과에서 분리 독립한 지도 어언 30여 년이 지났다. 한문교육 담당자들의 끝없는 정진 속에 한문교육은 이제 독립교과로서의 자리매김을 확고히 하고 있다. 한문교육에 관한 변화도 내적으로 외적으로 크다고 할 수 있다. 외적으로는 앞에서 말한 피교육자의 의식변화야말로 가장 눈에 띠는 변화의 하나이고, 내적으로도 현장 한문교사 중심의 교과서가 제작되어 사용되면서 교과서의 질적 발전을 이루었다.

　하지만 한문교과를 둘러싼 제도상의 정비라던가 교육내용 및 교육방법의 면에 있어서는 아직 만족할 만한 단계에 이르지 못하였다. 지금부터 노력하여야 할 시기라고 생각한다. 바로 지난 시간에 대한 반성을 바탕으로 다가올 미래에 대한 전망이 필요한 시점이다. 이에 그동안 관심을 가졌던 한문교육의 교육과정 및 교과서, 그리고 교육내용에 대한 생각을 이 책으로 정리하여 반성의 계기로 삼고, 미래에 대한 미숙한 전망을 펼쳐보고자 하였다.

　필자가 직접적으로 한문교육에 관심을 갖고 활동을 시작하게 된 것은 동기同期 진재교 교수가 제7차 한문교과서 제작에 참여할 것을 권유한 것에서 비롯된다. 그때까지만 해도 교육과정을 면밀히 들여다본 적도 없었고, 교육과정과 교과서 및 학교 교육내용을 연관시켜 분석하는 것은 나의 일이 아닌 것처럼 생각 들었다. 하지만 교과서 제작의 경험은 한문교육에 대한 필자의 관점을 180도 바꾸어놓았다. 교육주체로서의 자각은 물론이고, 한문교육의 정체성을 찾게 되었다.

　그 후 자연스럽게 관심의 영역을 넓혀 일본의 한문교육 상황을 조사하게 되었고, 북한 및 중국의 한문교육 상황에 대해서도 자료를 모으면서 관심을 갖게 되었다. 일본에 출장을 가면 일본의 각급 학교의 한문교과서는 물론이고 관련 도서를 사서 모으면서 준비를 하게 되었다. 한자 · 한문 학습은 결국 동아시아 한자문화권의 연대聯隊 속에서 이루어짐이 바람직하다고 생각한다.

한문교육자의 한문교육에 관한 각자의 반성과 전망이 모여질 때, 한문교육은 이론 면은 물론이고 실제 교육내용 면에서도 질 높은 성장을 할 수 있을 것이다. 또 이런 반성과 전망을 토대로 하여 지금 모처럼 일궈진 한문학습에 관한 사회적 관심과 열기도 지속시키고, 또 현실적 혼란을 정리하여 올바른 방향으로 진전시킬 수 있을 것이라고 기대한다. 필자는 이런 생각에서 아직 부족하고 미비하지만 본 저서를 준비하여 많은 동학同學들의 도약대가 되었으면 한다.

한문교육에 관한 발표를 허락해주시고, 많은 공부이 기회를 주신 '한국한문교육학회'와 책의 출판을 권유해주신 선배 송병렬 교수님, 그리고 한문교육의 고민을 말씀해주시던 김혈조 교수님·이명학 교수님께 지면이나마 감사를 드린다. 또 2002년 2월 함께 일정연수를 받으며 학교 현장에 사용할 '비디오 고사성어의 학습자료' 제작에 혼신의 힘을 기울여주었던 선생님들에게 감사드리고, 수고해준 문자향 출판사의 두 후배에게는 많은 빚을 져서 앞으로 두고두고 갚고자 한다.

끝으로 며느리가 초지일관 수학과 연구·교육의 길을 걷는 데 불편과 제약을 받지 않도록 모든 뒷일을 맡아주셨던 시부모님께 이 책을 바친다.

2006년 6월 명옥헌에서
한 예 원

# | 목차 |

# 제2부 재미있는 수업모형 개발

# 제1부

# 새로운 한문교육의 모색

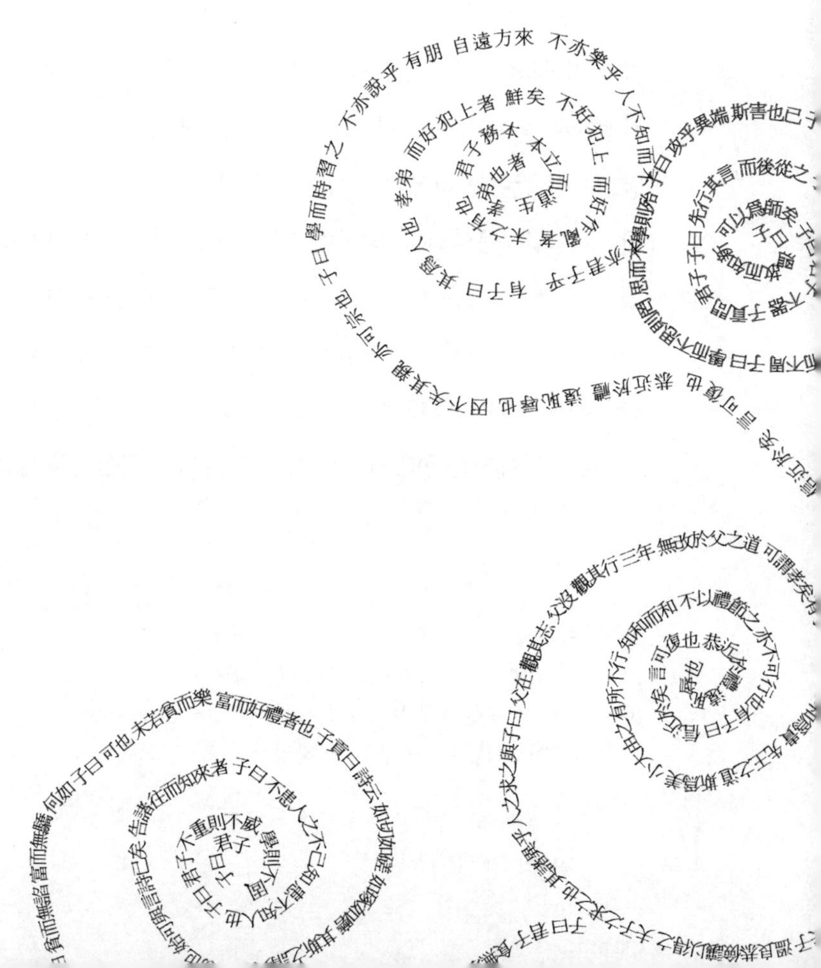

# 한자·한자어의 필수 학습요소 개발

## 1. 머리말

'한자어漢字語'의 의미를 교육과정 해설서에서는 '하나 또는 둘 이상의 한자가 결합하여, 한국어로 사용되는 한국식 발음의 단어'[1]라고 설명하고 있다. 사전에서는 '한자로 이뤄진 말'[2], '한자로써 된 낱말'[3], '한자를 기초로 하여 만들어진 단어를 고유어에 상대하여 이르는 말'[4] 등으로 기술하고 있다. 반면, 같은 한자문화권의 '중국어 사전'이나 '일본어 사전'에는 그 용례가 들어 있지 않다. 이것은 중국과 일본에는 '한자'·'한문'이라는 어휘는 있지만, '한자어'라는 어휘가 존재하지 않음을 의미한다. 여기서 '한자어'란 어휘가 한국어에서만 사용되고 있음을 알 수 있다.

우리나라에서는 한자와 한문을 수용하여 문자생활을 영위하면서, 우리 한

---

1) 교육부, 『중학교 교육과정 해설(Ⅴ)』, 1999, 170쪽.
2) 이희승, 『엣센스 국어사전』, 민중서림, 1985.
3) 신기철·신용철, 『새 우리말 큰사전』, 삼성출판사, 1980.
4) 조선사회과학언어학연구소, 『한자말사전』, 조선교육도서출판사, 1991.

국어에 필요한 한자로 된 어휘를 만들어 생활용어에 활용하였고, 여기서 '한자어'란 개념이 형성되었던 것이다.[5] 한자는 조어력이 뛰어나 그 필요에 따라 계속 한자어를 만들어왔다. 때문에 오늘날 한자어가 한국어의 주류를 이루고 있다고 하여도 과언이 아닐 정도이다. 이 한자어에는 국어생활을 위해 한자로 조어된 것과 본래 한문문장 속의 다음절어에서 유래된 것이 있으며, 이 양측을 망라하여 한자어라고 하고 있다.[6]

우리나라 한문과 교육과정은 '한자 · 한자어 · 한문' 순서의 단계별 학습이 요구되고 있다. 한자 · 한문의 범주로만 구별하고 있는 다른 한자문화권과 달리 '한자어'가 하나의 범주로 중간 단계에 자리잡고 있다. 이런 단계별 학습이 교육과정의 변천사에 등장하는 것은 1988년에 고시된 제5차 교육과정이다. 물론 그 이전의 제4차 교육과정에서도 한자어의 짜임에 관한 언급은 있었지만, 현재의 모습처럼 세 가지 영역의 단계적 학습내용이 제시되지는 않았다.

그 이전에 교수요목기(1946~1955) 시기에는 한문지도 내용에 관한 규정이 별도로 없었고, 다만 국어과와 관련되는 한자지도 및 국한문혼용에 관한 것만 제시되어 있었다. 제1차 교육과정기(1955~1963)에서 처음으로 '한자 및 한문 지도'를 구체화하여 국어 Ⅱ에 포함시켜 국어교육의 일부로 간주하였다. 여기에서는 평이한 한문문장의 학습을 통하여 한학漢學을 이해하는 것을 목표로 삼고 있는 만큼 '한자어'의 개념은 보이지 않는다.

제2차 교육과정기(1963~1974)는 한문교육에 있어 변화가 매우 컸던 시기이다. 우선 1969년 교육과정 부분개정에서 '한자 및 한문 지도'에 관한 규정 자

---

5) 교육부, 『중학교 교육과정 해설(Ⅴ)』, 1999, 170쪽.
6) 송병렬은 '한문에 쓰이는 한자어'와 '언어생활에 쓰이는 한자어'로 구분하고 있다.(「한문교육의 한자어 교육문제」, 『새로운 한문교육의 지평』, 2002, 문자향, 233쪽)

체가 말소되었다. 1971년에는 다시 한문교과를 정규과목으로 독립 신설하였고, 1972년에는 문교부에서 한문교육용 기초한자 1,800자를 확정, 공포하여 중·고등학교 한문과 교육에서 필수적으로 지도하게 하였다. 이에 따라 제3차 교육과정기(1974~1981)에는 국어 Ⅱ에 포함되어 있던 한문과정이 한문교과로 독립되어 한문 Ⅰ·Ⅱ로 나누어 지도하게 되었다. 그 지도사항은 한자의 음·뜻·구조, 그리고 한자어로 된 격언·고사·숙어, 한문 등의 분야이다.

이상이 한문과 교육과정에 한자·한자어·한문의 영역이 설정되기까지의 변천 모습이다. 위에서 알 수 있듯, 한문과가 독립하기 이전 국어과목 속에서 한문을 지도하던 당시에는 말 그대로의 한문지도, 바꾸어 말하면 한학漢學의 이해를 도모하기 위한 교육이었다. 반면에 한문과가 정규과정으로 분리·독립된 뒤에는 오히려 도구교과로서의 위상이 설정되면서 생활한자어 교육이 불거져 나왔다. 그에 따라 교육내용의 체계로서 한자·한자어·한문의 세 영역이 고착화되었고, 한자학습의 기초 위에 한자어를 학습하고 그 기초 위에 한문을 독해한다는 학습과정도 설정되었다. 하지만 이런 학습과정은 국어의 어휘교육 및 실제의 언어생활에서의 한자어 활용을 위한 학습과정으로는 타당성이 인정되지만, 한문독해를 위한 학습과정으로는 적절하지 못한 점이 지적되어왔다.[7] 사실 한문의 구조는 우리 국어와 달리 두 음절 이상으로 된 다음절어多音節語(복음절사複音節詞)의 역할보다 단음절어單音節語(단음절사單音節詞)의 역할이 훨씬 주류를 이루고 있다. 따라서 한문독해에 교육목표가 있을 경우에는, 한자어의 학습이 한문독해에 전이되는 요소가 될 수 없다는 것이다.

---

7) 한연석, 「한문교육에 있어서 한자어의 위상에 대한 비판」, 『한문교육연구』 5호, 한국한문교육학회, 1991, 24쪽. 송병렬, 앞 논문.

그러나 소고에서 고찰할 대상이 한자 · 한자어 학습의 필수 학습요소이기 때문에, 우선 어떻게 하면 수많은 한자를 체계적으로 이해하고, 그 연결선상에서 한자어를 구조적으로 정리하여 활용할 수 있는 것인가를 살펴본다. 다음에 한자어의 학습요소로는 한문독해를 위한 한자어나 생활용어로서의 한자어 학습에 공통으로 적용될 사항을 중심으로 살펴보고자 한다. 사실 여건이 허락된다면 생활용어로서의 한자어는 한문과 부교재의 형식으로 학습하고, 한문과의 정규 교육내용으로는 한문독해를 위한 한자어가 중심적으로 다루어져야 할 것이다. 하지만 현재 상황으로는 아직 산적된 어려움이 많기 때문에, 한문과 교육내용 속에서 병행하지 않을 수 없을 것이다. 하지만, 이러한 소고의 작업을 통하여 현행처럼 한문과 교육내용을 세 가지 영역으로 구분함에 어떤 문제점이 있는지를 반성할 기회가 될 수 있을 것이다.


## 2. 한자의 필수 학습요소

교육과정에서 제시하고 있는 영역별 내용체계의 한자영역은 크게 한자 익히기와 한자 활용하기의 두 부분으로 나누어진다. 구체적인 학습요소는 (1)한자의 음과 뜻, (2)한자의 짜임(육서), (3)자전 활용(부수), (4)필순, (5)언어생활 활용, (6)문장내용 이해로 되어 있다.[8] 이런 내용이 한자학습의 대강大綱을 이룬다는 것에 대하여 필자도 이의가 없다. 다만, 현실의 한자학습에서는 보다 짧은 시간에 보다 효율적으로 한자를 습득하고 활용하기를 요구하고 있다. 이런 요구에 부응하기 위해서는 위에 제시된 교육과정의 학습요소를 조금 변용할

---

8) 교육부, 『중학교 교육과정 해설(Ⅴ)』, 1999, 161쪽.

필요가 있다. 이에 부응하여 보다 체계적이며 합리적인 한자학습의 방법이 다수 연구 발표되어왔다. 또 한자는 어렵다는 선입견을 개선하기 위한 노력도 다양하게 시도되고 있는 실정이다. 이에 필자는 한자학습에 관한 기존 연구를 참고하면서 한자의 전이학습轉移學習 효과를 증진시키는 방향으로 다음과 같은 학습요소를 설정하여본다.

## 1) 제자製字원리(상형·지사)를 통한 독체자獨體字 학습

한자학습에서 육서六書 지도는 한자의 짜임을 이해하기 위해서 반드시 이루어져야 되는 중요한 학습요소이다. 특히 한자를 처음 배우는 단계에서 적어도 독체자獨體字(단체자單體字)[9]에 대한 체계적인 지도가 이루어져야 한다. 요즈음은 유치원이나 초등학교에서 재량활동 시간을 활용하여 기초한자를 교육하고 있는 곳이 많다. 이런 단계에서는 상형자·지사자의 제자원리에 관한 지도가 필수 학습요소로 설정되어야, 다음 단계의 복체자複體字(합체자合體字) 지도가 보다 용이하게 수용될 수 있다.

교육의 대상으로 삼을 독체자獨體字를 우선 부수자이면서 학교교육용 기초한자 1,800자 속에 포함되는 것으로 선정한다. 여기에 해당하는 한자가 130자 정도인데, 중학교용 기초한자가 114자, 고등학교용 기초한자가 16자이다.[10] 이 130자 중 제자원리가 상형·지사에 속하는 독체자는 약 100자에 이

---

9) 독체자는 몸체가 하나인 한자로 상형자와 지사자가 여기에 해당한다.(송병렬, 「한문교과 교육에서 '한자의 짜임' 지도 방법의 일고찰」, 『새로운 한문교육의 지평』, 2002, 문자향, 166쪽)

10) http://hanja.pe.kr/han_3/h3_e.htm 참고.

른다.[11]

우선 이런 부수자이면서 교육용 한자에 속하는 독체자의 제자원리(상형과 지사)를 설명하면서 해당 한자의 자원字源 및 그 한자의 형形·음音·의義를 지도하면, 한자를 처음 접하는 초심자일지라도 흥미를 유발하기 쉽다. 이런 기본한자의 제자원리를 통해 음·뜻을 익히면, 다음 단계인 독체자의 형성·회의의 제자원리를 이해하기도 용이할 것이다.

다음 표는 비 우(雨)에 관한 학습내용이다.

雨 (우 : 비, 비오다)
(1) 제자원리 : 상형(하늘에서 비가 내리는 모습을 형상화한 것 cf. 현재의 비의 이미지 – ☔ )
(2) 서체의 변화 : 갑골 → 금문 → 소전
(3) 자원字源 : 하늘에서 내리는 비, 구석구석까지 미치는 은혜, 덮을 정도로 많은 것을 비유하기도 함[12]
(4) 활용 : 暴雨(폭우), 雨期(우기)

(1)은 상형의 제자원리로 이루어진 비 우(雨)의 이미지와 지금의 비의 이미지 ☔와의 유사성을 제시한 것이고, (2)는 서체가 시대에 따라 변하여온 과정을 보여준 것이고, (3)은 자원을 통하여 의미의 전이轉移를 추정하고, (4)는

---

11) 角干甘車犬高工口弓己大刀斗豆力老六馬毛木目門文米方白非飛糸山生石夕水手首示食臣心十羊魚玉瓦日牛雨又月酉肉乙音衣耳而一日入子自田鳥走竹止川寸虫齒土八貝片行尸虎(이상 중학교용 84자)戈瓜鬼龜斤鹿龍矛卜矢牙羽齊舟玄禾(이상 고등학교용 16자)

12) 藤堂明保 외 2人, 『漢字源』, 學習硏究社, 1988, 1337쪽.

그 활용어휘의 예시인데, 한자는 놓여지는 위치에 따라 명사로도 되고, 동사로도 사용됨을 이해하게 한다.

현행 한문과 교육과정에서 제자원리는 한자를 처음 배우는 중학교 1학년 과정에서 접하게 되어 있다. 신출한자를 이해하기 위해서는 지속적으로 학습할 교육내용이지만, 실제 현장에 있어서는 육서를 학습하는 단원에서만 언급되고 한자어의 뜻풀이 및 한문의 독해에 밀려서 생략되기 일쑤이다. 또한 한자의 제자원리 중 상형과 지사의 경우도 그 원리를 설명하기보다는 고대의 갑골문·금문·전서·예서로부터 현대의 해서에 이르는 서체의 변화를 제시하는 경우가 빈번하다. 자형의 변화과정이 복잡한 모양에서 간편한 모양으로 바뀌어가는 것을 상형자의 원리로 오해하는 결과를 초래하였다.

상형자는 사물의 모양을 문자적으로 이미지화한 것으로, 필요 없는 부분은 생략하고 사물의 특징적인 부분을 강조하면서 이미지화한 것으로 이해하고,[13] 그런 제자원리를 납득한 이후에 시대에 따라 표기도구의 변화에 따른 자형의 변화(서체의 변화)를 거쳐 오늘날의 한자인 해서체에 이른 것을 부수적으로 첨부하여 지도할 수 있다. 독체자인 기초한자의 이해에서는 한자가 만들어지게 된 원리(이미지화의 과정)가 중요함을 인식하여야 한다.[14]

지사는 추상적인 개념을 나타내기 위한 한자 제자원리이다. 아무리 눈에 보이지 않는 개념이지만 전혀 없는 것에서 시작할 수는 없고, 기존의 사물을 활용하여 표현하게 되므로 사물의 모습과 관련이 있기 마련이다. 예를 들면 근본 본(本)의 경우 나무(木)라는 사물의 모습에서 근본이 되는 뿌리 부분에 횡

---

13) 상형자라고 불리는 한자 중에는 사물의 모양과 비슷한 경우도 있지만, 본래의 사물 모습을 유추하기 어려운 경우도 있다. 그것은 시대가 흐름에 따라 특징적인 부분만 남기고 생략하여 기호화하였기 때문이다.

14) 송병렬(2002), 145쪽.

　제1부 새로운 한문교육의 모색

선(一)을 첨가하여 근본이라는 의미를 이미지화한 것이다.

다음 표는 저녁 석(夕)을 학습하는 내용이다.

夕 (석 : 저녁, 기울다)

(1) 제자원리 : 지사('月'에서 1획을 빼낸 모양)
(2) 서체의 변화 : 갑골 → 금문 → 소전
(3) 자원字源 : 달이 반쯤 보임으로 해서 해가 지고 달이 뜨는 과정을 의미하는 '저녁, 황혼'의 뜻을 비유함
(4) 활용 : 夕陽(석양), 秋夕(추석)

末, 上, 下도 모두 이런 원리로 이해할 수 있는 지사자이다. 결국 사물의 모습을 나타내는 한자에 약속된 기호인 점(·)이나 선(一)을 첨부하거나 생략하여 의미를 형성하고 글자의 모습을 만들어가는 원리이다. 이런 지사자는 본래의 사물과 닮은 경우도 있고, 또 상당히 모습이 변화된 것도 있지만, 전혀 추정할 수 없는 것은 아니다. 이것은 사물과 문자 사이에 유사성을 지님으로서 형상적 이미지를 만들기 때문이다.[15]

주의할 것은 한자의 제자원리는 한자의 구조를 이해하기 위한 학습요소로서 끝나야 한다. 만일 한자 낱자에 대해 모두 제자원리를 확인하고 암기를 요구하게 되면 오히려 본말이 전도된 결과가 초래될 수도 있다. 육서에 관한 사항은 사실 중국에서도 그다지 강조하는 학습요소는 아니다. 오히려 우리나라 교과서에서 보다 강조되고 있는 경향이 있다.

이러한 기본적인 육서 지도와 함께 병행하여 자원字源 지도가 요구된다. 대

---

15) 송병렬(2002), 159쪽.

부분의 한자는 상형문자의 성격이 포함되어 있으므로, 한자의 모양은 곧 그 한자의 의미에 연결된다. 자원을 통하여 한자를 학습하게 되면 기억하기도 쉽고 또 기억에도 오래 남게 된다. 특히 한자의 조자원리造字原理를 자원을 통하여 지도하게 되면 학습자는 한자에 대한 흥미가 높아져 학습효과를 증진시킬 수 있게 된다.

예를 들면, 嗚(탄식할 오)의 경우 '까마귀(烏)가 입(口)으로 울다, 탄식하다(嗚)'라고 할 수 있으며, 상형문자의 互(서로 호)의 경우는 서로 번갈아 움켜쥐고 있는 모양으로 설명된다.[16]

이런 자원을 설명하기 위해서는 부수자部首字 지도를 선행하면 효과적이다. 특히 한자어와 관련지어 지도하면 그 의미를 이해함에도 도움이 된다. 그러나 자원이 어려운 것은 무리하게 시도하지 않는 것이 견강부회를 피하는 길이 된다.[17] 자원학습의 이점은 모르는 한자라고 하여도 자원의 유추를 통하여 한자의 음·뜻을 파악하게 된다.

기초한자의 학습은 그것을 포함하는 한자어의 학습으로 연결될 때 효과적인 학습이 된다. 이때 가능하면 용례를 위의 표처럼 명사로 사용된 용례와 동사로 사용된 용례를 함께 제시하여 축자적逐字的 해석 훈련을 쌓아갈 필요성이 있다. 한문이란 이런 한자가 모여서 이루어지는 것이므로 문장 속의 역할에 따라 그 의미를 선별하여 선택할 수 있도록 하기 위함이다.

---

16) 최승호, 「구조모형의 모색활동을 통한 한자·한자어·한문에로의 단계별 지도방안」,「한문교육연구」4호, 1990, 84쪽 참조.
17) 자원字源에 관한 참고서는 김언종의 「한자의 뿌리 1, 2」(문학동네, 1993)와 권지용의 「국제 실용 한자 명해」, 竹田晃 외 2인의 「漢字源」(學研, 1988), 그리고 謝光輝 主編의 「漢語字源字典」(北京大學出版社, 北京, 2000), 賈國均의 「字理識字教學法」(中國輕工業出版社, 北京, 1998) 등을 참고할 수 있다.

 제1부 새로운 한문교육의 모색

## 2) 생성원리(회의·형성)를 통한 복체자複體字 학습

상형과 지사를 통하여 한자의 제자원리를 학습한 뒤에는 독체자를 합하여 새로운 의미의 한자를 생성하는 원리로서 회의와 형성을 학습하게 한다. 회의자 및 형성자의 지도는 우선 기존의 단체자의 한자가 존재한다는 사실이 전제되어야 한다. 사물의 모양을 나타내는 상형자 또는 그 사물의 모양에 기호를 첨부하여 비유적 의미를 나타내는 지사자를 활용하는 것이 회의자이며 형성자라는 것을 인지시킬 필요성이 있기 때문이다.

회의자의 원리는 기존 한자의 뜻을 둘 이상 합하여 새로운 뜻의 한자를 얻는 것이다.

예를 들면, '明'은 독체자인 '해(日)'와 '달(月)'이 합하여져서 '밝다(明)'는 뜻의 새로운 한자가 생성된 것이다. '休·信·林·男' 등도 회의의 원리로 결합하여 새롭게 생성된 한자임을 학습하여, 새로 생성된 한자는 그 결합 이전의 한자들이 비유적으로 그 의미를 나타내고 있음을 알게 한다.

두 종류 이상의 독체자가 결합된 복체자 학습에서 그 생성원리를 이해하게 되면 보다 수월하게 복잡한 한자의 뜻을 이해하고 활용할 수 있게 되며, 또한 문자를 만들어낸 중국 고대인의 문화적 감각을 배울 수 있게 될 것이다.[18]

---

18) 中學漢文敎育硏究會 編 『中學漢文』에서는 중학교 교육한자 900자 중 회의자를 학년별로 다음과 같이 분류하고 있다(학자에 따라 회의자로 보지 않는 한자도 있다) (http://user.chol.com/~h0108/6-3.htm)
1학년
間開見敬古谷骨公共國君今內多答代道同東冬得等禮路六利林 明無美民半白法別報夫婦分備氷師思史商相成世小孫守習是信 實億然往外右友位音意義以益壹者章典正造族存宗左晝知直眞 察初秋取則太退投特平表品夏學行協兄會孝後 興(102자)

그런데 『설문해자』에 실려 있는 9,353자의 한자 중 회의자가 차지하는 비율은 불과 1,167자(12.7%)에 불과하고, 형성자가 차지하는 비율은 7,697자(82.5%)에 달하고 있다.[19] 형성자가 압도적으로 높은 비율을 점하고 있다. 이 비율을 참고로 실제 전체 한자에 있어서의 형성자의 비율을 미루어 생각할 수 있다.[20] 따라서 형성자의 생성원리를 파악하고 그것을 바탕으로 형성자의 음별 지도를 하는 것은 한자학습의 필수 학습요소로서 빼놓을 수 없는 요목이 된다.

형성자의 원리는 기존 한자를 뜻 부분과 음 부분으로 모아서 하나의 새로운 뜻의 한자를 생성하는 것이다. 이때 부수자는 새로 생성된 한자의 뜻 부분이 되어, 비유적인 뜻을 포함하게 된다. 예를 들면, '江·河·沐·漁'와 같이 뜻 부분인 부수자 水와 음 부분인 '工·可·木·魚' 등이 각각 결합하여 물과 관련 있는 '강 강(江), 강 하(河), 머리감을 목(沐), 고기잡을 어(漁)'가 생성되었으며, 형성자는 복잡한 개념의 한자를 쉽게 표현할 수 있게 해준다. 여기서 생각할 문제는 왜 '머리감는다'라는 어휘에 '木'이 음 부분으로 선택되었는가

---

2학년
改 皆 耕 計 告 困 坤 官 光 軍 及 對 待 兩 旅 連 令 老 勞 里 莫 名 武 尾 反 兵 步 朋 比 死 喪 色 昔 先 善 設 秀 承 我 安 巖 也 熱 炎 尤 危 威 邑 異 因 引 再 赤 全 電 早 尊 從 坐 朱 衆 妻 最 充 吹 暴 寒 合 幸 香 惠 或 皇 黑 希 (75자)
3학년
加 各 看 更 建 慶 京 競 庚 癸 幾 吉 男 能 圖 料 亡 買 賣 麥 鳴 戊 拜 伐 伏 否 士 舍 射 算 省 素 須 戌 乘 食 弱 若 屋 臥 用 容 原 飲 印 寅 貞 祭 卒 罪 走 只 支 集 着 昌 處 祝 便 閑 解 號 好 話 畫 休 喜 (67자)

19) 朱駿聲의 통계로 최영애의 『한자학 강의』(통나무, 1995, 88~89쪽)에 인용된 것을 재인용함.
20) 실제로는 형성자가 70% 이상이라고 한다.


제1부 새로운 한문교육의 모색

하는 것이다. 추정할 수 있는 것은, 중국 고대 발음에서 '머리감는다'의 경우에 '목' 비슷한 발성을 하였기에 여기에 '목' 음의 木이 결합되었다고 보는 것이다. 그런데 위의 예시 한자 중에 공통으로 들어 있는 '水'는 자전을 찾는 부수자가 되고, 이것을 바탕으로 한자를 체계적으로 정리하고 익힐 수 있게 된다.[21]

---

21) 中學漢文教育研究會 編『中學漢文』에서는 중학교 교육한자 900자 중 형성자를 학년별로 다음과 같이 분류하고 있다. (http://user.chol.com/~h0108/6-4.htm)
1학년
家感江居擧輕經溪季故考功觀教校究卷權歸極近給氣起記基難南年農短達德度島讀獨動登落廊良歷露綠論陸倫理萬晚志妹命務問聞發防放百保服奉扶鼻仕使事私産殺霜賞想書序鮮說雪誠星性歲少所消速俗送松數拾時市始新神室顔暗愛野夜約言嚴如研葉榮藝溫欲運遠有育恩貳仁字姉作昨場在材低的敵前展戰傳節定政精靜朝助祖調終重證增地指志辰參責千體草春忠致治親探通破風必河漢韓海形湖化貨花患活訓 (180자)
2학년
佳價可假敢客乾結決驚景鷄固苦空過句舊救郡勸根金急技期暖念怒但單端堂到都洞童頭燈浪量練列留律滿望勉暮茂舞墨物房杯變病福逢富部悲貧謝尙傷暑城聖聲盛稅笑愁受壽樹修順崇勝視識失深甚惡案仰哀樂讓養漁語憶與逆英吾悟誤完浴遇雲雄怨願偉唯油遺猶陰泣應醫依議移慈將壯財哉爭著適絶頂帝諸種酒卽枝盡進質唱茱鐵靑晴淸村追推就針快他泰篇抱楓筆何恨限害鄕現賢呼華紅和歎黃效胸 (179자)
3학년
歌街脚渴減降講强個去堅潔界穀課科關廣橋貴禁旣談當徒冷凉烈領例流柳忙每眠妙味密飯訪復浮佛寺散常惜席仙線船選姓細勢洗續誰收雖淑宿叔純詩試施式眼陽揚余汝餘煙硯悅迎勇宇憂圓元幼遊柔銀吟矣忍認貯錢店接淨停庭情第製題除鍾宙注住曾紙執此次借採淺聽招脫宅統波判敗布彼賀恒許虛刑混婚厚授持 (135자)

### 3) 전이轉移를 통한 유추학습

한자는 본래 중국 음으로 발음되었지만, 오랜 세월 동안 우리 국어 음으로 읽혀지는 과정 속에 우리식의 발음이 고착되었다. 그러나 같은 음의 한자가 많기 때문에 동음이의자同音異義字에 대한 이해를 하게 되면 한자어의 국어 활용이 보다 수월하고 정확하게 된다. 여기에 한자의 음별音別 지도가 필요하게 된다. 한자의 80% 이상이 형성자이므로, 한자에서 음音의 바탕이 되는 기본 핵자核子[22]만 잘 분석해보면 많은 한자의 음을 전이轉移하여 유추할 수 있게 된다.

예를 들면, 區(지경 구)가 핵자가 되는 鷗(갈매기 구), 驅(몰 구)의 한자의 음을 '구'로 유추할 수 있게 하는 것이다. 그 다음 새(鳥) 종류 갈매기(鷗)의 구와 말(馬)을 몰다(驅)의 구로 음·뜻을 확인하는 것이다. 또한 '嘔, 毆, 歐'도 '구'로 읽을 수 있도록 지도한다.

이런 방법으로 핵자를 통하여 공통 음을 발견하고, 그것을 통하여 음 읽기 능력을 배양하여가면, 단지 음 읽기만 향상되는 것이 아니라 의미의 이해도 신속해지고 한자를 세심하게 관찰하는 태도가 형성된다. 즉 한자학습에서 과거의 해설식, 사전식 학습방법을 지양하고, 핵자에 의한 음별 지도로 한자의 음을 유추하게 하게 한 다음에는 부수자를 통하여 그 뜻도 유추할 수 있게 지도하는 것이다.

예를 들면, 冖(덮을 멱)은 덮다가 뜻인데, '冖' 부수에 속하는 冠은 머리에 덮어쓰는 관(冠)을 의미하고, 冥은 덮어(冖) 써서 해(日)를 가리니 어둡다(冥)는 뜻의 한자가 된다. 이렇듯 한자를 접하면 뜻과 관련되는 부수자를 확인하고, 그

---

22) 한자 음의 바탕이 되는 기본요소를 핵자核子로 상정한다.



제1부 새로운 한문교육의 모색

부수자가 갖는 의미에서 한자의 뜻을 유추하여보는 것이다.

교과서의 신습한자를 음별로 정리하고 다시 부수별로 정리하여 그 음과 뜻을 유추하여본 다음, 해당 한자의 음훈을 학습하게 하면 한자의 전이성轉移性 및 그 합리적 체계성을 학습자가 이해하게 된다. 이러한 부수자를 통한 의미의 유추를 유도하기 위해서는 부수자의 '관습상 명칭'을 본래 부수자의 명칭으로 회복시킬 필요가 있다. 부수자의 학습으로 자전字典 활용 능력도 향상되었다는 연구 결과가 있다.[23]

따라서 부수 지도는 특정 글자가 무슨 부수 몇 획인지 세어보고 암기하는 것에 주안점을 두어서는 안 된다. 교과서의 신출한자 학습에 제시된 부수와 획수는 그 한자를 이해하는 보조 역할을 담당할 뿐 그 자체가 암기의 대상이 되어서는 안 된다. 부수에 대한 평가는 찾아내기 어려운 부수를 대상으로 삼을 것이 아니라, 그 부수자가 이미지하는 뜻을 이해하여 한자의 뜻을 유추하기에 적합한 한자를 고르는 것이 바람직하다.


### 4) 쓰기


한자를 음 부분과 뜻 부분으로 나누어 구조적으로 이해하게 되면, 한자 쓰기도 보다 정확하고 정밀하게 된다. 정확하게 한자를 기록할 수 있는 능력은 한자학습의 마무리 단계에 해당한다.

현대는 컴퓨터의 보급으로 학습자가 손으로 직접 문자를 쓰는 기회는 많이

---

23) 「부수 선행학습이 한자 이해력 신장에 미치는 영향」이라는 보고서(정우상, 「한문과 현장교육연구 자료분석 Ⅲ - 한자 한자어의 교육연구를 중심으로② -」, 「한문교육연구」 6호, 한국한문교육학회, 1992, 51쪽)

줄어들었다. 복잡한 구조의 한자를 눈으로만 읽고 의미를 이해하는 학습자가 늘어나는 추세 속에서 정밀하게 한자를 쓰는 것은 한자학습의 또 다른 난문제로 부상하고 있는 실정이다. 정확한 한자 쓰기가 되지 않는다는 것은, 한자를 문자로서 제대로 이해하지 못한 것이 되고, 또 기록문자로서의 한자의 역할도 반감하게 된다. 따라서 한자의 짜임을 정확하게 이해하고, 그 획순에 맞추어 바르게 쓰는 연습을 통하여 한자학습은 완성된다.

여기서도 한자 생성의 기본이 되고 있는 독체자를 그 유사자와 구별지어 명확하게 이해하게 되면, 복잡한 복체자의 경우도 정확하게 쓸 수 있게 된다. 획의 차이를 명확히 인식하게 되면, 변칙적인 음가音價 및 획수의 세밀함을 습득하게 된다.[24]

여기서도 지켜져야 할 것은 한자 쓰기의 기본원칙을 교육하고 정확하게 쓰게 하는 것에 목표를 두어야지 해당 한자의 개별적 필순을 암기하게 해서는 안 된다. 한자가 만들어진 뒤에 필순의 몇 가지의 기본원칙이 정해져 그것에 따라 쓰고 있을 뿐, 반드시 개별적 원칙이 확고부동하게 결정되어 있는 것은 아니기 때문이다. 따라서 쓰기에 대한 평가도 독체자와 복체자의 연관성을 이해할 수 있는 한자를 대상으로 하여 기본원칙을 제대로 알고 있는지를 평가하고, 기본원칙에서 벗어나는 까다로운 필순을 일부러 제시하여서는 안 될 것이다. 다만, 예외적인 필순은 적절한 설명을 통하여 학습하게 하는 정도가 바람직하다.

---

24) 「중학교 한자 바르게 쓰기 지도방안」(정우상, 「한문과 현장교육연구 자료분석 Ⅲ
 – 한자 한자어의 교육연구를 중심으로② –」, 『한문교육연구』 6호, 한국한문교육학회, 1992)

 제1부 새로운 한문교육의 모색

# 3. 한자어의 필수 학습요소

교육과정에서 제시하고 있는 영역별 내용체계의 한자어 영역은 크게 '한자어 익히기'와 '한자어 활용하기' 그리고 '가치관 형성하기'의 세 부분으로 나누어진다. 구체적인 학습요소는 (1)한자어의 음과 뜻, (2)한자어의 짜임, (3)한자어 읽기와 쓰기, (4)성어, (5)언어생활 활용, (6)문장에서 활용을 제시하고 있다.[25] 한자영역의 학습요소와 대부분이 비슷하다.

현재의 한자어 학습은 대체로 일상이 국어생활에 사용되는 한자어휘를 학습하는 것에 주안점이 있다. 현행의 한글전용 어문정책으로 국어교육과정 속에서는 생활한자어 교육도 다루기 힘든 상황이므로, 한자로 된 어휘교육은 한문교과에서 담당하고 있다. 이런 한자어의 학습은 한문을 독해하는 것에는 그다지 도움이 되지 못한다. 한문독해를 위한 전 단계로서의 한자어 학습이라면, 한문에 전거를 두고 있는 다음절多音節의 한자어라야 할 것이다.

하지만 현재의 상황에서는 국어생활에 필요한 생활한자어와 한문독해를 위한 다음절어多音節語를 병행하지 않을 수 없다.

### 1) 조어원리(주술 · 술목 · 술보 · 수식 · 유사 · 대립 · 대등 · 첩어)를 통한 한자어 학습

중국의 고대인들이 두 자 이상의 한자를 모아 다음절어를 구성한 경우 몇 가지 규칙이 발견된다. 우선 '葡萄 · 芙蓉' 등과 같이 하여 단일한 개념을 나타내는 단순사單純詞와, '漢軍 · 日夜' 처럼 복합적 개념을 나타내는 복합사複合詞의 경우가 있다.[26] 이런 복합사의 복합하는 방법에는

---

25) 교육부, 『중학교 교육과정 해설(Ⅴ)』, 1999, 161쪽.
26) 牛島德次, 「詞」, 『漢語文法論-古代編』, 大修館書店, 1971, 84쪽.

① 병렬적으로 복합하는 경우(人人, 豪傑, 雌雄)

② 수식관계로 복합하는 경우(兵法, 生得)

③ 보어·목적어·강세적 의미로 보족補足의 관계로 복합하는 경우(將軍, 渾然)

의 세 가지가 있다. 이렇게 단순사와 복합사로 나뉘지만 한문에서의 다음절어는 기본적으로 더 이상 가를 수 없는 최소의 의미 단위로 보아야 한다.[27] 이러한 한문에서 유래하는 복음절사複音節詞를 지도하게 되면 한문독해에 전이할 수 있는 능력을 배양시킬 수 있게 된다.

이러한 고대 중국인들의 조어방법은 우리의 한자어에도 그대로 드러난다. 우선 위의 '병렬관계'를 생각해보자. '明明白白'처럼 첩어의 경우가 있고, '和睦'처럼 유사한 뜻으로 구성된 경우, '黑白'처럼 대립의 뜻으로 구성된 경우 등이 있다. 다음에 '人和'처럼 '주어+술어'의 경우, '修身'처럼 '술어+목적어'의 경우, '無難'처럼 '술어+보어'의 경우, 또 '至誠'처럼 수식의 경우가 있다.

한자어의 조어원리를 이해하게 되면 모르는 한자어의 뜻이라도 축자逐字하면서 그 의미를 유추하게 된다. 현재 두 자 이상의 다음절어로 사용되는 한자 숙어일지라도 그 기초는 단음절어이기 때문이다. 따라서 의미를 알고 있는 일상용어의 한자어일 경우, 일부러 그 조어원리를 분석하여 암기할 필요는 없다.

한자어의 조어원리인 짜임을 학습하는 목표는 한문문장의 전체적 의미를 정확하게 이해하기 위한 준비단계이며, 또 조어학습造語學習을 하기 위한 기초단계임을 확인할 필요성이 있다. 한자는 한 글자씩 낱자로 익히는 것보다 다른 글자와 관련지어 학습하고 활용하는 것이 자연스럽고 능률적이다. 특히

---

27) 王力, 「單音詞, 複音詞, 同義詞」, 『古代漢語通論』, 中外出版社, 香港, 1976, 25쪽.


제1부 새로운 한문교육의 모색

한자어는 앞에서 살펴본 조어원리에 의해 독자적이며 체계적인 방법으로 이루어지기 때문이다.

예를 들어 '衣'를 이용하여 조어를 한다면, '白衣·黃衣·雨衣·錦衣' 등은 수식관계의 한자어이고, '衣冠·衣裳·衣食住' 등은 병렬관계로 조어된 것이고, '着衣·脫衣' 등은 술목관계로 조어된 것이고, '衣汚·衣赤' 등은 주술관계로 조어된 것이다.

이렇게 한자어의 구조유형을 이해하면 학습의 흥미와 풀이하는 능력을 신장시킬 수 있다.[28] 그러나 이것도 한자어의 구조를 이해하기 위한 기초로 참고하여야지, 주객이 전도되어 한자어마다 그 짜임을 분석할 필요는 없다. 한자어의 구조유형을 이해하고 조어를 학습하면, 학습자는 보다 원활하게 조어할 수 있을 것으로 기대된다. 조어학습은 어휘력의 신장에도 도움이 된다는 보고서가 있다.[29]

### 2) 동음이의어同音異義語의 학습

한자어라는 개념을 설명하면서 국어생활을 위한 생활한자어와 한문독해를 위한 다음절 한자어로 나누어 제시하였다. 앞 절의 조어원리를 통한 한자어의 학습은 이 두 가지 분류에 공통으로 해당되는 요소이면서도 특히 한문독해의 기초가 되는 학습요소이다. 그런 한자어에 대한 기초학습이 이루어진 다음에 비로소 생활한자어 학습에 필요한 내용을 검토할 만하다.

생활한자어의 학습에서 가장 난점은 동음이의어同音異義語라고 생각된다. 국어어휘 중 한자어는 수많은 동음이의어로 구성되어 있다고 하여도 과언이

---

28) 정환상, 「한문의 허자 연구」, 한국 국어 교육 연구회, 1976, 12쪽.
29) 강덕희, 「기초 조어표의 활용을 통한 조어표의 효과적인 지도방안」, 『한국한문교육』 5호, 한국한문교육학회, 1991.

아니다. 예를 들면 '한문과 교육과정'의 '과정課程'과 '교양과정'의 '과정科程', 그리고 '생산과정'의 '과정過程'은 각각 그 한자 표현이 다르지만, 한글 음으로는 모두 '과정'이라고 읽고 있다.[30] 여기서 동음이의어의 서로 다른 한자 표현을 이해하게 되면 그 한자어를 사용하는 한글 표현이 보다 선명하게 될 수 있다. 즉 '課程'은 일정한 기간에 교육하거나 학습하여야 할 과목의 내용과 분량을 의미하는 경우에 사용하고, '科程'은 학과과정에 사용하고, '過程'은 일이 되어가는 경로에 사용함이다.

정확하고 원활한 국어생활을 하기 위해서는 이 동음이의어를 적합하게 사용하는 방법이 제시되어야 할 것이다. 청각적으로는 정확한 의미 파악이 곤란한 경우의 한자어도 한자가 첨부되면 쉽게 구별할 수 있게 된다.

생활한자어 학습을 이러한 동음이의어 위주로 하여 짧은 한글문장 속에서 활용하여보면 국어생활은 보다 정확하고 풍부하게 될 것이다. 교과서의 한자어 활용도 이러한 동음이의어를 적극 활용하게 되면 어휘력 신장 면에서 예상 외의 효과를 나타낼 것이다. 그러나 현행 한문교과서는 대부분 국어 어휘력 신장이라던가, 타 교과의 용어를 한자어로 학습하는 것에 할애되어 있을 뿐, 이런 동음이의어에 대한 학습은 그 비율이 매우 낮은 편이다. 한자학습이 국어생활과 언어생활에 실제로 활용되고 도움이 되기 위해서는 이런 동음이의어의 학습 분량을 증가하는 것이 그 목적에 부합하는 길이라고 생각된다.

### 3) 고사성어故事成語의 학습

고사성어 학습은 한문독해를 위한 다음절어 학습으로서도 반드시 필요하고, 국어생활을 위한 한자어 학습으로서도 없어서는 안 될 것이다. 다만 그 목

---

30) '과정過政'은 과도정부의 준말이 된다.


제1부 새로운 한문교육의 모색

적에 따라 교육내용의 심도는 다르게 된다.

고사성어의 학습은 전거와 함께 학습하는 것이 효과적인 것은 주지하는 대로이다. 한문문장을 독해할 능력이 부족한 경우에는 전거를 번역하여 고사성어가 형성된 상황을 이해하게 하고, 고사성어의 풀이와 속뜻 정도를 학습하도록 한다. 뒤에 독해능력이 신장된 다음에는 번역으로 접한 전거 부분을 직접 한문원문을 통하여 독해하게 되면 학습효과가 증진될 수 있다.

고사성어의 학습에는 전거에 나오는 국명(지명) 및 인명 등의 내용을 역사지도 및 인명사전 또는 웹 기반의 정보를 활용하여 언제 어디서 어떤 사람의 어떤 상황에서 나온 고사인지를 이해할 수 있게 하고, 짧은 글 속에서 고사성어를 활용해봄으로써 한자어의 활용까지 마무리할 수 있도록 구성하는 것이 바람직하다.[31]

어휘 위주의 암기식 고사성어 학습을 탈피하여 웹 기반의 정보를 활용한 전거와 함께 이해하는 고사성어 학습은 학습자의 학습흥미 신장에도 많은 도움이 되고, 한문의 독특한 표현기법인 '용사用事'를 이해하는 데도 큰 도움이 되리라 예상된다.

## 4. 맺음말

현행 한문과 학습단계를 나타내는 한자→한자어→한문의 도식은 한문을 독해하기 위한 학습단계라기보다는, 국어생활 속의 생활한자어 학습에 큰 비

---

31) 제7차교육과정이 진행되면서 웹 기반의 정보를 활용하는 학습자의 교육환경은 급격하게 변화하였다. 이러한 변화를 한문교육에 접목시키는 교수학습방법으로 웹 기반을 고려한 학습모형의 개발이 시급하다.

중을 두고 계획된 학습단계라고 할 수 있다. 이것은 '한자어'를 한문교과의 중요한 학습요소로 다루고 있는 우리나라만의 독특한 특색으로 다른 한자문화권의 한문과 교육과정에서는 찾아볼 수 없다.

한문은 기본적으로 단음절어 중심의 문장임은 주지의 사실이다. 그 중 숙어적인 용례로 다음절어가 사용되기도 하지만, 축자적 풀이를 하게 되면 대부분은 단음절어로 풀이되는 경우가 많다. 따라서 현 교육과정에서 제시하고 있는 '단음절의 한자' → '두 자 이상의 한자어' → '한문'의 단계는 한문문장의 특성을 고려하지 않고 있음을 알 수 있다. 만일 한문과 고유의 교육목표인 한문의 독해에 입각하여 학습요소를 편성한다면 당연히 한자영역·한문영역으로 나누어질 것이다.

현시점에서는 한문과 교육목표의 주안점을 '한문독해'에 둘 것인지, 아니면 '생활용어의 한자어휘와 간단한 한문의 이해'에 둘 것인지를 선명하게 표명할 필요성이 있다. 교육과정은 교육목표의 구현에 따라 달라지고, 필수 학습요소란 그 교육과정의 실현을 위한 교육내용이기 때문이다.

만일 교육목표의 주안점을 '한문독해'에 둔다면, 현재 시행되고 있는 생활한자어 교육은 다른 방법을 찾고, 한문독해에 실질적인 도움이 되는 한문에서 유래된 다음절어의 한자어 위주로 학습요소를 재편성해야 한다. 반면에 '생활한자어의 학습과 간단한 한문의 이해'에 주안점을 둔다면, 생활한자어 중심의 워드패밀리(단어가족)로 구성하고, 국어생활에 필요한 어휘를 조어造語하여 학습요소로 삼아야 한다.

절충적 대안으로는 한문과 정규학습 시간에는 한문독해 위주로 교육내용을 편성하고, 재량활동 시간의 한문수업에서는 생활한자어 중심의 교육내용으로 편성하여 양쪽의 필요를 충족시키는 방법이 있다.

필자는 문자(언어)교육을 이해와 표현의 영역으로 나누어 생각하고 있다. 한자, 한자어, 한문의 도식적 구별에서 벗어나 한자로 기록된 문서 및 국한문혼용체를 감상·이해하고, 그 이해한 내용을 언어로 표현하거나 문자로 표현하는 것이다. 이 표현과 이해의 영역에 속하는 구체적 학습요소의 대강을 다음 표에 제시하면서 소고를 끝맺고자 한다.

<한자·한자어 학습요소>

| 학년 | 이해 영역 | 표현 영역 |
|---|---|---|
| 유치원 및 초등학교 저학년 | · 한자의 짜임(상형, 지사)<br>· 한자의 3요소(형·음·의)<br>· 기본 독체자이며 부수자인 한자 학습<br>· 한자 자원에 관한 이야기 | · 복체자 속의 독체자 구별<br>· 독체자의 한글문장 활용<br>· 필순, 자전 활용 |
| 초등학교 고학년 | · 한자의 짜임(회의, 형성)<br>· 복체자 학습<br>· 생활한자어(과목 용어, 사물명)<br>· 동음이자 학습<br>· 고사성어와 관련된 이야기 감상<br>· 번역된 한시 감상 | · 생활한자어를 사용한 짧은글 짓기<br>· 한자어를 사용한 일기 쓰기<br>· 초대장, 축하카드에 한자어를 사용하여 만들기<br>· 필순 |
| 중학교 | · 한자의 짜임(전주, 가차)<br>· 한자의 다의성 이해<br>· 한자의 여러 음 이해<br>· 한문독해를 위한 한자어 학습<br>· 동음이의어 학습<br>· 생활한자어(추상 용어, 지명, 인명)<br>· 고사성어와 그 전거의 한문단문 독해<br>· 한시 감상 | · 생활한자어 활용한 짧은글 짓기<br>· 한자어를 사용하여 초청장, 문안편지, 자기소개서 작성<br>· 한문 단문의 번역 연습<br>· 한시 암송 |
| 고등학교 | · 한문독해를 위한 한자어 학습<br>· 문·사·철의 한문문장 독해<br>· 한문문법<br>· 동음이의어<br>· 한시 학습 | · 생활한자어 활용한 짧은글 짓기<br>· 한자어 사용하여 청첩장, 자찬묘지명, 전기, 부고장 등 실용문안 작성<br>· 한문 단문의 번역 연습<br>· 한시 암송 |

강덕희, 「기초 조어표의 활용을 통한 조어표의 효과적인 지도방안」, 『한국한문교육』 5
　　　호, 한국한문교육학회, 1991.
교육부, 『중학교 교육과정 해설(V)』, 1999.
김언종, 『한자의 뿌리1·2』, 문학동네, 1993.
藤堂明保 외 2人, 『漢字源』, 學習硏究社, 1988.
송병렬, 『새로운 한문교육의 지평』, 문자향, 2002.
신기철·신용철, 『새 우리말 큰사전』, 삼성출판사, 1980.
王力, 『古代漢語通論』, 中外出版社, 香港, 1976.
牛島德次, 『漢語文法論-古代編』, 大修館書店, 1971.
이희승, 『엣센스 국어사전』, 민중서림, 1985.
정우상, 「한문과 현장교육연구 자료분석 Ⅲ-한자 한자어의 교육연구를 중심으로② -」,
　　　『한문교육연구』 6호, 한국한문교육학회, 1992.
정환상, 「한문의 허자 연구」, 한국국어교육연구회, 1976.
조선사회과학언어학연구소, 『한자말사전』, 조선교육도서출판사, 1991.
최승호, 「구조모형의 모색활동을 통한 한자·한자어·한문에로의 단계별 지도방안」,
　　　『한문교육연구』 4호, 1990.
최영애, 『한자학 강의』, 통나무, 1995.
한연석, 「한문교육에 있어서 한자어의 위상에 대한 비판」, 『한문교육연구』5호, 한국한문
　　　교육학회, 1991.

〈『한문교육연구』 한문교육학회, 24호, 2005〉

# 제7차 교육과정에 따른 한문교과서의 문학교육 비중

## 1. 머리말

전통적 한문학습의 교육내용이 문文 · 사史 · 철哲의 조화를 중시하였음은 주지의 사실이다. 현대의 한문학습에도 그런 조화는 유지되고 있을까? 현재 한문전공의 대학 교육과정은 비교적 이런 의도가 엿보이게 구성되어 있다. 하지만 중 · 고등학교 한문과목의 경우는 그 양상이 다르다. 현행 제7차 한문과 교육과정 해설서의 교육내용만을 보더라도 문 · 사 · 철의 조화는 그다지 강조되지 않고 있음을 쉽게 확인한다.

따라서 현행 한문과 교육과정에서 문학교육에 관한 사항을 정리하려면, 어쩔 수 없이 교육과정 해설서의 간접적 언급을 통하여 유추할 수밖에 없다. 이에 소고는 문학교육의 관점에서 제7차 교육과정을 면밀히 검토하고, 이런 교육과정이 실제로 한문교과서에서는 어느 정도의 비중으로 다루어졌는지를 살피려고 한다. 이런 작업을 통해 향후의 한문과 교육과정의 편성과 학습교재의 구성에서 문학교육에 대한 목표와 방법이 좀더 구체화되기를 기대한다.

제7차 교육과정은 2001년도부터 실시되어 왔으므로, 6차와 7차의 교육과정 및 교육내용의 차이에 대해서는 이미 상당한 연구업적이 쌓여 있다.[1] 또한 한문교육 내지 한문교과서의 문제점과 그 개선에 관한 연구도 교육과정이 개정될 때마다 개진되어왔다.[2] 이에 일반적이며 통시적으로 적용되는 내용은 기존의 연구를 참조하고, 소고에서는 교육과정에 나타난 문학교육의 목표와 중·고등 교과서에 보이는 문학교육의 비중을 고찰하기로 한다.

## 2. 한문과 교육과정에 나타난 문학교육 목표

제7차 교육과정을 실현할 목표로 만들어진 한문과 교과서는 외관과 체제에 있어서는 상당한 변신을 하였다. 큼직하게 커진 지면과 색감 있는 다양한 삽화는 확실히 이전의 교과서보다 발전된 모습이다. 제7차 교육과정에 의하면 이제 교과서는 더 이상 교사중심 수업을 위한 신성불가침의 권위적 '교과서'가 되어서는 안 된다. 학생중심이며 수준별 학습을 지향하는 다양한 학습교재 중의 하나에 불과하다.

하지만 현실은 어떠한가? 교사는 아직도 학생의 수용 수준을 충분히 고려하지 못한 교과진도의 진행에 고심하고 있다. 학생은 아직도 교과서 내용에 무조건의 맹종을 보이며 따라가기에 급급한 실정이다. 이런 상황에서는 제7차 교육과정의 가장 큰 장점인 학생중심의 자율적 수업과 수준별 학습을 실현하는 길은 고원의 길이라 하지 않을 수 없다.

필자는 교과서란 교육과정을 실현하기 위한 최소한의 가이드라인으로 수

---

1) 신용호(1998), 정재철(1999), 박영호 (1999).
2) 김란주 (1993), 최오현 (1997), 정미정 (1998), 박준호(2001).



제1부 새로운 한문교육의 모색

업은 교사의 전문성과 성실한 책임감 그리고 자존심이 바탕이 되어 이루어져야 한다고 생각한다.[3] 교과서를 주된 교재로 선택하여 다양한 보완교재를 사용하는 방법도 있고, 교과서를 다양한 보완교재의 하나로 보고, 교사가 여러 종류의 교과서를 가지고 스스로 편집하여 교재로 사용하는 방법도 있다. 교과서의 '오자'나 '불충분한 내용'은 정밀히 교정하고 보완하여 정보를 공유할 필요성이 있다. 그러기 위해서는 무엇보다도 교육과정에 대한 교사 나름의 적확한 분석과 이해가 전재되어야 함은 물론이다.

제7차 한문과 교육과정은 중학교 '한문'·고등학교 '한문'·'한문고전'의 세 부류로 구성된다. 물론 이 세 부류는 서로 유기적인 연계성을 가지고 있으므로, 세 영역이라고 할 수도 있다. 중학교 '한문'이 비교적 한자어와 단문으로 구성되어 기초학습을 지향하는 반면, 고등학교 '한문'에서는 이를 바탕으로 좀더 난이도를 갖춘 한자어와 한문으로 구성되고, '한문고전'은 보다 심화된 한문독해를 목표로 한다. 여기서는 한자문화권의 고전과 명문을 독해하면서 그 역사와 정서와 사상을 이해하는 능력을 기르게 된다.

이 세 영역에 함께 적용되는 한문과 교육과정의 일반적 성격은 다음과 같다.

(1) 「한자, 한자어, 한문을 익혀 언어생활에 활용하며, 한문문장을 독해할 수 있는 기본적 능력을 기른다」 - 원활한 언어(국어)생활, 도구교과, 각종 한문을 이해

(2) 「선인들의 삶과 지혜를 이해하며, 건전한 가치관과 바람직한 인성을 함양하고, 전통문화를 계승 발전시키는 데 기여하는 교과이다」 - 각종 한문기록과 고사성어, 격언·속담, 명언·명구 등을 학습

---

3) 조난심(2001) 35쪽 참조.

(3) 「한자문화권 내에서의 상호이해와 교류를 증진시키는 데 토대가 되는 교과이다」[4]

위의 일반 성격으로는 한문과가 지향하는 문학교육의 방향이나 목표를 추출하기 힘들지만 그래도 주목할 만한 것은 (1)이다. (1)은 한문을 언어라는 측면에서 파악하고 있지만, 그 내용적 측면보다는 도구적 측면에 중점을 두고 있다. 한문교육 자체가 목표가 아니라 오히려 국어과목의 도구교과로서의 한문교육에 비중을 두고 있다고 할 수 있다. 따라서 한문을 언어적 측면으로 조망하면서도 문학교육에 관해서는 직접적 언급을 하고 있지 않다. 참고로 국어과 교육과정의 일반 성격을 일별하여보자.

<u>국어과는 한국인의 삶이 배어 있는 국어를 창조적으로 사용하는 능력과 태도를 길러</u>, 정보화 사회에서 정확하고 효과적으로 국어생활을 영위하고, 미래지향적인 민족의식과 건전한 국민정서를 함양하며, 국어발전과 국어문화 창달에 이바지하려는 뜻을 세우게 하기 위한 교과이다.[5] (밑줄은 필자)

제6차 국어과 교육과정에서는 위의 밑줄 친 부분이 다음의 세 가지로 세분화되어 있다. "국어과는 언어사용능력을 신장시키고, 국어에 관한 기본이 되는 지식을 가지게 하며, 문학의 이해와 감상능력을 길러주는 교과이다"[6]라는 것이다. 즉 '언어사용기능' · '국어의 기본지식' · '문학감상능력' 이 그 요점

---

4) 교육부 고시 제1997 – 15호 〈별책 16〉, 『중학교 재량활동의 선택과목 교육과정』, 28쪽.
5) 제7차 국어과 교육과정(별책5), 28쪽.
6) 제6차 중학교 교육과정, 23쪽

이다. 이 세 영역을 제7차 국어과 교육과정에서는 '국어를 창조적으로 사용하는 능력과 태도'로 뭉뚱그려놓은 것이다.

물론 한문과의 일반 성격에 나타난 '각종 한문을 이해'한다는 언급에서 간접적으로나마 그 안에 문학작품도 포함하고 있다고 생각된다. 하지만 국어과만큼 명확하게 문학교육에 대한 목표와 방법은 상정되고 있지 않음을 알 수 있다.

위의 한문과 일반 성격의 (2)와 (3)의 내용에서 문학교육에 관계된 사항을 추출하는 것은 너무 견강부회가 될 것 같다. (2)와 (3)은 윤리교육 내지 사회교육을 지향하는 방향이라고 하겠다.

다음은 한문과 교육과정의 목표와 내용의 세부항목에서 문학교육에 관련된 것을 살펴보자. 우선 중학교 한문과 교육목표는 전문과 하위목표항 5개 항목으로 구성되는데, 고등학교 한문과의 목표와 대동소이하다.[7] 교육목표의 하부항목에서 간접적이나마 문학과 관련된 항목을 종합하여 문장으로 표현하면, '문학교육은 한문의 독해능력을 길러, 작품에 내재된 사상 감정을 이해하고, 이를 통하여 건전한 가치관과 바람직한 인성을 함양하고, 전통에 대한 이해와 계승을 바탕으로 한자문화권 속에서 상호이해와 교류를 증진하는 것에 그 목적을 둔다'가 된다.[8]

반면에 이러한 문학교육에 관한 언급이 비교적 직접적으로 드러나고 있는 것이 고등학교 '한문고전'이다. 전문은 거의 유사한데, 다른 점은 '선인들의 삶과 지혜와 사상의 이해'에 '한문고전'의 경우는 '감정'을 첨부하여 '선인들

---

7) 나)항의 한자어를 바르게 읽고 쓰며 언어생활에 활용하기와, 다)항의 한문을 독해할 수 있는 기초적 능력을 기르기, 라)항의 건전한 가치관과 바람직한 인성 함양은 공통이다. 반면에 마)항의 전통문화 계승발전의 항목에 고등학교에서는 '한자문화권의 상호이해와 교류증진'을 첨부하고 있다.

8) 박정도(1999) 245~246쪽 참조.

의 삶과 지혜, 사상과 감정을 이해' 하는 것으로 기술하고 있다. 더욱이 하부항목의 다음 세 개 항목은 한문과가 지향하는 문학교육의 목표를 직접 제시하고 있는 자료이다.

> 가. 한자와 한자어를 익혀 언어생활과 문장독해에 활용한다.
> 나. 문文 · 사史 · 철哲 등 각종 한문전적을 독해할 수 있는 능력을 기른다.
> 다. 선인들의 삶과 지혜, 사상과 감정을 이해하고 건전한 가치관과 바람직한 인성을 함양한다.[9]

한문과의 중학교 · 고등학교 교육과정에서 제시하는 교육목표에는 간접적으로밖에 제시되지 않았던 문학교육의 목표가 '한문고전' 에 이르러 제모습을 나타내고 있다. 아쉬운 것은 이렇게 한문과가 추구할 문학교육을 제시하고 있는 '한문고전' 은 소수의 학습자에게만 적용된다는 것이다. 현행의 교육과정에서 한문고전이 대상으로 하는 학습자는 인문 · 사회 계열 중 한국학과 동양학을 전공하려는 학생으로 극히 제한된다.

바람직한 한문과의 문학교육을 위해서는 지금까지 소수자를 위한 '특수한' 한문고전의 문학교육 목표가 다수자의 '일반적' 교육목표에도 반영되어야 한다. 그 길만이 한문과의 정체성을 되찾고, 전통적 한문학습 방법과도 개연성을 갖는 교육방법이 될 수 있기 때문이다. 특히 문 · 사 · 철의 조화를 이룬 학습내용 속에서 한자어와 한문독해능력을 양성하게 되면, 우리나라의 전통문화뿐만 아니라 한자문화권의 문화를 이해함에도 적지 않은 공헌을 하리라 기대된다.

---

9) 교육부 고시 1997 − 15호, 고등학교 교육과정 해설 〈13한문〉, 65쪽.

 제1부 새로운 한문교육의 모색

## 3. 중학교 교과서의 문학교육

한문과 교육내용의 내용체계를 문학교육을 염두에 두고 정리한다면 다음
처럼 나누어볼 수 있다.

(1) 한자(한자어) – 문장독해에 활용하기
(2) 한자어(한문) – 가치관 형성하기
(3) 한문 – 한시 익히기 – 시구 및 한시 풀이하고 감상하기[10]

여기서도 세 번째의 '한시 익히기'를 제외하고는 직접적으로 문학교육에 관
련된 내용이라고 보기는 어렵다. 이에 어쩔 수 없이 '한시 익히기'의 학년별
구체적 내용을 통하여, 중학교 한문과가 지향하는 문학교육의 방향을 잡아가
야 한다.

1학년 – '평이한 시구를 바르게 읽고 풀이'
2학년 – '평이한 한시를 바르게 읽고 풀이'
3학년 – '평이한 한시를 풀이하고 감상한다'[11]

즉, 1·2학년에서는 한시라는 장르를 접하여 해독하는 수준이라면, 3학년
에서는 감상의 단계까지 심화한다는 계획이다. 하지만 한시 시구의 특성상,
제대로 풀이를 하기 위해서는 시에 형상화된 시인의 의도와 감정을 유추하는

---

10) 주4) 와 같은책, 30쪽.
11) 앞의 책, 31–33쪽.

감상의 과정이 동시에 일어나게 된다. 따라서 위와 같은 기계적이고 도식적인 단계·학습보다는 좀더 종합적인 학습방법이 요구된다. 국어교육에서 이미 현대시와 시조를 접해본 학습자의 수준을 고려하여 시구의 글자풀이에서 그치는 한시교육은 지양되어야 마땅하다. 이미 국어에서 학습한 시와 한시의 공통점을 총합적으로 정리하고, 그 위에 국문의 현대시와는 다른 한시만의 특성을 학습자가 비교학습할 수 있도록 한시교육이 편성되어야 한다.

또 한시교육의 평가계획에도 위에서 살펴본 도식적 단계론이 그대로 적용되고 있다. 즉, '시구와 한시는 내용의 이해와 감상에 중점을 두어 평가하되, 형식에 치우치지 않도록 한다'[12]는 규정이다. 교과서에 실려 있는 한시는 대개 근체시 중의 오언시와 칠언시이다. 대부분이 4구의 절구이지만, 3학년 교과서에는 율시도 채택되어 있다. 그렇다면 최소한 한시 변천의 역사에서 근체시의 위치와 오언시·칠언시의 특색 정도는 설명한 뒤에 시구든 한시든 풀이하고 감상하는 것이 바람직하다고 생각한다. 형식에 치우치지 않는다는 것은 과도한 문학이론 설명으로 학습자의 흥미를 소진하게 하는 우려를 두고 한 제의이겠지만, 정형성이 강한 한시를 학습함에는 최소한의 운율에 관한 설명은 시의 감상에서 필수적이라고 하겠다.

다른 한자어와는 달리 시구란 시인의 고민과 고된 훈련 속에 얻어진 결과물이다. 이런 시구를 단순하게 한자어 풀이하듯 글자 뜻풀이 정도로 끝내버리는 것은 한문학의 정서를 염두에 두지 않은 교육과정 입안자의 도식적 사고에서 나온 것이라고 생각된다. 시인이 하나의 대련對聯을 찾는 과정의 느낌을 전달하는 것이 한시교육의 참된 목표가 아닐까 한다.

한시의 교육내용으로 '한시풀이'는 가급적 직역을 충실하게 한 다음, 기승

---

12) 앞의 책, 35쪽.

 제1부 새로운 한문교육의 모색

전결의 시상을 충분히 살리면서 의역을 할 수 있도록 하고, '한시감상'은 작품 전체에 관류하는 주제를 파악하고 한시 특유의 표현미와 정서를 맛보게 한다고 서술되어 있다. 그리고 앞의 평가계획에 언급된 '한시의 형식'이란, 한시의 기본형식인 고체시, 근체시, 압운법, 평측법, 대우법 등의 형식적 특징이라고 한다.

위의 한시에 관한 교육내용에 의해 한문과 교육과정이 추구하는 문학교육의 방향을 정리할 수 있다. 즉 한시라는 독특한 문체를 문학작품으로서 이해하고 감상하는 것보다는, 이 또한 한자어구의 하나로 부고 바르게 읽고 풀이하는 것에 중점을 두고 있음이다. 작품의 이해와 감상은 글자풀이 다음의 이차적 목표로 되어 있다.

이것은 한자의 언어적 측면을 표현의 수단이 아닌 이해의 수단으로 파악하는 입장에서 나온 자연스런 결과이다. 한자로 표현된 전통문화를 이해하고 계승 발전하는 것을 궁극의 목표로 삼는 한문과에서 언어교육의 두 측면 중 '표현'보다 '이해'에 중점을 두고 교육목표가 형성된 것이라고 하겠다. 그러다 보니, 문학작품의 감상은 분명히 이해의 좀더 종합적인 영역임에도 부수적인 것이 되고 만다.

다음에는 현재의 중학교 교과서에서 이러한 문학교육의 비중과 방향이 어떻게 되어 있는지를 살펴보자. 비교를 위하여 중학교 2학년 한문교과서의 한시단원 학습목표를 분석하면 다음의 두 가지 유형으로 나누어진다. 하나는 '한시의 감상'에 중점을 두는 것과,[13] 다른 하나는 여타의 다른 단원과 마찬가

---

13)* 한시의 형식과 전개방식을 통해 의미를 바르게 이해하고 감상할 수 있다.(박영사 『한문 2』)
　　* 시적 표현과 주제 이해하기(문원각 『한문 2』)
　　* 평이한 한시를 바르게 읽고 풀이한다.(교학사 『한문 2』)

지로 한자 · 한자어의 학습에 '한시감상'을 첨부하는 것[14]이다.

한시감상에 중점을 두는 첫 번째 유형은 대체로 한시를 교과서의 얼마 되지 않는 문학적 제재로 활용하고 있음을 알 수 있다. 반면에 두 번째 유형은 한시를 간단한 한문문장으로 취급하여, 다른 단원과 마찬가지로 문장의 구조 · 한자어의 짜임 등을 설명하는 제재로 활용하고 있다. 즉 한시를 감상의 대상으로 설정하지 않고 있음이다.

그나마 중학교 1학년 과정에는 시구의 소개 정도이고, 완전한 한시를 제재로 소개하는 것은 2학년 과정에서 시작된다. 전체 단원에서 한시가 차지하는 비중은 제6차 교육과정이나 제7차 교육과정이나 달라진 것은 없다. 한시를 2편 내지 3편 소개하는 수준이다.[15] 이것은 한문산문을 제재로 소개함에도 마찬가지다. 문학적 내용의 산문은 중학교 2학년 교과서에서 한두 개의 소단원 정도에서 소개하고 있다. 이렇듯 중학교 한문교과서에서의 문학교육은 우선 양적인 면에서도 상당히 열세하다는 것을 지적할 수 있다.

비교적 자세한 한시 설명과 감상을 싣고 있는 박영사의 『한문 2』의 경우도 산문은 '人心最深'이라는 정순왕후의 일화를 소개하는 정도에 그치고 있다. 이는 긴 한문문장을 중학교 학생에게 소개하기 어려운 부담감에 따른 결과이

---

* 5언시와 7언시를 바르게 읽고 풀이할 수 있다.(동화사 『한문 2』)

14) 중앙교육진흥연구소 『한문 2』, 청색 『한문 2』, 도서출판 태성 『한문 2』, 한국교육미디어 『한문 2』 등.

15) 제6차 교육과정의 중학교 2학년 한문교과서 제재내용의 빈도수는 한시가 세 개의 소단원(12.5%)이고, 한문이 세 개 소단원(12.5%)에 해당한다. (안재철(2001)의 논문 265쪽의 표〈6〉 참조). 중학교 3년 동안 학습하는 한시는 대체로 6편에서 8편 사이이고, 장문의 한문은 8편 내외이다.(단국대학교 통일대비 교육과정 연구위원회(1999), 『남북한 중등학교 한문과 교육과정 및 교과서 비교분석 연구』, 120쪽 표 〈Ⅴ-8〉 남한 중학교 한문교과서 한문의 내용 참조).

며, 제시된 교육과정을 충실히 반영한 결과이리라.

하지만, 문학교육의 목적과 목표가 확고하다면, 방법을 달리하여 흥미로운 한문산문을 소개할 수 있다. 중학교 한문 교육과정 수준에 적합한 부분을 원문으로 제시하고 어려운 구절은 한글번역을 첨부할 수도 있다. 아니면 소개할 작품을 번역하되, 적당한 수준의 한자어를 노출시키는 방법도 있다. 또 하나의 방법은 북한의 고등중학교 6학년 한문교과서에 소개된 한문문장처럼 현토를 붙여서 소개하는 것[16]도 고려할 수 있다. 또는 본문에는 한자어나 성어를 제시하고, 보충설명으로 원문의 문학작품을 번역하여 소개할 수도 있다.

문제는 한문과 교육과정 중 문학교육의 비중과 수준에 대한 제시가 애매하게 되어 있는 데 있다. 교과서의 필자에 따라 문학교육의 비중이 달라지고, 수준도 다름을 알 수 있다.

예를 들면 박영사 『한문 2』의 경우는 거의 모든 소단원의 한자어 활용에 현대시나 시조 작품 등을 적절하게 배치하여 간접적으로 문학작품을 학습하게 한다.[17] 한편 교학사의 『한문 2』는 소단원마다 '이야기를 통한 한자 익히기'를 한 쪽씩 배당하고 있다. 이야기 중에는 문학적 내용과 거리가 있는 것도 있지만, 고사성어의 출전 등을 한글로 번역하고, 소개할 한자어만을 한자로 노출하고 있다. 이러한 방법은 현행의 부족한 문학교육을 보완하는 하나의 방법이 될 것이다.

현행 중학교 '한문' 교과서의 가장 큰 특색은 한문과 교육과정에서 제시한 대로 충실하게 한자어의 학습과 그 활용에 중점을 두고 있다는 점이다. 주제별로 소단원을 만들어 관계되는 한자어를 채택하고 있는데, 그 가운데 문학에

---

16) 단국대학교 통일대비 교육과정 연구위원회(1999), 118쪽 참조.
17) 22개의 소단원 중 현대시 혹은 시조 등 문학작품을 예시한 것이 15개 소단원에 이르고 있다.

관련된 소단원은 어느 교과서도 설정하고 있지 않다. 이는 현행 교육과정에서 문학교육의 위상을 짐작하게 하는 확실한 단서가 된다. 제7차 한문교과서는 제6차 때와는 달리 실생활에 사용되는 한자어를 많이 채택하였지만, 문학에 관한 배려는 상당히 소극적이다.

따라서 한문교과서를 통하여 학습자의 한문학습 의욕과 성취감을 향상시키기 위하여서는 한문과의 고유한 성격과 도구교과적 성격을 구분할 필요성이 있다.[18] 한자 및 한자어 중심의 교육내용은 한문과의 도구적 기능은 강화할 수 있지만, 한문과의 고유한 기능이 약화되고 학습자의 학습의욕이 저하되는 결과를 초래하고 있다.


## 4. 고등학교 교과서의 문학교육

일반적 교육내용은 중학교 한문과와 공통이다. 앞의 중학교 교과서에 제시되지 않은 것을 중심으로 고등학교 교육내용 중에서 문학교육에 관한 언급을 살펴보자. 고등학교 교육내용의 특색은 한자·한자어·한문의 세 가지 영역 중, 한문영역을 심화하고 있다는 점이다. '한문 익히기'에는 '산문을 읽고 풀이하기'가, 그리고 '한시 익히기'에는 '한시의 기초적인 형식과 특징 이해하기'가 고등학교 과정에서 첨부된다.

고등학교 '한문'의 교육과정 설명서에서 '산문'을 설명하길, "한 구절 속에 자수字數나 운율의 제한이 없이 자유롭게 기술하는 보통의 문장으로 운문과 상대되는 문장"이라고 한다.[19] 그리고 '산문을 바르게 읽는다'란, 산문을 이루

---

18) 박영호(1999), 107쪽.
19) 주7 과 같은 책, 30쪽.



제1부 새로운 한문교육의 모색

는 한자 및 한자어의 음을 각각 정확히 이해하고 이들을 우리말로 읽을 수 있게 하는 것이라고 한다. 또 '산문의 뜻을 풀이한다' 란, 산문을 바르게 읽고 이들이 유기적으로 결합하여 나타낸 하나의 완결된 생각을 우리말로 풀이할 수 있게 하는 것[20]이라고 한다.

'산문 바르게 읽기' 의 예로 '仁者樂山' 을 '인자락산' 이 아닌 '인자요산' 으로 읽는 것을 들고 있고, '산문의 뜻풀이' 의 예로 '春往冬反' 을 '봄이 가니, 겨울이 돌아온다' 로 풀이하지 않고, '봄에 집을 떠나 (다른 곳에) 갔다가 겨울에 (집에) 돌아오다' 정도로 풀이하는 것을 의미한다고 하였다.[21]

여기서 짚고 넘어갈 것은, 위의 '산문' 개념에 대한 설명이 우리가 일상적으로 사용하는 '문예용어' 로서의 산문문학과는 거리가 있다는 점이다. 운율성이 없다는 것으로 운문과 상대되는 개념일 뿐, 이성에 호소하는 서사적이며 논리적인 산문문학의 특성을 전제로 한 개념이 아니다. 교육내용에 제시된 '산문' 개념은 표현만 다르다 할 뿐, 간단한 '한문' 또는 '문장' 을 의미하여, '산문' 개념을 지나치게 축소화한 경향이 있다.

그런데 같은 교육과정 해설서의 '한문고전' 부분에서는 산문을 "운문이나 변문과는 구별되는 문장이다. 압운을 하지 않고, 대우를 중시하지 않는다. 오늘날의 산문은 운문과 대립되는 문장론적인 개념으로 쓰인다. 현대문학의 입장에서 보면 시, 소설, 산문, 극으로 불리는 문학 장르이다"[22]고 설명하고 있다. 이 설명은 우리의 통상적 산문 개념에 가깝다. 불과 30여 쪽을 사이에 두고 동일한 책에서 동일 용어를 설명함에 왜 이런 차이가 생기는 것일까? 이유는 고등학교 '한문' 의 교육내용을 무리하게 한자어 중심으로 편성함에서 온

---

20) 앞의 책.
21) 앞의 책.
22) 앞의 책, 68쪽.

결과라고 생각된다.

  그런데, 고등학교 한문교과서는 중학교 한문교과서에 비하면 제재 면에 있
어서 문학적 내용이 차지하는 비중이 높은 편이다. 위에 언급한 것처럼 교육
과정의 심화로 선택의 폭이 커져서 다양한 장르가 소개되어 있다.

  한 예로 대학서림의『한문』을 분석하여보자. 머리말에 책의 특징으로 "통합
교과를 염두에 두고 문·사·철을 골고루 배치하고자 하였다. −중략− 예를
든다면 문학에서는 시·소설·구비문학 등 다양한 장르를 소개하였다"고 밝
히고 있다. 교과서 중 문학적 내용을 제재로 하는 대단원은 「설화說話의 세
계」, 「한시漢詩의 세계 Ⅰ」, 「열전列傳」, 「한시의 세계 Ⅱ」, 「이야기의 전승과
소설문학의 형성」 등 5개이다. 그 속에 포함된 소단원이 12개이다. 이는 총32
개 소단원 중 거의 37%에 육박하는 양이다. 단순하게 계산하면 교과서의 3분
의 1에 해당하는 분량이고, 중학교에 비하면 13% 정도 증가한 것이다. 교과서
내용상 문학으로 분류할 수 있는 것은 다음 〈표1〉에서 보는 바와 같다.

〈표1. 고등학교 한문 · 한문고전 교과서의 문학내용과 비율〉

| 교과서<br>(소단원 수) | 한시 | | 한국산문 | 중국산문 | 비율(%) |
| --- | --- | --- | --- | --- | --- |
| | 한시수<br>(소단원수) | 단원학습목표의 내용 | | | |
| 교학사(29과) | 3편 (3과) | 5언·7언 한시 이해 | 8과 | · | 38% |
| 금성출판사(36과) | 7편 (4과) | 한자·한자어 익힘 | 1과 | 3과 | 22% |
| (주)두산(39과) | 8편 (4과) | 한시의 형식·특징 | 3과 | · | 18% |
| 대학서림(32과) | 7편 (4과) | 5언·7언 한시 이해 | 8과 | · | 38% |
| 대한교과서(39과) | 9편 (5과) | 한시의 형식·특징 | 5과 | 3과 | 33% |
| 새한교과서(35과) | 5편 (3과) | 한자의 음과 뜻 | 6과 | 3과 | 34% |
| 정진출판사(39과) | 6편 (4과) | 한시의 형식·특징 | 3과 | 2과 | 23% |
| 중앙교육진흥연구소(40과) | 5편 (3과) | 한자·한자어 활용 | 6과 | 3과 | 30% |
| 지학사(37과) | 6편 (4과) | 근체시의 형식·특징 | 4과 | 2과 | 27% |
| 천재교육(40과) | 10편(5과) | 한시의 시체와 특성 | 6과 | 3과 | 35% |
| 한문고전(금성출판사)36과 | 7편 (4과) | 한자·한자어 이해 | 7과 | 3과 | 39% |



제1부  새로운 한문교육의 모색

위의 표는 한문교과서의 내용을 한자어(속담 격언)·문학·사학·철학의 범주로 나누어 문학에 관계된 것을 정리한 것이다. 소재에 따라서는 구분하기 어려운 것도 많았다. 여기서 문학적 소재의 기준은 교과서 필자가 제시한 단원학습목표를 참고하고, 인물을 다루는 사료의 경우는 그 사상적인 것보다 문체(傳)를 중시한 것을 포함한다.

고등학교 한문교과서의 문학교육의 소단원 비율은 위의 표에서 알 수 있듯 평균 30.6% 정도이다. 결코 적다고 할 수 없는 분량이다. 대체적으로 내용은 한시, 한국산문, 중국산문으로 구성되나, 두산과 대학서림의 경우는 중국산문의 소개가 없다. 중국산문의 소개 중 『고문진보』에 실려 있는 이백의 「춘야연도리원서春夜宴桃李園序」와 굴원의 「어부사漁夫辭」, 구양수의 「붕당론朋黨論」, 소식의 「적벽부赤壁賦」 등, 『고문진보』의 문장이 대부분이다. 예시된 작품은 그 배경이 된 역사내용을 알아야 이해할 수 있는 명문들이기 때문에 다양한 수업경영이 기대된다.

한시학습은 한문과 문학교육의 꽃이라 할 수 있다. 고등학교는 중학교와 달리 한시의 형식적 특징에 관한 학습이 첨가되면서 한시이해를 보다 심층적으로 할 수 있게 되었다. 위의 표의 한시 부분의 '단원학습목표의 내용' 이란 한시단원에서 추구하는 학습목표의 우선 순위이다. 출판사 이름에 밑줄을 그은 금성, 새한, 중앙, 그리고 '한문고전' 의 금성, 이 네 종류 교과서에는 한시학습에 있어서도 한자·한자어 익히기가 제1순위의 학습목표로 제시되어 있다. 중학교 한문교과서의 경우에 자주 보이는 모습인데, 이러한 목표가 고등학교 한문교과서에도 제시되어 있는 것은 좀더 문학교육에 대한 성찰을 요하는 대목이라고 생각된다.

다음은 한문교과서에 있어서의 한문학의 이론적 분야에 대한 소개를 살펴본다. 위의 대학서림의 『한문』에는 그 대단원 이름에서 보여지듯, 한문학 문체 중 서발序跋류나 서독書牘류는 제재로 선정되지 않았다. 서발과 서독은 한문학의 실용적 문체로 장시간에 걸쳐 다양한 작자층과 다양한 작품이 보유되어 있는 문체이다. 설화나 소설 등에 비하면 내용 면에서 다소 어렵고 흥미롭지 않지만, 실용문학으로서의 한문학의 특색을 잘 나타내고 있다. 따라서 문체를 소개할 필요성이 있다.[23]

'한문고전'의 교육내용을 살펴보면, 이제까지 논의해온 문제점 등이 상당히 보정되어 있음을 알 수 있다. 한문과의 중학교 교육과정이 국어과의 도구교과로서 무리하게 편성됨에 따른 모순점과, 고등학교 교육과정 중 한문과의 정체성을 살리는 고유 수업모형의 미비점 등이 바로잡히고 보완되었다.

'한문고전'의 교육내용에서 주목을 요하는 것은 내용체계가 한자·한자어를 하나로 묶어 한자(한자어)·한문의 두 영역으로 재편하고 있는 점이다. 또 한문영역에서 '산문'을 세분하여

① 문학류의 산문을 풀이하고 감상하기
② 역사류 산문을 풀이하고 이해하기
③ 사상류 산문을 풀이하고 이해하기
④ 각종 산문의 특징을 이해하고 활용하기

로 나누고 있는 점이다.[24] 그 중 문학류의 산문으로 기행문紀行文, 우화寓話,

---

23) 이런 의미에서 지학사의 『한문』은 타 교과서와는 다른 독특한 구성을 하고 있다. 11개의 대단원이 끝나는 부분마다 '한문학 이야기'라는 코너를 마련하여, 취약한 한문학 이론 부분을 보충하고 있다. 예를 들면, 한문학사의 순서에 따라 유리왕의 「황조가」를 비롯해, 소악부, 허균·박지원·정약용·황현 등의 문학관을 설명하고 있다.

24) 앞의 책, 66쪽.

전기傳奇, 의인체 산문擬人體散文, 각종 시화詩話, 패설稗說, 고문古文 작품 등을 열거했다.

교육과정 해설서에 예시한 구체적 작품을 보자. 기행문으로는『왕오천축국전往五天竺國傳』등과 각종 산수유기山水遊記, 우화로는『삼국사기三國史記』열전 중「화왕계花王戒」, 전기로는「쌍녀분雙女墳」,『삼국유사三國遺事』의「김현감호金現感虎」,『수이전殊異傳』의「수삽석남首揷石枏」등을 들고 있다. 그리고『파한집破閑集』,『보한집補閑集』,『백운소설白雲小說』,『동인시화東人詩話』,『필원잡기筆苑雜記』,『용재총화慵齋叢話』,『패관잡기稗官雜記』등에 실려 있는 시화, 필기, 패설과,「국순전麴醇傳」,「국선생전麴先生傳」,「청강사자현부전淸江使者玄夫傳」,「죽부인전竹夫人傳」등의 의인체 산문을 예시하였다.

그리고 간과할 수 없는 것은 '각종 산문의 특징을 이해하고 활용하기'이다. 여기서 '각종 산문'이란 다양한 글의 종류, 즉 한문문체의 분류이다. 논변論辨류, 서발序跋류, 주의奏議류, 서독書牘류, 증서贈序류, 조령詔令류, 전장傳狀류, 비지碑誌류, 잡기雜記류, 잠명箴銘류, 송찬頌讚류, 애제哀祭류, 사부辭賦류, 시가詩歌류, 소설小說류 등으로 예시하였다. 앞에서 살핀 고등학교 '한문'의 교육내용에서 설명하는 '산문'과 그 수준을 달리하고 있음을 알게 된다.

'한문고전'은 명실공히 한문학 교육의 요람이라 할 수 있다. 하지만 '한문고전'은 인문계열 중 한국학이나 동양학 분야의 학문과 전통문화 연구에 뜻을 두는 학습자만이 제한적으로 학습한다는 한문과 교육과정의 규정에 의해 그 학습 파급효과는 소규모에 그친다. 앞으로 한문과 교육과정을 보완함에 있어서는 '한문고전'의 교육과정에 제시된 개념이나 그 내용체계가 중학교 '한문' 혹은 고등학교 '한문'에 적극적으로 반영되기를 기대한다.

## 5. 향후의 과제

　제7차 교육과정을 실현하기 위한 교과서는 이미 완성되어 있다. 하지만 교과서의 개발은 중지되어서는 안 된다. 교과서의 필자는 교과서의 미비점을 보완하여 보완교재를 지속적으로 개발하여야 할 것이다. 현행 한문교과서에서 문학교육 비중은 그다지 높지 않은 수준이다. 앞으로 한문교과도 통합교과를 염두에 두고 그 내용적 개발을 구현함에 있어 문학교육의 비중을 좀더 높여가야 할 것이다. 한문과 문학교육에 대한 향후의 주안점을 다음처럼 정리한다.

　첫째, 교과내용의 선정에 문학의 다양한 장르를 소개한다. 교과내용의 선정은 교육과정에 따라 이루어지지만, 한문과의 학습을 한문과 고유기능을 살리는 방향에서 모색할 필요성이 있다. 한자어 중심의 중학교 교과서일지라도, 한문학의 다양한 문체류의 이름을 한자어의 범주에서 제시하여 고등학교 한문을 대비한 선수학습을 실시한다. 예를 들면 앞에서 예시한 문체명과 그 작품명 등을 한자어로 소개하는 것이다. 또 국어과와의 연계를 고려하여 국문학의 장르명을 한자어로 소개하는 것도 바람직하다.

　이렇게 중학교 교육과정에서 소개된 문체명을 근거로 다양한 보충설명도 가능하고, 해당 작품을 학습하는 고등학교 한문과 유기적인 연계성도 유지할 수 있다. 고등학교 한문에 소개되는 수준의 다양한 한문학 원문을 번역하여 중학교 한문의 읽을거리 내지 보완교재로 사용하는 것도 좋을 것이다.

　둘째, 문학교육에 적합한 다양한 학습방법을 개발한다. 한문과의 문학교육은 표현보다는 이해에 중점이 두어진다. 한문으로 표현된 문학작품을 이해하는 방법 중, 전통적으로 사용되어온 것은 소리내어 읽는 낭송법과 다독법多讀法이다.[25] 근래에는 한시를 4컷의 그림으로 표현하는 방법도 보편화되었다. 이러한 방법은 운문을 학습하는 데는 상당히 효과가 있음이 입증되어왔다. 또


제1부　새로운 한문교육의 모색

산문학습에 현토를 붙여 익히는 방법도 연구되어야 할 분야이다. 특히 북한의 한문교육과의 통합적 학습방법을 고려함에 있어서는 현토의 적절한 사용방법이 제시되어야 할 것이다.[26]

셋째, 문학교육을 위한 보완자료를 개발한다. 제7차 교육과정에서 교과서는 더 이상 독점적인 지위를 정하지 않는다. 교사와 학생이 창의적이고 개별화된 수업을 이루기 위해서는 다양한 자료들이 지속적으로 개발되어 제공되어져야 한다. 이런 자료는 서책으로 된 자료만이 아니라 컴퓨터를 통하여 활용할 수 있는 자료도 요구된다. 아름다운 산수를 노래한 한시라면 그 풍광의 영상을 담은 자료를 전자 교과서로 활용할 수 있다.

---

25) 박정도(1999), 302~303쪽. 백원철(1997) 참조.
26) 단국대학교 통일대비 교육과정 연구위원회(1999), 122~123쪽.

〈참고문헌〉


교육부고시 제 1997 - 15호 〈별책 16〉, 『중학교 재량활동의 선택과목 교육과정』.

제7차 국어과 교육과정(별책5).

제6차 중학교 교육과정.

교육부 고시 1997 - 15호, 고등학교 교육과정 해설 〈13한문〉.

김란주 (1993), 「중학교 한문교육의 문제점과 개선방향」, 『한문교육연구』 제7호.

박영호 (1999), 「제7차 중 · 고등학교 한문과 교육과정의 의의와 과제」 『한문교육연구』
　　　　제13호.

박정도(1999), 「한문교육의 실제」, 『한문과 교수학습 방법론』, 박이정.

박준호(2001), 「고등학교 한문교과서 연구(1)-현행 11종의 교과서에 수록된 한시를 중심
　　　　으로」, 『한문교육연구』제16호.

백원철(1997), 「한문과 학습의 전통적 낭독법에 대하여 - 한문과 학습의 효과적 일방안
　　　　의 모색」, 『한문교육연구』, 제11호, 참조.

신용호(1998), 「중 · 고등학교 교육과정과 한문교과」, 『한문교육연구』제12호.

안재철(2001), 「남 · 북한 한문교과서 분석 비교연구」, 『한자한문교육』제7집.

정미정 (1998), 「제6차 교육과정에 의한 고등학교 한문교과서의 가치관에 관한 연구」,
　　　　『한문교육연구』제12호.

정재철(1999), 「제6 · 7차 한문과 교육과정의 비교연구」, 『한문교육연구』제13호.

조난심(2001), 「제7차 교육과정과 교과서」, 『제7차 교육과정과 교과서』, 교육과학사,
　　　　2001.

최오현 (1997), 「중학교 한문교과서의 문제점과 그 개선방안에 대한 一考」, 『한문교육연
　　　　구』 제11호


〈『한문교육연구』 한문교육학회, 20호, 2003〉

# 제7차 고등학교 교육과정에 따른 한문교과서 집필지침의 특징과 문제점

## 1. 머리말

한글전용의 어문정책 아래 한문교육은 중학교부터 독립된 한문교과로 한문교과서에 의하여 이루어지고 있다.[1] 그렇지만 교육과정에서의 한문의 위상은 교육과정의 개정에 따라 위치를 달리하여왔다. 현재 제7차 중학교 교육과정에서 한문은 재량활동의 선택과목인 반면, 고등학교 교육과정의 한문은 일반선택과목이다. 따라서 각 지역 학교현장의 상황에 따라 학습자가 접하는 한문학습의 질質과 양量은 상이하다. 이러한 제도적 여건 아래서 보편적 한문교육의 목표를 실현한다는 것은 참으로 쉽지 않다. 그렇기 때문에 교육계 밖의 사회계에서 한자·한자어 교육의 필요성을 제고하여 1990년도 초반부터 줄기차게 초등학교의 한자수업 실시를 주장하고 있고, 그 여파로 각종 사교육

---

[1] 일본의 경우는 한문교육이 국어교육 속에 포함되어 있다. 중학교까지는 독립된 한문 교고서가 없이 국어교과서 안에서 한자어 중심으로 학습하게 되어 있고, 고등학교에서 국어과목의 선택 중의 하나로 한문(고전)이 있다. 한예원(2003) 참조.

시장이 확장되는 일로에 있다.[2]

사실상 고등학교에서 제7차 교육과정이 시행된 2002학년도부터 학급당 학생 수의 감소와 각종 교육기자재의 설치 활용 등 학교현장의 전반적인 여건은 향상되었지만, 한문의 교수·학습 상황에서 한문교과서의 비중은 여전히 중차대하다. 본 소고小考에서는 한자어와 단문短文 중심의 중학교 교과서는 차후의 연구과제로 돌리고, 한문독해漢文讀解를 주요 목표로 삼는 고등학교 한문교과서를 연구대상으로 삼는다. 현재 사용되고 있는 고등학교 한문교과서는 2002학년도부터 적용하기 시작한 것으로 제7차 교육과정을 위한 교과서이며, 출판사들 간에 치열한 경쟁을 치르고 10개의 교과서가 검정기준을 통과하여 선정되었다. 교육부에서는 교육과정의 개정과 함께 그 자세한 사항들을 집필상의 유의점[3]과 검정기준[4]으로 제시하였다. 한문교과서는 어느 것이나 이 유의점과 기준을 최대한 반영하여 교과서를 제작한 것이다. 따라서 어떤 교과서가 제작되는가는 이 집필상의 유의점과 검정기준에 달려 있다고 하여도 과언이 아닐 정도이다.

본 소고에서는 제6차 교육과정과 비교할 때 제7차 교육과정의 교과서 집필 지침이 어떻게 달라졌는지 그 특징을 점검하고, 문제점은 무엇이 있는지를 지적하고자 한다. 이는 8차 교육과정을 준비하는 이 시점에서 7차 교육과정에

---

2) 사교육시장의 중심은 초등학교 저학년 대상의 학습지이며, 약 3,000억 원 시장을 형성하고 있다고 한다. 또 2004년 1월에 한자능력검정시험 공인단체를 4단체나 허용하여 약 200만 명이 한자검정을 응시할 것이라고 예상하고 있다. 진재교 (2002), 한예원(2004) 참조.
3) 『제7차 교육과정에 따른 2종 교과용 도서 집필상의 유의점(고등학교)』, 교육부 1999. 이하 『집필상의 유의점』으로 약칭함.
4) 『제7차 교육과정에 따른 고등학교 2종 도서 검정기준』, 교육부 2000. 이하 『검정기준』으로 약칭함.

대한 반성의 자료 및 문제점의 보완에 기여할 것이다.

## 2. 제7차 교육과정에 따른 한문교과서 집필지침

교과서 집필상의 유의점은 모든 교과목에 공통으로 적용되는 '공통사항' 과 개별교과에만 적용되는 '교과별 사항' 으로 구분된다. 이에 여기서도 제7차 교육과정에 의거하여 교과서를 집필할 때 기준으로 제시된 '공통사항' 과 「한문」의 '교과별 사항' 으로 나누어 살펴본다.

### 2.1. 공통사항

제7차 교육과정에 따른 교과서의 집필상의 유의점은 전 교과목 교과서에 적용되는 유의사항을 다음과 같이 13항목으로 제시하고 있다.

1)관련 법령의 준수, 2)교육과정의 구현, 3)교육의 중립성 유지, 4)교과교육내용의 적정화, 5)내용의 범위와 수준, 6)내용의 선정 및 조직, 7)학습자 중심의 목표 진술, 8)수준별 교과서 개발, 9)통합교과의 교과서 개발, 10)표현·표기의 정확성, 11)교과서 및 지도서의 체제, 12)저작권 관련 법령 준수, 13) 범 교과학습내용의 반영

위의 공통 유의사항을 제6차의 경우와 비교해보면, 항목의 수가 증가하였음을 알 수 있다. 제6차의 경우 8항목이었던 것이 13항목으로 증가하였는데, 제7항과 제8항, 제9항, 제11항이 새로이 추가된 것이다. 그런데 위의 공통사

항 중 제7차 한문교과서를 집필함에 반드시 참고하여야 할 사항은 제4항과 제
11항이다.

우선 제4항 '교과교육내용의 적정화' 항목의 세부내용 중 주의를 요하는
것은 다음과 같다.

> * 교과별 **최저 필수 학습요소를 중심**으로 기초적, 기본적, 공통적, 보편
> 적인 학습내용을 정선하여 학습분량을 적정화한다(**학습분량은 제6차 교육과정
> 과 비교하여 약 30% 정도를 감축**). 〈강조는 필자〉

교육내용을 '최저 필수의 학습요소'를 중심으로 편성하여 학습분량을 줄인
다는 위의 유의사항에 의해 한문교과서도 그 분량이 줄어들게 되었다. 그런데
교육내용의 요건이 된 최저 필수의 학습요소에 대해서는 뒤에서 살피기로 하
겠다.

다음에 제11항의 '교사용 지도서'에 관한 항목은, 제6차 교육과정의 『집필
상의 유의점』(1995)[5]에서 없어졌던 제도가 다시 부활한 것이다. 즉 제6차 교육
과정에서는 교사용 지도서에 실릴 참고자료를 교과서에 포함시킬 것을 요구
하였기 때문에 교사용 지도서는 제작되지 않았었다. 그러나 제7차에서는 다
시 지도서의 필요성을 인정하여 그 제작을 요구한 것이다. 이 제11항의 세부
내용 중 소고에서 주목하는 사항을 다음에 제시하여둔다.

---

5) "교육의 질 관리에 실효성 있게 활용될 수 있도록 교수 · 학습 자료로서의 기능이
   강화된 교과용 도서를 편찬하되 교사용 지도서가 발행되지 않음을 감안하여 충분
   한 참고자료를 제시한다."

 제1부 새로운 한문교육의 모색

(나) 교과서의 단원은 학생들이 자기 주도적 학습이 가능하도록 **용어해설, 탐구과제, 선택학습** 등을 다양하게 포함시켜 구성하도록 한다.

(바) 책임 있는 집필 및 집필자와의 대화통로를 마련할 수 있도록 **집필자 실명제를 도입하고 집필자 명단을 단원별로 제시**하는 것을 원칙으로 한다.

(사) 교과서와 지도서 쪽수는 책별로 제시된 기준 쪽수를 가급적 준수하되, 편찬의 융통성을 위하여 **기준 쪽수의 20%는 가감**할 수 있다.

(아) 판형, 지질, 색도, 편집 배열 등 외형체제는 교과별 특성을 고려하여 교과내용과 부합되는 양질의 사진 · 삽화를 사용하고 다양한 편집디자인 기법을 활용하여 학습동기 유발 및 홍미를 높이도록 한다. 〈(가), (다), (라), (마)항은 생략〉


부활된 교사용 지도서는 현장교사들에게 적지 않은 도움을 줄 수 있는 자료이다. 교과서 제작은 많은 제약이 뒤따르는 데 반하여, 지도서는 교과서에 제시하지 못하였던 교수 · 학습의 참고자료를 제공할 수 있기 때문이다.

위의 세부사항 중 특히 주목을 끄는 것은 (바)항의 '집필자 실명제'의 도입이다. 집필진이 현장교사를 포함하는 다수인으로 늘어나고 있는 추세에서 볼 때, 집필자의 책임감을 고취시키고, 교사와 학생이 특정 부분에 관한 집필자를 파악하여 필요한 경우에 대화가 가능하도록 유도하기 위함이다.

위의 (아)항은 교과서에 있어서 외형상의 변화를 제시한 것이다. 제6차 교과서까지는 신국판 판형이었으나, 제7차 교과서는 4×6배판으로 책의 크기가 커지고, 본문편집에서도 2도 인쇄가 허용되었으며, 지질도 고급용지를 사용하고 있다. 더욱이 사진 · 삽화의 사용을 권장하고, 최신의 편집기법을 활용하여 교과서의 외형적 고급화를 추구하고 있다. 이런 변화는 학생들의 학습에

대한 흥미를 높이는 데 기여할 뿐만 아니라, 연구자들에게도 자국自國의 교과
서에 대한 자긍심을 고양하는 데 도움이 될 것이다. 교과서를 살펴보면 그 나
라의 경제수준과 출판문화를 판가름할 수 있다는 말이 있을 정도로 교과서의
수준은 국가문화의 바로미터이기도 하다.

## 2.2. 한문 '집필상의 유의점'

교과별 『집필상의 유의점』(1999)은 '한문' 교과서를 집필함에 있어 유의해
야 할 사항을 다음과 같이 5개 항목으로 나누어 제시하고 있다.

> 가)내용의 선정과 조직, 나)단원의 구성체제, 다) 내용의 수준과 범위, 라)
> 진술방법 및 지면구성, 마)기타

대체적으로 제7차 교육과정의 한문과목에 관한 내용이 반복되고 있는데,
주목할 만한 것을 예시하여 살펴보기로 한다.

### 가. 내용의 선정과 조직

#### (1) 내용의 선정

(나) 내용은 학생의 욕구를 충족시킬 수 있도록 가능한 재미있고, 감동적이
며 학생들에게 교훈적인 것을 고려하여 선정한다.

(마) 한문문장은 일상생활과 관계가 깊고 평이하며, 전통문화의 이해와 올바
른 가치관을 확립하는 데 도움이 되는 것을 선정하며 **고전은 그 제재 수
로 보아 우리나라 것이 50% 이상** 되도록 선정한다. 〈(가), (다), (라) 생략〉

위의 '내용의 선정' 항목 중에서 (나)항은 제6차 집필지침에는 없던 것이었다. 제7차 교육과정은 학생중심의 학습실현에 커다란 비중을 두고 있으므로, 그것을 염두에 둔 지시사항을 제시한 것이다. 또 (마)항의 '고전은 그 제재 수로 보아 우리나라 것이 50% 이상' 되도록 한다는 규정은, 우리나라 한문교과서가 한국화된 근거를 보여주는 지시사항이다. 같은 한자문화권인 일본 고등학교의 한문교과서의 경우는 거의 대부분이 중국고전으로 되어 있고, 일본고전은 극히 적은 양에 그치고 있다.

### (2) 내용의 조직

(가) 단위배당기준(6단위)에 알맞은 분량을 선정하여 창의적으로 조직한다.

(나) 한자, 한자어, 한문의 학습은 가능한 한 **학습의 흥미를 유발**하고 교수·학습이 효율적으로 이루어지도록 조정한다.

(다) 한문과목의 특성을 살려 학습의 효율성을 높이고, **쉽고 재미있게 체계적**으로 학습할 수 있도록 조직한다.

(라) '한문' 교육과정의 '4, 방법'을 참고하여 **학생중심의 학습**이 이루어지도록 교수·학습 과정이 드러나게 내용을 조직한다.

(마) 한자의 쓰임, 문장의 구조, 문장의 형식에 대한 지도내용은 예문을 제시하고, 문장독해를 원활히 하는 데 주안을 두어 조직한다.

'내용의 조직'에서 제시하고 있는 사항들은 제6차 교육과정의 경우와 비교하여볼 때 보다 세분화되어 있다. 그리고 위의 강조표시 부분에서 알 수 있듯이 학습내용이 용이하게 조직되어, 학습자의 흥미를 유발하도록 되어 있다. 이 '내용의 조직'에 제시된 요구사항은 교과서 검정의 당락을 결정하는 요소가 되므로 집필자는 무엇보다도 주목하는 부분이 될 것이다.

## 나. 단원의 구성체제

(1) **학생이 자기 주도로 학습**할 수 있도록 다음 사항을 참고하여 창의적으로 구성한다.

> (나) 대단원은 단원의 안내, 소단원(제재 또는 본문), 단원의 마무리 등 세 부분으로 나누는 것을 원칙으로 하고, 한문교육이 효과적으로 달성될 수 있도록 학습목표나 내용의 특성에 따라 다양한 체제로 구성한다.

> (마) '단원의 마무리'에서는 학습한 원리의 일반화와 실생활에서의 적용가능성을 높일 수 있도록 보충·심화 자료 등을 제시하며, 교육과정의 '5, 평가' 항을 참고하여 평가활동이 효과적으로 이뤄질 수 있도록 창의적으로 구성한다. 《(가), (다), (라) 생략)

(2) 학습방법을 학습할 수 있는 과정을 보이고, 문제해결 중심, 토의·토론이 실질적으로 반영될 수 있도록 구성한다.


'단원의 구성체제'에서 요구하는 특징적 사항은 학습자의 자기 주도적 학습에 알맞는 학습과정의 형성에 있다. 교사중심의 일방적 교수·학습 형식을 극복하고, 교사가 학습자의 보조자 역할을 담당하게 교과서를 편성하도록 지시하는 것이다. 참으로 학습자 주도의 학습을 요구한다면, 대단원·소단원·단원마무리의 형식적 구분은 별다른 효과를 창출하지 못할 것으로 생각된다.


## 다. 내용의 수준과 범위

(1) 한자, 한자어, 한문의 각 영역별 내용은 학생들이 **쉽고 재미있게 체계적이며 효과적으로 학습**할 수 있도록 학습경험의 연속성과 계열성에 유의하여 구성한다.

(2) 한자와 한자어를 익혀 일상 언어생활과 문장독해에 활용하게 하고, 중

학교 '한문' 보다 심화·발전된 한문문장을 독해할 수 있는 기본적인 능력을 기르는 데 중점을 둔 내용으로 구성한다.

(3) 한자의 지도범위는 고등학교 한문교육용 기초한자(1972. 8. 16 문교부 제정)를 원칙으로 한다. 부득이하여 추가지도할 수 있는 한자는 100자 이내로 하되 인명·지명 등의 고유명사는 제한을 받지 않으며, 초과하는 한자는 효과적인 방법으로 구분하여 제시한다.

(4) 신습한자는 각 단원에서 균형 있게 학습할 수 있도록 제시하되, 약자는 사용하지 않는다.

(5) 한자의 부수·획수·필순·한자 및 한자어의 짜임에 대한 지도내용은 필수적이고 전이도가 높    은 기본적인 것만을 제시한다.

위의 '내용의 수준과 범위'는 제6차 교육과정에 따른 집필지침과 거의 유사하다. 교과서 집필에 있어서 1차적으로 참고해야 할 항목이 바로 '내용의 수준과 범위'이다. 교과서 집필의 실제적인 기본재료가 되는 한자·한자어의 활용과 한문의 독해, 그리고 한자의 지도범위가 제시되어 있다.

### 라. 진술방법 및 지면구성

(1) 한문교육의 내용과 대상에 대한 설명이 정확하고 편견이 없게 하며, 학습용어 사용에 일관성이 있어야 한다.

(2) 학습목표, 학습안내, 학습활동 등의 제시나 설명은 간결하고 구체적이며 통일성 있게 진술한다.

(3) 필요한 문법용어는 국어문법(학교문법) 용어에 따르는 것을 원칙으로 한다. 다만, 국어문법 용어가 없는 경우에는 신조어 사용을 지양하고 가급적 이해하기 쉬운 관용어를 사용할 수 있다.

(4) 학습의 효과와 심미적 측면을 고려하여 활자의 크기와 배치, 삽화·사진의 크기와 위치 등을 다양하게 하여 지면을 구성한다.

(5) 지면을 창조적으로 활용하여 핵심어, 난해어, 구절풀이 등을 제시하는 **'중요어구'**, **학습자료, 참고내용, 심화학습 등의 내용을 진술하는 '참고'** 란을 둘 수 있다.

(6) 도표나 도식 등의 색상이나 모양은 학습효과를 고려하고, 한문교과서의 특색을 살려 시각적으로 돋보이게 한다.

이 항목은 7차 교육과정에 따른 집필지침에 따라 신설된 것이다. 세부내용은 제6차 교육과정에 따른 집필지침에 있는 '기타'의 항목과 중복되고 있다.

진술방법으로 제시된 위 (1)항, (2)항은 집필자에게 간결하고 구체적인 표현을 요구하여 학습자의 학습이해를 돕고자 한 것이다. 또 위 (4)항과 (6)항은 시각적 효과를 중요시한 7차 교육과정의 기본방침에서 비롯된 것이다. 게다가 (5)항은 학습자의 자기 주도적 학습을 지원하기 위해 제시된 것이다.

### 마. 기타

(1) 인용된 제재(또는 본문)의 작자와 출처를 반드시 밝히고 제재는 가능한 해당 출전의 원문에 충실하도록 한다.

(2) 타 교과목의 영역에 속하거나 중복되는 내용은 해당 교과목의 설명과 어긋남이 없어야 한다.

(3) 고등학교 교육용 기초한자 900자의 목록을 창의적으로 제시하여 낱자 학습을 자기 스스로 심화시킬 수 있도록 한다.

'기타'는 제6차의 '집필상의 유의점' 중에서 제7차 '집필상의 유의점'을 편성함에 있어서, 인용하지 않고 뒤로 남겨진 항목들을 포함하고 있다. 따라서 새롭게 제시된 것은 아니지만 교과서 집필에 간과할 수 없는 사항이기도 하다. 그 중 위 (3)항은 7차 교과서 집필지침에 새롭게 첨부되어 강조되고 있는 지시사항이다.

### 2.3. 한문 '검정기준'

제7차 교육과정의 한문교과서 집필에 관한 '검정기준'은 공통기준과 교과목별 기준으로 구분되어 있다. 공통기준은 모든 교과용 도서에 적용되는 보편적 사항으로

1)헌법 정신과의 일치, 2)교육기본법 · 교육과정과의 일치, 3)저작권 위배 여부, 4)내용의 보편타당성

의 4개 항목이다. 대한민국 법질서의 준수 여부와 교육과정 및 교과서 집필상의 유의점과 관련된 사항들이다.

교과목별 기준의 한문 검정기준은 6개 심사영역을 25항목으로 구분하여 제시하고 있다. 6차 교육과정의 한문 검정기준이 5개 심사영역에 20항목으로 구분하였던 것과 비교할 경우 좀더 구체적인 검정기준을 제시하고 있음을 알 수 있다. 특히 두드러지는 것은 독창성 영역을 설정하여 다른 교과서와의 차별성을 요구하고 있는 점인데 그 심사관점을 다음에 인용하여둔다.

24. 기존 교과용 도서 혹은 다른 도서와 비교할 때 참신한 내용을 선정하여 독창적으로 구성하였는가.

25. 한문교육의 교수 · 학습 과정과 활동, 편집 디자인 등을 독창적으로 구
    성하였는가.

  위의 독창성에 관한 심사관점은 제7차 교육과정에 따른 한문교과서를 집필
하고 제작함에 반드시 수용하여 참고할 항목이었다. 이러한 심사관점에 따르
기 위하여 제7차 한문교과서는 상당한 외형적 변화를 가져왔다.

  그 외에 앞에 제시하였던 제7차 집필상의 유의점의 공통사항 중 교육내용
의 적정화 항목에서 '최저 필수 학습요소'에 관련된 구체적인 심사관점에 대
한 확인이 필요하다. 우선 본 소고는 다음에 제시하는 한자학습에 관한 검정
기준을 '최저 필수 학습요소'의 일부분으로 인용하여둔다.

3. 고등학교 한문교육용 기초한자 900자는 각 단원에 안배하여 모두 다루
    었으며, 중 · 고등 한문교육용 기초한자의 범위를 초과하는 한자(100자 이
    내)는 효과적인 방법으로 구별하여 제시하였는가.(Ⅱ. 내용의 선정 및 조직)
13. 신습한자를 각 단원에서 균형 있게 학습할 수 있도록 효율적인 학습방
    법(전략)을 제시하였는가.(Ⅲ. 교수 · 학습 방법 및 평가)
16. 고등학교 한문교육용 기초한자 900자를 효과적으로 제시하여 낱자 학
    습을 학생 스스로 심화시킬 수 있도록 하였는가.(Ⅲ. 교수 · 학습 방법 및
    평가)

  고교 교육용 기초한자 900자에 대한 교수 · 학습 사항이다. 위의 3항에 의
거하여 고등학교 한문교과서는 중 · 고등 한문교육용 기초한자 1,800자와 초
과한자 100자로 구성하며, 특히 고등학교 한문교육용 기초한자 900자는 각
단원에 균등하게 배분하여 효율적으로 학습자가 심화학습할 수 있도록 제작

되어야 했다.

## 3. 집필지침의 문제점

여기서는 제7차 교육과정에 따른 고등학교 2종 교과서 집필지침과 관련한
문제점을 몇 가지 지적해보기로 한다.

### 1) 학습 분량의 감축

제7차 교육과정에 따른 교과서 집필지침의 공통유의사항을 제6차 교육과
정의 것과 비교하여볼 때 가장 주목할 변화는 '학습분량을 30% 정도 감축' 한
다는 것이다. 이것은 학습자의 자기 주도적 학습을 추구하는 제7차 교육과정
의 특성상 바람직한 요구사항으로 필자도 이의는 없다. 그러나 실제 제7차 한
문교과서 집필에 참여하였던 필자의 경험에서 보면, 간단한 듯하면서도 가장
해결하기 힘들었던 항목이다. 간단하게 생각한 것은 소단원의 분량을 30% 정
도 감축하면 끝나는 것으로 생각하였기 때문이다.

그런데 한문교과서의 집필지침 중 내용선정과 내용조직의 항목에 있는 '재
미있고' '쉬우며' '학생중심의 학습'이라는 요구사항에 따라 여러 가지로 기
획을 하는 과정에서 학습분량은 줄어드는 것이 아니라 오히려 늘어나게 되었
다. 예를 들면 해당 소단원에 제시된 신습한자를 본문에서 사용하는 것은 물
론이고, 보충학습에서는 활용형태를 제시하고, 다시 필순에 따른 쓰기연습,
또는 평가를 통한 복습자료를 제시하게 된다. 따라서 제6차 교육과정에 따른
교과서와 비교하면, 소단원의 수는 감소하였지만, 제7차 교육과정의 집필지

침의 필수 참고사항인 '쉽고 재미있는' 항목에 따라 소단원의 내용을 편성하다보면 실제적인 교과서의 전체 분량은 증가하였다.

이렇게 제작의 실제상황에서 생기는 모순의 원인은 제7차 한문교과서의 집필지침이 강조하고 있는 '쉽고 재미있는' 한문교과서의 이미지에 있다고 생각한다. 이런 집필지침의 의도는 아마도 '어렵고 재미없는' 한문과목의 이미지를 쇄신하여 학습자의 학습동기를 유발하는 데 있을 것이다. 이런 집필지침의 의도는 매우 중요한 사항으로 이의는 없다. 다만 그 표현을 조금 바꾸어보고자 한다. 즉 학습자가 한문표기 저작물 및 그것이 담고 있는 옛것에 대하여 '관심과 흥미'를 갖도록 견인해주는 한문교과서를 집필할 것을 명문화하는 것이다.

'쉽고, 재미있게'를 너무 강조하게 되면, 그 요구를 충족시키기 위하여 학습내용은 번잡하고 저급한 수준으로 떨어질 우려도 있다. 따라서 한문표기 저작물 중 현대에 사는 우리의 문제의식과 서로 연관성이 있는 제재를 선정하여 '관심과 흥미'를 유발시키고, 옛것을 이해하고 감상할 수 있는 자세를 육성하게 되면 자연히 학습자는 '쉽고, 또 재미있게' 느낄 수 있을 것이다.

학습자가 옛것에 '관심과 흥미'를 갖게 하는 것이 한문교과서의 우선적인 목표가 될 경우, 한문교과는 언어생활에 활용하는 한자·한자어를 학습하는 수준에서 그치지 않고, 명실상부하게 전통적 사회와 문화를 종합적으로 접하는 문화학습장이 될 것이다. 이렇게 '관심과 흥미'를 지향하는 학습제재를 선정하는 항목을 설정하면, 학습량 조절도 훨씬 수월하게 될 수 있다.

### 2) 고등학교 한문교육용 기초한자

한문교과서 집필지침의 '내용의 수준과 범위' 항목에 따르면, 한자의 지도범위를 고등학교 한문교육용 기초한자(1972. 8. 16 문교부 제정)를 원칙으로 하고, 부득이한 경우 100자 이내로 추가 지도할 수 있으며, 인명·지명 등의 고유명사는 제한을 받지 않는다고 하고 있다.

즉 고등학교 한문교과서는 중학교에서 학습한 교육용 기초한자 900자, 그리고 고등학교에서 학습하는 교육용 기초한자 900자, 교육용 한자를 벗어나는 100자, 총 1900자 정도를 가지고 교과서를 집필·제작하여야 한다. 예외사항의 고유명사에 사용되는 한자까지 산정하여도 2,000자도 넘지 않는 범위이다. 이런 정도의 한자로는 일상생활에 필요한 한자어도 커버하기 힘들다. 적어도 2,500자[6] 정도를 사용하여 교과서가 제작될 수 있게 하고, 그 학습목표에 따라 구체적으로 한자의 지도범위를 구분할 필요가 있다.

예를 들면 교과서 본문은 고등학교 교육용 기초한자를 중심으로 편성하되 7차 집필지침의 특징인 학습분량의 30% 감축 취지에도 맞게 720~900자 정도를 사용한다. 대신에 '보충학습'과 '심화학습' 코너에서는 중학교 교육용 한자 또는 생활 속 사용 빈도가 높은 한자를 국어문장에 포함된 한자어의 형태로 제시하고 그 한자의 읽기 교육을 한다. 그리고 교과서 후미의 부록에는 교육용 기초한자와 심화학습용 한자를 분리하여 제시하도록 한다. 여기서 증가된 한자의 범위는 학습자의 부담을 줄이기 위해서 '쓰기' 보다 '읽기' 에 중점을 두고 지도한다.

또 위에서 살펴본 것처럼 제7차 교육과정의 한문 '검정기준' 에는 한자에 관한 심사관점을 세 가지 제시하였다. 그 중 두 가지는 직접적으로 고등학교 한문교육용 기초한자 900자의 교수·학습에 관한 세부항목이다. 특히 '900자를 효과적으로 제시하여 낱자 학습을 학생 스스로 심화시킬 수 있도록' 하

---

6) 진재교(2002)는 한자 학습용으로 2500자 정도를 추천하고 있다.

는 요구에서는, 중학교 교육용 기초한자 900자는 완전학습이 이루어졌다는 가정이 전제되어 있다고 받아들여진다. 사실 고등학교 교육용 기초한자 900 자의 학습을 강조하는 이유는 한자 학습능력의 저하를 우려한 것이다. 그렇다면 중학교 교육용 기초한자 900자를 복습할 수 있는 시스템도 갖추어져야 할 것이다.

### 3) 단원마무리의 평가

'단원의 구성체제'는 단원안내, 소단원(제재 또는 본문), 단원의 마무리 등 세 부분으로 나누는 것을 원칙으로 하고, 단원의 마무리에서는 교육과정의 '5, 평가' 항을 참고하여 평가활동을 구성할 것을 요구하고 있다. 이러한 세 부분으로 나누는 원칙은 제6차 교육과정에 이어 제7차 교육과정의 전 과목 교과서에 해당하는 지시사항이다. 다만 제6차 교과서의 집필지침과 다른 점은 본문에서 학습한 원리의 일반화와 실생활에서의 적용 가능성을 높일 수 있도록 단원의 마무리 부분에 보충·심화자료를 제시하도록 되어 있다.

집필지침의 이러한 방향에 대하여 필자는 전혀 이의가 없다. 다만 제7차 교과서를 집필하였던 경험을 바탕으로 지적할 수 있는 사실은 평가활동을 단원의 마무리 부분에 국한시키는 것은 교육과정이 추구하는 학습자 중심의 학습을 형성하는 데 상당한 제약이 되고 있다는 점이다. 학습자 중심의 학습에 도달하기 위해서는 기존의 고정관념에서 탈피할 것이 요구된다. 평가를 상황에 따라서는 진단평가의 형식으로 '선행평가'를 실시하게 되면 학습자는 스스로 자신의 학습능력을 측정하여 학습내용을 자신의 능력에 맞추어 가감加減할 수 있게 된다. 그러나 평가를 항상 단원의 마무리에서 시행하면 학습자에게는 불필요한 노력을 수반하는 경우가 생기고, 이에 따라 학습효과도 저하될 수

 제1부 새로운 한문교육의 모색

있다. 또한 선행평가를 하게 되면 평가내용을 굳이 학습내용에만 한정하지 않고 학습내용의 외연을 확장하여 호기심을 유도하는 계기를 마련할 수도 있다.

그런데 현재 사용하고 있는 제7차 교육과정의 고등학교 한문교과서는 소고小考가 추구하는 선행평가의 체재를 도입한 경우는 없다. 그러나 기존 교과서의 대단원의 도입부 또는 소단원의 도입부에 있는 '생각열기'(중앙교육진흥연구소)나 '미리보기'(지학사)와 같은 부분은 체재만 조금 바꾸면 선행평가의 역할을 할 수 있을 것이다. 다음은 지학사의 '미리보기'(p48) 중의 한 예이다.

> '오르지 못할 나무 쳐다보지도 말라.' 이 속담의 뜻은 '불가능한 일은 처음부터 단념하라'는 뜻이다. 그러나, '열 번 찍어 안 넘어가는 나무 없다'라는 속담도 있다. 이 속담의 속뜻은 '되풀이해서 노력하면 성취할 수 있다'는 뜻이다. 속담을 통해서 우리의 가치관을 되돌아보자.

이것을 선행평가 형식으로 바꾸어보도록 하자.

> 속담은 오랜 기간에 걸쳐 사용되면서 사용자의 의도를 집약적으로 상징하고 있다. 따라서 속담의 속뜻을 잘 알고 이해하여야 적절하게 사용할 수 있게 된다. '오르지 못할 나무 쳐다보지도 말라'와 '열 번 찍어 안 넘어가는 나무 없다'의 속담의 속뜻을 생각해보고, 두 가지 속담이 지향하는 가치관의 차이에 대하여 설명하여보시오.

이렇게 소단원의 도입부에서 선행평가를 하여 학습자의 선행학습 수준을 파악하여 이에 적절한 학습내용을 제시할 수 있다. 학습부담의 감량이 제7차 교과서의 주요 현안이므로 다양한 평가형식을 활용하는 것도 교육과정의 목표를 실현하는 하나의 방법이 될 수 있을 것이다.

## 4) 한문교과서 제재의 50% 이상은 우리 고전

제7차 교육과정에 따른 한문 '검정기준'의 제7항에 "고전은 민족문화를 이해하고 건전한 가치관과 바람직한 인성을 함양하는 데 도움을 주는 제재로 우리나라의 작품이 50% 이상 되도록 선정하였는가"라는 심사항목이 있다. 이 검정기준 항목은 우리의 한문교과서가 중국이나 일본의 한문교과서와는 다른 한국화된 한문교과서로서의 면모를 세우는 데 초석이 되었다고 생각된다.

'한문고전' 하면 일반적으로 한문으로 된 중국고전을 생각하게 된다. 하지만 한자가 동아시아의 공통문어였던 만큼, 한문으로 된 고전에는 중국고전만큼 풍부한 양은 아니지만, 조선반도에서 만들어진 것과 일본에서 만들어진 것이 있다. 그런데 조선과 일본의 한문고전은 중국고전보다 하위에 두고 중국고전 중심으로 한문을 배우고 익혀왔던 것이 한자문화권의 오래된 관행이었다.

그러나 우리 한문교과서에서는 우리의 고전을 50% 이상 선정하도록 요구하여 한국화된 한문교과서를 추구하여왔다. 필자도 이런 주체적인 제재선정의 요구항목에 대하여 전폭적으로 지지하는 입장이다. 그런데 나머지 50%의 제재에 대해 의문점을 버릴 수 없어 문제점으로 지적하려는 것이다. 지금의 '검정기준'의 표현양식으로 보면 나머지 50%는 중국고전으로 묵인될 확률이 높다. 여기서 필자는 제7차 한문교육과정의 '목표'나 '내용'에 명시되어 있는 '한자문화권 내에서의 상호 이해 증진'이라는 항목을 환기하고자 한다. 이 항목은 교육과정에는 반복하여 제시되어 있지만, 교과서의 집필상의 유의점 및 검정기준에는 한 곳도 제시되어 있지 않다. 이에 필자는 한문의 제재 중 나머지 50%는 한자문화권의 중국·일본 고전을 골고루 선정하여 '한자문화권 내의 상호 이해 증진'이라는 제7차 교육과정의 교육목표를 구현할 수 있도록 함이 바람직하다고 생각한다. 아울러 한자문화권의 문화를 이해하는 데 도움이 되는 제재를 선정할 필요성을 제의한다. 특히 학습자의 흥미, 관심, 필요, 지적 수준을 고려하여 학습의욕을 유발할 수 있는 것으로 선정하여야 할 것이다. 중국한문은 기존의 교과서에서도 많이 제시하였으므로 차치하고, 일본 에도江戶시대의 한문고전을 제시하여 학습자의 흥미와 관심의 영역을 확장하는 것도 바람직하다.

## 4. 맺음말

지금까지 제7차 교육과정에 의거한 고등학교 한문교과서 집필지침의 특징을 살펴보고 몇 가지 문제점을 제의하였다. 주로 제7차 교육과정의 한문교과서를 실제로 집필하면서 느꼈던 것에 관련된 것이기는 하지만, 이러한 문제점은 교과서 집필지침 자체만의 문제에 속하는 것이 아니라, 교육과정 및 교과서 제도 자체에 속하는 문제라고 할 수 있다. 본 소고는 이러한 집필지침의 문제점을 실제 교과서 상에서 분석하는 것을 목표로 삼고 있지는 않다. 이러한 분석에 관한 논의는 별도의 연구에 맡기기로 한다. 예를 들면, 한문고전의 제재를 50% 이상 우리 고전으로 한다는 항목에서 과연 어떤 고전이 바람직한가 하는 문제는 과연 '쉽고, 재미있게' 라는 제한을 두어야 하는가 하는 문제에 직결되는 주제이기도 할 것이다. 또 한문과목은 실제 언어생활에서의 활용이 강조되고 있지만, 한문과목의 특성상 여타 외국어 과목과는 다른 시각에서 접근해야 할 것이다. 이러한 논의는 별도의 논의에서 준비하기로 하고 본 소고는 교과서 집필지침의 문제점을 살펴본 것에서 그친다.

〈참고문헌〉


교육부(1992), 『고등학교 교육과정(Ⅰ)』, 교육부 고시 제1992-19호.

교육부(1995), 『제6차 교육과정에 따른 고등학교 2종 도서 검정기준』.

교육부(1995), 『제6차 교육과정에 의거한 고등학교 2종 교과용 도서 집필상의 유의점』
    (수정본).

교육부(1998), 『고등학교 교육과정(Ⅰ)』, 교육부 고시 제1997-15호.

교육부(1999), 『제7차 교육과정에 따른 2종 교과용 도서 집필상의 유의점(고등학교)』.

교육부(2000), 『제7차 교육과정에 따른 고등학교 2종 도서 검정기준』.

한국교육과정평가원(2000), 『중등학교 2종 교과용 도서 어떻게 개발할 것인가?』(제7차
    교육과정에 따른 교과용도서 세미나 자료집), 연구자료ORM 2000-11.

진재교(2002), 「현행 한자·한문 급수제도의 문제와 개선방안」, 『한문교육연구』 19호,
    한국한문교육학회.

한예원(2003), 「일본日本 초중고初中高 학교의 한자·한문교육의 특징에 관하여」, 『한
    문교육연구』21호, 한국한문교육학회.

한예원(2004), 「한자·한문인증시험의 현황과 개선방안」, 『국어교육학회 발표논문집』,
    국어교육학회.



〈『한문교육연구』 한문교육학회, 22호, 2004〉

# 한문과漢文科 인성교육을 위한 시론

## - 『논어論語』를 통하여

## 1. 머리말

한문과 교육과정을 크게 세 부분으로 나누면, 첫째는 한자 · 한자어 · 한문을 익혀 언어생활에 활용하는 과정 즉 언어교육의 측면이다. 그리고 둘째는 다음과 같다.

한문과는 각종 한문기록과 고사성어, 격언 · 속담, 명언 · 명구 등의 학습을 통하여 **선인들의 삶과 지혜, 사상과 감정을 이해하고, 건전한 가치관과 바람직한 인성을 함양**하며, 우리 생활 전반에 면면히 이어온 전통문화를 바르게 계승하고 창조적으로 발전시키는 데 기여하는 교과이다.[1]

즉, 인성교육 측면이다. 그리고 셋째는 한자문화권 내에서의 상호이해와 교

---

[1] 교육부고시 제1997-15호, 『별책 17』, 한문 · 교련 · 교양 선택과목교육과정』, 교육부, 1998(http://www.kncis.or.kr/kncis/html/index1.html).

류를 증진하는 부분, 즉 문화교육 측면이다.

소고는 한문과 교육에서의 인성교육 측면을 살펴보기 위하여 방법적으로 『논어』에 나타난 인성교육 요소를 분석하려고 한다. 논어 중에 보이는 공자의 교육목표, 공자가 생각하는 인성발달과정, 그리고 공자스쿨에서의 인성교육 프로그램을 고찰하여 인성교육의 한 방향을 제시하고자 한다.

그러기 위해서는 우선 '인성교육'에 대한 개념정리가 필요하다. 인성교육 개념은 두 가지 관점에서 정의된다. 교육학적 관점에서의 인성교육과, 심리학적 관점의 인성이론이 그것이다.

교육학적 인성교육의 관점에서는 인성을 인간의 본성으로 보고 있다. 이 경우 인간본성은 그 자체가 교육의 과정을 통하여 발달하고 실현되는 가치가 된다. 이것은 교육의 과정에서 그 의미가 구체화된다. 따라서 인간본성은 교육 속에서 드러나며, 교육 속에서 형성되는 인간의 성취요, 업적이다.

이러한 교육학적 관점의 인성론은 전통교육의 인성론과도 상통하는 면이 있다. 유학에서도 인성을 인간의 본성으로 보고 있다. 맹자의 성선설이란 인간이 태어나면서부터 착한 본성의 싹을 갖고 태어난다는 주장이지만, 그 강조 내용은 착한 본성의 싹을 교육의 힘에 의하여 성장시키고 완성시켜 성인에 이르게 이끌어야 한다는 것에 있다. 순자의 성악설 또한 인간의 본성을 바로잡기 위해서는 교육의 힘이 절대적으로 필요함을 강조한다.

특히 유학에서는 인성이 지향해야 할 목표로 성인의 마음을 제시한다. 현재 실천주체의 마음을 성인의 마음에 비추어보면서 끊임없이 교육하고 노력할 것을 요구한다. 유학적 교육은 그 자체가 인성교육의 전형적 모습이라고 하겠다.[2]

---

2) 장성모 · 유한구 · 이환기, 「인성교육의 동양적 전통」, 『도덕교육연구』 9집, 한국교육학회, 1997, 89쪽.

그런데 심리학적 인성이론은 한 개인이 보여주는 수많은 행동이나 심리적 특성들을 사실적 수준에서 일반화하거나 유형화하고, 그와 같은 행동특성이나 유형의 '원인'을 설정하여 치료하거나 처방하는 데 관심이 집중된다. 따라서 인성이론가들이 일차적으로 일반화하고 유형화한 행동특성이나 유형은 '정상적인' 또는 사회적으로 인정되는 행동특성이나 유형들이 아니라, 오히려 정상에서 벗어난 병리적인 부적응 행동이다. 따라서 그들이 밝히고자 하는 원인도 부적응 행동의 원인으로서의 인성 또는 인성의 구조적 결함이다. 이렇게 행동특성과 인성요인 사이의 인과관계를 밝힘으로써 반사회적 부적응 행동을 치유하거나 교정하는 데 도움이 된다는 주장이다.

최근 우리 사회와 교육계에서 제기되고 있는 반사회적 반윤리적 병리현상과 관련되어 새롭게 강조되고 있는 인성교육에 관한 논의는 심리학적 관점의 인성이론에 뿌리를 두고 전개되어왔음을 알 수 있다. 그러나 이러한 정상상태에서 벗어난 사람의 행동특성을 정상적인 형태로 되돌리고 회복시키는 데 관심을 두고 있는 심리학적 관점의 인성교육은, 교육이라고 하기보다는 인성 '치료' 또는 집단적 심리치료라고 하는 것이 타당하다.

일반적으로 인성교육이라고 하기 위해서는 '정상' 상태의 학생이 교육의 결과로서 바람직한 인성 수준에 도달하게끔 하는 교육과정에 중점을 두어야 한다. 학교현장에 있는 대부분의 학생들이 가지고 있는 인성의 질을 교육을 통하여 최고의 수준으로 발전하게 이끌어가는 것이어야 한다.

이러한 인성교육의 교육적 관점과 치유적 관점의 두 면에 있어서, 한문과 인성교육이 지향하는 방향은 인간의 마음발달은 교육에 의해 이루어진다는 교육적 관점임은 말할 나위도 없다. 그것을 위한 한 사례로서 『논어』에 보이는 공자의 인성교육관을 제시하려는 것이다.

## 2. 공자의 교육목표

논어에 보이는 인성교육을 분석하는 기초단계로 우선 공자가 인간의 존재와 교육의 관계를 어떻게 파악하고 있는가를 살펴볼 필요성이 있다.

공자는 일찍이 '교육은 있으나 인간의 종류는 없다(有敎無類)'고 하였다.[3] 이것은 누구든지 교육만 받으면 훌륭하게 될 수 있다는 공자의 인간평등관이 드러난 말이다. 하늘이 인성人性을 부여한 데에는 귀천의 차별이 없으며, 원근遠近 · 지방地方의 구별이 없다. 교육을 하면 모두가 같을 수 있다는 것이 이른바 '무류無類'이다. 인간의 선 · 악의 구별은 '교敎 · 불교不敎' 연후에 그 다름(類)을 분별하여야지 그 이전에 해서는 안 된다는 뜻이다.

즉 중국中國을 벗어난 비야鄙野에 사는 평범한 서민일지라도 교육을 실시하면 중원지역과 풍속의 차이가 없게 되는 것이 바로 무류無類이다. 인간은 모두 평등하고, 평등하게 문화를 향유할 수 있는 가능성을 갖고 있음이다. 이렇게 인간을 기본적으로 교육의 대상으로 삼고 있는 사람이 공자였다.

> 인성은 서로 가깝지만, 습관은 서로 멀다.[4]

공자의 인간관을 단적으로 나타내는 말이 있다. '성性' 이란 인간이 태어날 때부터 갖고 태어나는 보편적인 성질이므로 개인차는 그다지 크지 않고 서로 비슷하여 서로 통한다. 반면에, 후천적인 습관에 의해 인간 부류에 차이가 생기고 서로 멀어지게 된다는 것이 공자의 인간이해이다.

---

3) 『論語』「衛靈公」.
4) 『論語』「陽貨」. "子曰 性相近也 習相遠也"

공자의 교육관은 이 두 가지 관점에 입각하고 있다. 선천적 인간 본성의 보편성과 인간존재의 평등관이 그것이다. 여기서 교육이란 습관에 의한 인간의 변화를 선한 쪽으로 인도하여가는 것이라고 하겠다. 공자는 맹자처럼 성선설性善說을 표면화시키지는 않았지만, 인간의 본성은 선을 향한다는 입장이다.

공자의 인간관의 중심에는 '절대적인 선인善人' 즉 성인聖人이 있다는 가정이다. 즉 "상지上知와 하우下愚는 변하지 않는다"[5]의 '상지上知'가 바로 그것이다. 즉 앞에서 인간은 습관에 의해 변한다고 하였지만, 그 예외로서 변화하지 않는 인간을 상정想定한 것이다. 여기서 '상지'란 최상의 지혜를 가진 사람으로 어떠한 경우에도 타락하지 않지만, '하우下愚'는 최하의 어리석은 사람으로 어떠한 교육으로도 향상되지 않는다. 이 두 종류의 인간은 어떠한 경우에도 이동이 없다는 것이 공자시대의 생각이었다. 이러한 인간론은 뒷날 한대漢代에 인간을 아홉 단계로 나누는 분류표를 출현시켰다.[6]

하지만 공자의 학문을 계승 발전시킨 맹자는 인간의 가능성을 강조하여 "사람은 모두 요순堯舜이 될 수 있다"고 하였다. 즉 인간은 모두 성인이 될 수 있다는 가능성을 갖고 있다고 하여, '하우下愚'의 존재를 부정하기에 이르렀다. 이런 생각은 송대宋代의 주자에게 이르면 더욱 강화되기에 이른다.

아무튼 어떤 경우에도 타락하지 않는 절대적 선인善人으로서의 성인이 존재한다는 주장은 공자 인간관의 핵심이 되고, 그에 따른 교육론이 형성되었다. 하지만 논어 중에서 공자가 직접 '성인聖人'이란 말을 사용하고 있는 곳은 단 두 곳뿐이다.

---

5) 『論語』「陽貨」. "子曰 唯上知與下愚 不移"
6) 반고班固가 쓴 『한서漢書』에는 「고금인표古今人表」라는 제목으로, 유사 이래의 인물을 덕성에 따라 아홉 단계로 분류하여 열거하고 있다. 上上, 上中, 上下, 中上, 中中, 中下, 下上, 下中, 下下가 그것이다.

선생님께서 말씀하시길, 성인을 나는 만날 수 없지만, 군자를 만날 수 있
다면 그것으로 만족한다. 선인善人을 나는 만날 수 없지만, 행동에 일정한
원칙이 있는 자를 만난다면 그것으로 만족한다. 없으면서 있는 척하고, 텅
비어 있으면서 가득한 척하고, 궁핍하면서 풍부한 척하므로 행동에 일정한
원칙을 갖기가 어렵다.[7]

일반적으로 성인이란 완전한 도덕과 지성을 갖춘 인간, 즉 일종의 초인超人
과 같은 개념으로 사용된다. 이러한 이미지가 굳어진 것은 한대漢代 이후이지
만, 위의 인용에서 보여지듯 공자시대에도 이미 이에 가까운 의미로 사용된
듯하다. 하지만 초인적인 도덕능력을 갖춘 성인은 좀처럼 만나기 어려우므로,
뛰어난 도덕성을 갖춘 군자를 만날 수 있다면 자신은 만족한다고 한다. 모든
면에 능력이 뛰어난 선인善人은 만날 수 없지만, 항상성恒常性이 있는 사람,
즉 행동함에 일정한 기준이 있는 사람을 만날 수 있다면 그것으로 만족한다고
하였다. 항상 일정한 원칙을 지키는 사람 정도는 이 세상에 많을 듯하지만, 이
런 사람도 좀처럼 만나기가 어렵다. 세상 사람들은 남에게 잘 보이려는 허세
부리기에 익숙해져서 행동함에 기준을 갖는다는 것은 좀처럼 쉽지 않은 일이
되기 때문이다.
다시 공자는 성인에 이르려고 노력하는 사람으로 군자의 모습을 설명하고
있다.

공자께서 말씀하시길, 군자에게는 세 가지 두려운 것이 있다. 천명을 두

---

7) 『論語』「述而」. "子曰 聖人 吾不得而見之矣 得見君子者 斯可矣 子曰 善人 吾不得而
見之矣 得見有恒者 斯可矣 亡而爲有 虛而爲盈 約而爲泰 難乎有恒矣"

 제1부 새로운 한문교육의 모색

려워하고, 대인大人을 두려워하고, 성인의 가르침을 두려워한다. 하지만 소인은 천명을 알지 못하므로 두려워하지 않고, 대인을 가벼이 보고, 성인의 가르침을 업신여긴다.[8]

여기서 '두려워한다(畏)'는 것은 공포의 의미가 아니라 경건한 자세를 갖는 것이다. 즉 공경恭敬함이다. 군자는 첫째로 천명에 대한 경건함을 갖는다. 천명을 우선 하늘이 부여해준 사명使命이라고 풀이하자. 이 세계에 흐르고 있는 합리적인 법칙을 인간이 사명으로 받아들이는 경우이다. 다음에는 인간이 이해할 수 없는 영역이지만 인간세계에 일어나는 운명 · 숙명으로 풀이한다. 이처럼 천명은 인간의 가능성과 한계성을 종합한 관념이다.

둘째로 경건함의 대상은 '대인大人'이다. 대인이란 용어는 『논어』에서 이곳에만 보이고 있다. 한대漢代의 고주古注에서는 뛰어난 도덕성을 갖춘 사람이라고 하였던 반면에, 송대宋代의 신주新注에서는 높은 신분의 사람이라고 한다. 그런데 『주역』의 문언전文言傳에는 "대인大人은 천지와 그 덕德을 함께한다"는 표현이 있다. 따라서 대인은 뛰어난 도덕성을 갖춘 사람 즉 성인과 마찬가지라고 한다. 성인의 말씀이란 책에 기록된 고대 성인의 말씀이다. 군자가 이처럼 경건한 자세로 성인이 되기 위하여 노력하는 것에 비하여, 소인은 그 반대이다. 천명의 존재를 의식하지 못하기 때문에 경건하게 받아들이지 않고, 대인에 대해서도 경솔한 태도를 취하고 성인의 가르침을 모욕한다.

공자에게서 교육은 소인을 군자로 이끌고, 다시 군자를 대인 즉 성인으로 이끌어가는 과정인 것이다. 인간이 의지하고 살아갈 삶의 표준이며 그 목표로

---

8) 『論語』 「季氏」. "孔子曰 君子 有三畏 畏天命 畏大人 畏聖人之言 小人不知天命而不畏也 狎大人 侮聖人之言"

성인을 세우고 있다. 이것은 마치 북극성이 제자리에 있으면 뭇 별들이 북극성을 중심으로 하여 그 주위를 도는 것과 같다.[9] 실제적으로 논어에는 군자와 소인에 대한 대비의 용례가 매우 많이 들어 있다.


## 3. 공자의 인성발달과정

인성은 인간의 성장에 따라 시간적 변화과정을 거친다. 공자는 자신의 이력서를 다음처럼 말하고 있다.

나는 열다섯에 학문에 뜻을 두었고, 서른 살에 학문의 길에 자립하게 되었으며, 마흔에 학문의 길 이외에 마음이 흔들리지 않게 되었고, 오십에 학문의 길이 천명天命임을 깨달았으며, 육십에 남의 말을 귀 기울여 받아들이게 되었고, 칠십에 내가 하고 싶은 대로 하여도 규범에 어긋나지 않게 되었다.[10]

이것은 인성의 시간적 전개, 인성발달의 과정을 엿볼 수 있는 귀중한 자료이다. 여기서 공자는 교육 또는 학습과정은 한 개인에 있어서 전 생애에 걸쳐 전개되고 완성됨을 확인시키고 있다. 인성이란 한 개인이 태어날 때 '완성체'로서 주어진 것이 아니라, 교육과 학습의 과정 속에서 발달하고 성취되어진다는 것이다. 즉 성현聖賢의 경지는 한순간에 도달하는 것이 아니라 끊임없

---

9) 『論語』「爲政」. "子曰 爲政以德 譬如北辰 居其所 而衆星 共之"
10) 『論語』「爲政」. "子曰 吾十有五而志於學 三十而立 四十而不惑 五十而知天命 六十而耳順 七十而從心所欲不踰矩"


제1부 새로운 한문교육의 모색

는 노력을 통하여 비로소 도달할 수 있다는 것이다.

지금의 15세는 청소년 시기이지만, 전통시대의 15세는 초등교육이 끝나고 고등교육 즉 '대학'에 들어가는 시기이다. 이때는 인간의 이성이 싹트기 시작하는 시기로 자신이 지향하는 방향을 정하는 것이 무엇보다 중요하다. 15세 이전에도 나름대로의 인생에 대해 많은 생각을 가질 수 있고, 많은 것에 대해서 배우기도 하지만, 그 대부분은 스스로 결정한 것이라기보다는 외부의 지시와 견해를 피동적으로 수용한 것에 불과하다. 따라서 공자도 15세에 이르러 비로소 학문에 대한 자신의 진정한 뜻을 세웠다고 하는 것이다.

공자의 일생은 덕의 실천을 통한 성인추구의 과정이라고 할 수 있는데, 이것이 확고하게 결정된 시기가 바로 15세 청소년 시기였다는 것은 오늘날의 인성교육과정에 시사하는 바가 자못 크다. 즉 이 시기에 학습자 본인에게 자신이 추구할 목표를 설정하도록 교육하는 것이다. 역사 속의 인물이나 현존하는 타인의 삶에 대해 관심을 갖고 그 속에서 닮고자 하는 목표를 설정하면서 부단히 노력하게 하는 것이다.

그런데 공자가 배움에 뜻을 두었다는 것은 지식학습만을 의미하는 것은 아니었다.


젊은이들이여 집안에 들어와서는 부모에게 효도하고, 집 밖에 나가서는 우애하며, 모든 일에 주의하여 신뢰받을 수 있게 하고, 사람들과 널리 사귀면서 인품이 높은 사람과 친하게 지내라. 이상을 실천하여 여유가 있으면 책을 읽어라.[11]

---

11) 『論語』「學而」. "子曰 弟子入則孝 出則弟 謹而信 汎愛衆 而親仁 行有餘力 則以學文"

표면적인 의미로는 학문을 경시하는 말로 들릴 수도 있다. 하지만 대상이 지적 욕구가 강한 젊은이들이라는 것을 주목할 필요가 있다. 15세를 넘어 성인으로서의 과정을 이수하는 젊은이들은 서책에서 얻는 추상적 지식 습득에 몰두하기 쉽다. 하지만 현실의 실천을 겸비하지 않으면 그 지식은 참된 지식이 되기 어렵다. 또 신체적으로는 성인의 단계에 이르렀지만, 인성발달의 면에서 아직 완전한 단계에 이르지 못하였으므로, 효제孝悌의 실천이라던가, 신뢰관계의 형성, 남에 대한 사랑의 실천은 지적 학습보다도 중요한 의미를 가진다. 즉 '하학이상달下學而上達'[12]식의 과정을 생각하게 한다. 실천을 중시하는 배움의 기초단계에서 출발하여, 형이상학적이며 추상적인 완성 단계의 학문으로 나아가는 것이다. 따라서 학문에 뜻을 두었다는 것은 다름 아닌 도道에 뜻을 둔 것이다.

선생님께서 말씀하시길, 도道를 목표로 삼고, 그것을 위하여 덕德에 의거하여, 인仁을 가지고, 예藝에서 노닌다.[13]

'도道'라던가 '덕德'이란 말은 여러 가지 의미로 풀이된다. 인간이 천명을 받고 살아감에 그 천명을 이해하는 소통의 매개체가 되는 것이 도라고 생각한다. 즉 우주법칙 중의 한 부분인 인간법칙이 만물에 보편적으로 일관하고 있다고 생각할 때, 그것을 도라고 부를 수 있다.

'덕德'은 그런 법칙이 만물 중의 어느 한 가지에 드러난 것이라고 풀이할 수 있다. 따라서 목표로 삼고 마음으로 지향하는 것은 보편적 법칙인 도이지

---

12) 『論語』「憲問」.
13) 『論語』「述而」. "子曰 志於道 據於德 依於仁 游於藝"


제1부 새로운 한문교육의 모색

만, 거기에 도달하기 위하여 인간이 갖추어야 할 덕을 기본으로 삼고, 인간애
人間愛 즉 인仁을 갖추어 '예藝에 노닌다' 는 것이다. 여기서 예藝란 '예악사어
서수禮樂射御書數' 와 같은 '육예六藝' 즉 교양을 의미하고, '노닌다' 는 것은
자유로운 기분으로 그 속에서 몸과 마음이 편안해진다는 의미이다.

다음 2단계로 서른 살에 학문에 자립하였다는 것은, 학문을 통하여 도에 도
달하고자 노력함에 선악善惡을 구별하고, 행할 것인지 아닌지를 주체적으로
판단하고 책임을 지게 되었다는 것이다. 그 과정은 예禮를 통하여 이룰 것을
공자는 강조한다.

어느 날 공자의 아들 이鯉가 잰걸음으로 공자가 서 있는 뜰 앞을 지나가
자, 공자가 "예를 배웠느냐?" 하고 물었다. 이鯉가 "아직 배우지 못하였습
니다" 하고 대답하자, 공자가 "예를 배우지 않으면, 자립할 수 없다"고 말하
였다.[14]

진항陳亢이란 사람이 백어伯魚(이鯉는 이름)에게 공자의 친아들인 당신은 무
엇인가 특별한 가르침을 받았느냐고 물었다. 그러자 백어가 두 가지 에피소드
를 전하였다. 하나는 공자가 혼자 집안에 있을 때 빠른 걸음으로 그 앞을 지나
가니 "시詩를 배웠느냐고?"고 물으면서 시를 배우지 않으면 말하지 못한다고
하여서 시를 공부했노라는 것과[15], 또 하나는 위와 같은 내용이었다.

'시를 배우지 않으면 말을 못한다' 는 것은 대화를 함에 적절한 표현을 알맞

---

14) 『論語』「季氏」. "又獨立 鯉趨而過庭 曰學禮乎 對曰未也 不學禮 無以立 鯉退而學
禮"
15) 『論語』「季氏」. "嘗獨立 鯉趨而過庭 曰學詩乎 對曰未也 不學詩 無以言 鯉退而學
詩"

게 못한다는 것을 의미한다. 『논어』만 보더라도 공자는 제자들과 대화를 함에 『시경』의 시를 인용하여 대화의 내용을 마무리하거나 강조하는 방법으로 사용하고 있다. 자질구레하게 구체적으로 말하는 것보다 적재적소에 시를 인용하게 되면 그 효과는 예상 외로 크다. 즉 대화하는 상대방의 감동을 자아내는 말의 표현이 깊이가 있게 된다. 또 『시경』의 어휘들을 그 자체가 깊은 뜻을 갖고 있어 용사用事에 활용되고, 사물의 이름을 익히고 표현하는 좋은 재료가 되었다.

또한 예禮는 인격형성을 위해서는 빼놓을 수 없는 학습과목이다. 인간이 학습할 교양의 순서를 공자는 다음처럼 제시하였다.

시詩에서 흥기興起하고, 예禮에서 정립定立되고, 악樂에서 완성完成된다.[16)]

『시경』으로 인간 내면의 올바른 감정이 흥기하여 고양高揚되고, 예禮 즉 인간의 질서로서의 법칙을 통하여 교양의 틀이 정립된다. 마지막으로 그 완성은 음악을 통하여 이루어진다. 예란 그림 그릴 경우 흰색을 가장 나중에 칠해서 그림 전체가 살아나게끔 하는 기법인 '회사후소繪事後素'[17)]의 흰색과 같은 것이다. 인간이 교양을 학습해 나감에 여러 가지 다른 것을 다 배워 갖춘 후에 예禮를 배우게 되면 인격은 완성체에 나아가게 되는 것과 같다.

40세에 이르러 자기가 선택하여 노력한 학문에 대하여 자신감을 얻어 자신이 지향하고 있는 길이 인간생활에서 올바른 것임을 확신하게 되었다. '불혹

---

16) 『論語』「泰伯」. "子曰 興於詩 立於禮 成於樂"
17) 『論語』「八佾」.


제1부 새로운 한문교육의 모색

不惑'이란 아는 것이 확실하여 일말의 거리낌이 없는 상태이다. 공자는 배움에 부단히 정진하여 자신의 앎에 확신을 갖게 된 것이다.

　　선생님께서 말씀하시길, 지혜로운 사람은 의혹하지 않고, 어진 사람은 근심하지 않으며, 용감한 사람은 걱정하지 않는다고 하셨다.[18]

지혜로운 사람이 의혹하지 않는 이유는 스스로 모순을 찾아 해결하는 능력을 갖추었기 때문이다. '의혹'은 인간이 자각하지 못하고 행하는 모순을 의미한다. 따라서 그 모순을 분별하여 발견하고 또 제거하는 행위가 '변혹辨惑'이다. 예를 들면, 인간은 어떤 사람이 좋아지면 그가 살기를 바라고, 자기가 싫어하는 사람의 경우는 죽기를 바란다. 한쪽 마음으로는 인간이 살기를 바라면서, 또 한쪽 마음으로는 죽기를 바라는 것은 바로 모순이다.[19]

공자는 40세가 되어 미혹되지 않았다는 것은 결국 가지 않은 길에 대한 미련이나 후회로 인하여 마음에 모순됨이 없이 명명백백하였다는 것을 의미한다. 맹자도 역시 40에 마음이 흔들리지 않았다고 주장하였다.[20] 그러나 맹자의 부동심不動心은 도덕적인 용기 측면에서 한 말이다.

공자는 50세에 이르러 천명天命을 알게 되었다고 한다. 이것은 공자 자신이 교양의 습득에 노력하고 문화를 위하여 일하는 것이 자신의 사명使命임을 알게 되었다는 것이다. 여기서 천명이란 "삶과 죽음에는 천명이 있고 부귀는 하늘에 달려 있다"[21]의 천명과 같은 것이다. 운명·숙명을 의미한다. 논어의 대

---

18) 『論語』「子罕」. "子曰 知者不惑 仁者不憂 勇者不懼"
19) 『論語』「顔淵」. "愛之欲其生 惡之欲其死 旣欲其生 又欲其死 是惑也"
20) 『孟子』「公孫丑」. "我四十不動心"
21) 『論語』「顔淵」. "死生有命 富貴在天"

미를 장식하는 마지막 장에도 천명이 등장한다.

천명을 알지 못하면 군자君子가 될 수 없고, 예禮를 알지 못하면 서지 못하고, 언어言語를 알지 못하면 인간을 이해하지 못한다.[22]

여기서 '명命'은 사명使命 또는 운명運命을 의미한다. 사명이라면 하늘이 부여한 인간활동의 원리가 되고, 운명이라면 하늘이 부여한 인간활동의 제약이 된다. 결국 천명이란 사명이면서 운명이고, 운명이면서 사명이 되기도 한다. 그런데 그 천명을 알지 못하면 군자가 될 자격이 없다고 한다. 나아가 위 인용문의 예는 문명적 행위이다. 문명적 업적 즉 교양의 기초 없이는 인격의 완성은 있을 수 없다는 것이다. 그리고 완성된 인격의 표현이 다름 아닌 언어이다. 언어의 인식을 통하지 않고는 인간을 인식할 수 없다.

60세가 되어서는 자기와 다른 의견을 듣더라도 반발하지 않고 수용하게 되었다. 즉 각각의 의견에는 그 나름의 존재 이유가 있다는 것을 깨닫게 되었다. 바꾸어 말하면 인간생활의 다양성을 인식하고 함부로 반발하지 않는 마음의 여유를 가지게 됨이다.

주자朱子는 '이순耳順'을 소리가 들어오면 마음으로 깨달아 어긋남이 없는 것이라고 설명하였다. 따라서 이순에는 타인과 자신 그리고 물아物我가 서로 화해하는 뜻이 들어 있다. 귀로 듣는 소리는 밖에서 안으로 들여오는 것이기 때문에 내외, 타인과 나, 주관과 객관의 분별이 있다. 그러나 소리가 들어와 마음으로 깨닫게 되면 타인과 자신의 분별뿐만 아니라 내외의 분별도 없어져,

---

22) 『論語』「堯曰」. "子曰 不知命 無以爲君子也 不知禮 無以立也 不知 無以知人也"



제1부 새로운 한문교육의 모색

밖의 모든 것은 자신의 마음과 서로 혼연일체渾然一體를 이루게 된다.

이순은 귀로 들려오는 남의 의견에 대해 듣는 사람이 마음을 비우고 수용하여 거부반응을 보이지 않음이다. 포용력과 수용력의 극대화라고도 할 수 있는 이 단계는 그만큼 내적 성숙이 깊어졌음을 의미한다.

마지막에 70세에 마음이 하고 싶은 대로 하여도 규범에 어긋나지 않게 되었다는 말은 자신의 행동에 참다운 자유를 얻은 것이다. 욕망대로 행동하여도 인간의 법칙을 벗어나지 않는 경지에 도달한 것이다. 이 경지는 자신과 천도天道가 서로 알고 감통하여 화해하는 50세의 '지천명知天命'과 내외內外와 물아物我가 서로 하나가 되어 화해를 이루는 60세의 '이순耳順'을 거쳐 완성단계에 이른 것이다.

그런데 여기서 공자가 하고 싶었던 욕망이 무엇이었는지를 『논어』에 보이는 '욕欲'의 용례를 통하여 살펴볼 수 있다. 우선 인간이 원하는 보편적 욕망에 관한 설명이다.

부유함과 귀함은 사람이면 누구나 바라는 것이지만 마땅한 방법(道)으로 얻은 것이 아니면 거기에 안주하지 않는다. 가난함과 천함은 사람이면 누구나 싫어하는 것이지만 마땅한 방법(道)으로 빈천에서 벗어남을 얻지 못하였다면 기피하지 않는다. 군자가 인仁을 기피하면서 어떻게 그 명예를 이룰 수 있겠는가? 군자는 한번 식사를 하는 시간조차도 인에서 벗어나지 않고, 위급할 때에도 인을 어기지 않고, 다급한 때에도 인에서 벗어나지 않는다.[23]

---

23) 『論語』「里仁」. "子曰 富與貴 是人之所欲也 不以其道 得之 不處也 貧與賤 是人之所惡也 不以其道 得之 不去也 君子 去仁 惡乎成名 君子 無終食之間 違仁 造次 必於是 顚沛 必於是"

부귀를 얻고 빈천에서 벗어나는 마땅한 방법 즉 도道란, 덕성德性을 갖추고 재능을 발휘하는 것이다. 유가儒家에서는 본래 지위를 그 사람의 덕성과 재능에 따라 주어지는 것이라는 생각이 존재하였다. 하지만 군자의 목표는 인仁 즉 인간에 대한 배려와 사랑에 있다. 따라서 인의 실천을 기피하면 군자라고 할 근거를 잃는다. 따라서 아무리 짧은 시간이나 돌발적인 순간 그리고 막다른 골목과 같은 다급한 때에도 인에 근거하여 그 안에서 처리하라고 한다.

우리는 여기서 '마음이 하고 싶은 대로 한다'는 것은 결국 인에 의거하여 인의 범위 안에서 욕망의 실현을 원한다는 것을 알게 된다. 어느 한 순간도 인간에 대한 사랑과 배려를 소홀히 하지 않고 있는 공자가 자신의 마음이 원하는 대로 하여도 규범에서 벗어나지 않았던 것이다.

자로가 공자에게 정치에 대해서 물으니, 공자는 정치의 책임자는 다섯 가지 미덕美德을 존숭하고 네 가지 악덕惡德을 물리쳐야 한다고 하면서 그 구체적인 내용을 다음처럼 대답하였다.

군자는 백성에게 은혜를 베풀되 낭비하지 않으며, 백성들을 수고롭게 하지만 원망하지 않게 하고, 하고자 하지만 탐내지 않고, 화려하되 교만하지 않으며 위엄이 있으되 사납지 않다.[24]

'혜이불비惠而不費' 하기 위해서는 은혜를 베풀 때 백성들이 이익으로 생각하는 것에 따라서 이익되게 하면 비용을 들이지 않아도 된다. '노이불원勞而不怨'은 노동을 시켜도 좋은 사람을 선택하여 시키면 원망함이 없게 된다. '욕이불탐欲而不貪'은 욕망의 방향이 인仁을 향하고, 그 인을 획득한다면 아무리 욕

---

24) 『論語』「堯曰」. "子曰 君子惠而不費 勞而不怨 欲而不貪 泰而不驕 威而不猛"

 제1부 새로운 한문교육의 모색

심을 부려도 탐욕이 되지 않는다. 이것이 바로 '종심소욕從心所欲'이라고 본다. 즉 인을 향한 욕망이기 때문에 어떠한 제재를 가한다 하여도 규범에 벗어나지 않게 되는 것이다.

이상과 같이 공자는 자신의 생애를 15세의 지적 탐구의 개시開始부터 60세의 인간생활의 다양성을 인정하는 여유로운 태도, 그리고 70세의 멋대로 행동하여도 인간법칙에 합치하였다는 술회를 통하여 학식경험學識經驗의 축적이야말로 도덕적 가치를 구성하는 필수조건임을 보여주고 있다. 이것은 이후에도 유가사상의 기본곰격이 되어 오늘에 이어지고 있다.


## 4. 인성교육 프로그램

교육학적 인성교육이 추구하는 목표가 보다 품격 높은 인간적 품성을 갖추는 것이라면, 그것을 실현하는 방법에 대한 고찰이 필요하다.

『논어』에 보이는 공자의 교육 프로그램은 '문文'과 '질質'의 조화에 있다.[25] 즉 인지적인 측면과 정의적 측면을 포함하는 통합교육이다. 여기서 '문文'이란 '문명文明'으로, 예를 들면 삶의 도덕적 제도로서의 '규범' 같은 것이다. '질質'이란 '소박素朴함'으로, 예를 들면 인간이 태어날 때부터 갖고 있는 자질 혹은 성품으로서의 덕德을 의미한다. '문명'은 구체적 삶의 문화적 축적이므로 남에게 배울 수 있다. 그러나 '소박함'이라는 덕은 인간내면의 성품이므로 남에게 배울 수 있는 것이 아니다. 덕이란 행동주체의 노력에 의하여 취득하는 내적 안목이므로, 이것을 갖추는가 아닌가는 오로지 행동주체에 달려

---

25) 『論語』「雍也」. "子曰 質勝文則野 文勝質則史 文質 彬彬然後 君子"

있을 뿐이다.

그래서 공자는 제자들을 가르칠 때,

> 분발하지 않으면 계도啓導하지 않고, 마음으로 알면서도 표현하지 못해
> 야 드러나게 해주고, 사물 이치의 한 모퉁이를 들어 보여서 나머지 세 모퉁
> 이를 이해하고 반응하지 않으면 반복하지 않았다.[26]

달리 말하면, 배우는 학습자가 무언가 의문을 품고 고민하는 마음이 가득
찼을 때 교사는 비로소 그 마음을 열어서 이끌어준다. 또 무엇인가 생각하고
있는 것을 말로 표현하고 싶지만 제대로 표현하지 못하여 입을 달싹거릴 때
비로소 열어서 이끌어준다. 즉 학습자 자신이 충분한 노력을 하여 축적이 있
음에도 혼자 힘으로는 도저히 완성하지 못할 때 비로소 교사는 산파역을 담당
한다는 것이다. 또 학습자에게 축적됨이 쌓아진 뒤, 한쪽 모서리를 알려주면
나머지 세 모서리도 연쇄적으로 이해하여 응답하게 된다. 만일 그렇지 않은
경우가 생기면 서두르지 않고 상대방이 성숙하도록 인내를 갖고 기다린다고
하였다. 이와 같은 교육방법은 학습자의 인성을 최대한 인정하는 뛰어난 교육
방법으로 오늘날의 인성교육에 실제적으로 적용할 가치가 있다. 그러면 공자
의 인성교육 프로그램을 인지적認知的 측면과 정의적情義的 측면으로 나누어
살펴보기로 한다.

---

26) 『論語』 「述而」. "子曰 不憤不啓 不悱不發 擧一隅 不以三隅反 則不復也"


제1부 새로운 한문교육의 모색

## a) 인지적認知的 측면

공자는 교육에 있어서 네 가지에 중점을 두었다. 문행충신文行忠信이다.[27] 즉 학문과 실천과 성실과 신의이다. 네 가지 항목 중에 지적측면의 '문文'은 첫 번째에 자리잡고 있지만, 나머지 세 항목은 모두 정의적 측면이다. 공자의 교육이 정의적 측면에 큰 비중을 두고 있음을 알 수 있다.

그러면 '문'의 의미를 보자. 위衛나라 영공靈公의 사위인 공어孔圉에게 죽은 후 '공문자孔文子'라는 시호가 내려졌다. '문'이란 시호 중의 최상의 레벨로 「시호해謚號解」에 의하면 천지를 경위經緯하는 것을 '문'이라고 하고, 도덕이 박후博厚한 것을 '문'이라 하고, 학문을 부지런히 연마하고 좋아함을 '문'이라 하고, 자혜慈惠로 백성을 보살피는 것을 '문'이라 하고, 백성을 불쌍히 여겨 예禮에 따르는 것을 '문'이라 하고, 백성에게 작위를 수여하는 것을 '문'이라고 한다고 되어 있다. 그러나 공어의 전기에는 이런 '문'의 시호를 받을 만한 자격이 의심되는 점도 있으므로, 자공子貢이 공문자의 어떤 점이 '문'의 시호를 받을 만한 것인가 하고 질문하자 공자는 다음처럼 대답한다.

그는 예민銳敏하면서도 학문하기를 좋아하고, 아랫사람에게 묻기를 부끄러워하지 않았다. 이 때문에 '문'이라고 부르는 것이다.[28]

예민한 인물이라 불리는 사람들은 보통 자신의 주관성이 강한 나머지 인내하면서 학문하기를 좋아하지 않는다. 하지만 공문자는 예민한 인물이면서도

---

27) 『論語』「述而」. "子以四教 文行忠信"
28) 『論語』「公冶長」. "子曰 敏而好學 不恥下問 是以謂之文也"

학문을 좋아하였다고 한다. 그는 또 지위나 능력이 뒤떨어지는 사람에게도 질문하는 것을 수치로 여기지 않았다. 이런 점이 '문'이라는 시호를 받기에 충분하다는 것이다.

여기서 공자의 사제관師弟觀이 엿보인다. 신분의 고하에 구애받지 않고 배울 것이 있는 상대에게는 용기를 내어 제자의 예를 갖추어 의문을 해소하는 태도를 높이 평가하고 있다. 실제로 공자 자신도 주나라에 갔을 때 도서관 사서를 하고 있던 초楚나라 출신의 노자老子에게 예에 관하여 질문을 하였었다.29) 뿐만 아니라 제齊나라에 갔을 때는 음악담당관리인 태사太師에게 제나라 전해오는 소음韶音을 배우고 세 달 동안이나 고기의 맛을 못 느낄 정도로 몰두하였다고 한다.30) 이러한 공자의 태도를 뒷날 한유韓愈는 「사설師說」에 다음처럼 표현하고 있다.

성인에게는 일정한 스승이 없었다. 공자는 담자郯子·장홍萇弘·사양師襄·노담老聃을 스승으로 모셨으나, 담자의 무리는 그 현명함이 공자에 미치지 못하였다. 공자가 말하길, "세 사람이 가면 반드시 나의 스승이 있다"라고 하였다. 이런 까닭에 제자가 반드시 스승만 못한 것도 아니요, 스승이 반드시 제자보다 현명한 것도 아니다. 도를 들음에 선후가 있고 학술과 기예에 전공이 있어서 이와 같이 되었을 뿐이다.31)

---

29) 『史記』「老子韓非列傳」"孔子適周 將問禮於老子"

30) 『史記』「孔子世家」. "孔子適齊 爲高昭子家臣 欲以通乎景公 與齊太師語樂 聞韶音 學之 三月不知肉味 齊人稱之"

31) 韓愈, 「師說」. "聖人無常師 孔子師郯子萇弘師襄老聃 郯子之徒 其賢不及孔子 孔子曰 三人行 則必有我師 是故弟子不必不如師 師不必賢於弟子 聞道有先後 術業有專攻 如是而已"


제1부 새로운 한문교육의 모색

담자는 담郯나라의 군주로 공자가 그에게 관직제도에 대해서 배웠다고 하고, 장홍은 주周나라 경왕敬王 때의 대부로 공자가 그에게 악樂에 대해서 물었다고 한다. 사양은 노魯나라의 악관樂官으로 공자가 그에게 거문고를 배웠다고 하고, 노담은 앞에 말한 노자이다. 공자는 이처럼 한 분야의 전문가를 기꺼이 스승으로 대했을 뿐만 아니라 "세 사람이 길을 감에 반드시 나의 스승이 있다"[32]고 하면서 그 중에 선한 자를 가려서 따르고, 선하지 못한 자를 가려서 자신의 잘못을 고쳐야 한다고도 하였다. 현자賢者를 보면 같아지기를 바라고, 불현자不賢者를 보면 마음속으로 스스로 반성하는 태도이다.[33]

공문자孔文子를 평가한 '민敏'에 대하여 좀더 살펴보자.

> 나는 태어나면서부터 (인간생활의 법칙을) 알고 있는 사람이 아니다. 옛것을 좋아하고 민감하게 그 중에서 (인간의 법칙을) 찾아내려고 하는 사람이다.[34]

공자는 자신은 천재가 아니지만, 다만 알고자 하는 것이 있는 사람이라고 단언한다. 공자가 알려고 하였던 대상이 무엇인지는 확실하지 않지만, 공자는 인간이 쌓아올린 경험적 축적, 즉 고대의 일들 사이에서 민감하게 알아야 하는 것, 즉 인간생활의 법칙을 발견하려고 노력하였다. '민敏'은 '勉(힘쓸 면)'으로도 해석되어 열심히 노력한다는 뜻도 포함한다.

공자의 지적 활동을 요약하여 표현한 말이 있다. 글을 널리 배우고 예로써 요약해 실천함이다.[35] 공자가 제시하는 군자상은 우선 풍부한 교양을 필요조

---

32) 『論語』「述而」. "子曰 三人行 必有我師焉 擇其善者而從之 其不善者而改之"
33) 『論語』「里仁」. "子曰 見賢思齊焉 見不賢而內自省也"
34) 『論語』「述而」. "子曰 我非生而知之者 好古敏以求之者也"
35) 『論語』「雍也」. "子曰 君子博學於文 約之以禮 亦可以不畔矣夫"

건으로 한다. '박학어문博學於文'의 문文이란 성인이 남겨주신 가르침으로 도道가 있는 곳, 즉 문화적 여러 형태를 말한다.

구체적으로는 『시경』과 『서경』, 그리고 『예기』라고 할 수 있다. 공자는 자신의 스쿨에서 제자를 교육하는 내용으로 이 세 가지를 거론한 바 있다.[36] 『시경』은 공자 이전의 가요歌謠 삼백오 편을 공자가 편찬함으로써 공자시대의 모습으로 오늘날에까지 전해지고 있다. 『서경』은 공자 이전의 위정자들의 정치적 발언을 공자가 선택 편집한 것이다. 『예기』는 공자 이전의 성인이며, 주나라 창업의 영웅이었던 주공周公이 규정한 사회생활을 위한 의식, 가정생활을 위한 의식, 그것들에 관한 법칙이다.

공자는 이러한 교양을 몸에 익히는 것만으로 군자가 되는 것은 아니라고 한다. 그 중심적인 것으로 집약할 것을 강조한다. 그 집약의 방법이 '예禮'이기도 하였다. 사람은 이상理想에 따라 살기를 바라고, 생활은 그 이상에 따라 집약되게 된다. 여기서 이상적으로 살기 위해서 풍부한 지식, 풍부한 교양은 필수적 전제라는 것이 바로 공자의 학문관이다.

## b) 정의적情義的 측면

공자가 강조한 '문행충신'의 네 가지 영역 중 정의적 측면인 '실천'에 관한 분야를 살펴보자. 유교사회에서는 부자·군신·부부·장유·붕우 사이에 지켜야할 다섯 가지 도는 시간적으로 예나 지금이나, 공간적으로 천하 어떤 장소에 있어서도 인간인 이상 누구나가 행하여야 하는 도라고 하여 '달도達道'라고 한다. 그런데 이 오륜五倫의 도를 실천하기 위해서는 세 가지 덕목이 필

---

36) 『論語』 「述而」. "子所雅言 詩書執禮 皆雅言也"


제1부 새로운 한문교육의 모색

요하다. 다섯 가지 달도를 인식하는 것이 '지知'이고, 신체적으로 몸에 숙련하여 발휘하는 즉 행하는 것이 '인仁'이고, 인식하고 실천하는 것에 힘쓰는 것이 '용勇'이다. 이 지인용知仁勇 세 가지 덕목을 '달덕達德'이라고 하는 것은, 누구나가 평등하게 부여받은 힘이기 때문이다. 공자는 '지인용'을 다음처럼 설명한다.

> 지혜로운 자는 의혹되지 않고, 어진 자는 근심하지 않고, 용감한 자는 두러워하지 않는다.[37]

'지知'란 호학好學으로, 학식과 경험을 축적함이다. 이것이 바탕이 되어 도덕적 가치의 실천이 이루어진다고 하는 지식과 도덕의 일원적 통합은 공자 이래 유가사상에 일관되고 있다.[38] 그 지적인 교양에는 인간사회의 현상에 대한 박학博學과 심사深思의 지식욕이 토대가 되어, 의식용의 음악이나 예가 특히 중요시되었다. 이러한 면의 공자의 가르침은 제자인 자유子游·자하子夏 학파에게 전하여져서 예악과 경전으로 남게 되었다.

반면에 공자의 가르침 중 '충서忠恕'의 인仁을 중핵으로 삼는 도덕의 내면적 확충을 목표로 삼았던 것은 증자曾子 학파였다. 증자는 자신의 행동을 철저하게 제어하였던 것으로 유명하다.

> 나는 매일 세 가지로 나 자신을 반성한다. 남을 위하여 모의謀議하면서 충실하지 않았는가? 친구와 사귀면서 신뢰를 받았는가? 배우려 하지 않는

---

37) 『論語』「子罕」. "子曰 知者不惑 仁者不憂 勇者不懼"
38) 戸川芳郎, 『古代中國の思想』, 放送大學敎育振興會, 1985, 14쪽.

것을 전달하고 있지 않은가?[39]

　증자는 현실의 정치와 의례儀禮에 집착하는 것을 비판하면서 동지同志적 '붕우朋友' 공동체를 유지하기 위하여 노력하였다. 따라서 첫 번째 반성의 요목의 '모謀'란 타인을 위하여 상담역을 담당함에 있어서 단지 상담역만 하는 것이 아니라 그 사람을 위하여 자신이 할 수 있는 최선의 노력을 하였는가 아닌가, 즉 충실함이 모자라지 않았는가를 반성하는 것이다. 두 번째는 친구와의 교제에 믿음관계가 결렬된 것은 아닌가를 반성하고, 세 번째는 잘 받아들이지 못하고 있는 것을 상대방에게 가르치고 있는 것은 아닌가를 반성한다. 세 번째는 고전에 대한 공부를 게을리 하고 있지 않은가를 반성한다고 해석하는 경우도 있다. 어느 쪽이든 증자다운 성실한 말들이다.
　그런데 주목할 것이 있다. 증자가 위에서 반성하고 있는 내용들이 모두 타인과의 관계 속에서 일어나는 일들이라는 것이다. 이것은 증자학파가 노력하였던 동지적 결합의 붕우공동체를 형성하고 유지하는 기본규범이 되었기 때문이리라 생각된다. 증자는 자신들이 추구하는 것을 단적으로 다음처럼 말한다.

　　군자는 문文으로서 벗을 사귀고, 벗으로 인仁을 복돋운다.[40]

　즉 군자는 문화생활에 의해 동료를 모으고, 모아진 동료들에 의해 각자의 인도人道를 증진한다는 내용이다. 공자의 일관一貫된 도道인 인仁을 증자는

---

39) 『論語』 「學而」. "曾子曰 吾日三省吾身 爲人謀而不忠乎 與朋友交而不信乎 傳不習乎"
40) 『論語』 「顔淵」. "曾子曰 君子 以文會友 以友輔仁"

'충서忠恕'로 받아들였다.[41] 충忠이란 자기의 양심에 충실한 것, 서恕란 타인의 일이지만 자신의 일처럼 배려하는 것이다.

지인용의 인은 이처럼 인식된 도덕적 가치를 실천에 옮기는 것이다. 실천에 옮긴다는 것은 인이라는 인간 보편의 감정에 충실한 것이기도 하다. 우리 인간들이 갖고 있는 인간다움, 인간에 대한 애정의 발로 그 자체가 인인 것이다. 따라서 공자는 이 인을 갖고 있지 않다면 아무리 높은 교양을 갖고 높은 문화생활을 하여도 소용이 없다고 단언한다.

사람이 어질지 않으면 예禮는 무엇할 것이며, 악樂은 무엇하겠는가?[42]

악樂이란 넓은 의미로는 음악 일반을 가리키지만, 여기서는 예禮의 의식에서 행하는 연주음악을 의미한다. 따라서 크게 보면 악도 예 속에 포함된다고 할 수 있다. 양쪽 모두 인간문화의 표현으로 흔히 병칭하여 예악禮樂이라고 한다. 이 경우 예는 인간의 질서로서의 엄숙함을 표현하고, 악은 인간의 친화親和의 표현이라고 한다.

인간문화의 표현으로 매우 중요한 예나 악의 근본은 다름 아닌 인仁, 인간의 사랑이라는 것이다. 만일 인간다운 애정이 결여된 예나 악이라면 형식에 지나지 않게 된다. 예는 예로서 갖추어야 할 인간다움, 악은 악으로서 갖추어야 할 인간다움이 있어야 공허한 형식에서 벗어나게 된다.

끝으로 '용勇'에 대하여 살펴보자.

---

41) 『論語』「里仁」. "曾子曰 夫子之道 忠恕而已矣"
42) 『論語』「八佾」. "子曰 人而不仁 如禮何 人而不仁 如樂何"

내가 모셔야 할 귀신이 아닌 것을 제사지내는 것은 아첨하는 것이다. 정의임을 알면서도 행하지 않는 것은 용기가 없는 것이다.[43]

자기 조상의 영혼이 아닌데도 그 제사를 모시는 것은 멸시할 만큼 비굴한 아첨이다. 한편 자진하여 행하는 것이 인간된 의무이고 자신의 의무라는 것을 알면서도 그것을 모른 척하고 하지 않는 것은 용기가 없는 인간이다. 이 두 가지는 마음이 굳세지 않는 사람에게 흔히 일어나기 쉬운 현상으로 서로 연관되고 있다.

자로는 공자의 제자 중 가장 의협심이 강하고 용기 있는 사람이었다. 자신의 장점을 스승님에게 인정받고 싶은 마음에 "군자는 용기를 숭상합니까?" 하고 질문하자 공자의 대답이 다음과 같았다.

군자는 의義를 으뜸으로 여기니, 군자가 용기가 있으면서 의義가 없으면 혼란할 것이요, 소인小人이 용기가 있으면서 의義가 없으면 도둑질을 할 것이다.[44]

자로가 자신의 용맹함을 너무 과신하는 것에 대하여 공자는 경각심을 주고 있다. 의義란 올바름이다. 즉 정의로움이다. 여기서 군자와 소인은 신분상의 차이로 구분한 것이다. 국가의 중요한 업무를 맡고 있는 고급관리가 올바름의 원칙이 없으면 사회는 혼란하여 전쟁이 일어나게 되고, 하급관리가 올바름을 지키지 않으면 자신의 사리사욕만을 채우려고 하여 도둑에 가깝게 되고 만다.

---

43) 『論語』「爲政」. "子曰 非其鬼而祭之 諂也 見義不爲 無勇也"
44) 『論語』「陽貨」. "子曰 君子義以爲上 君子有勇而無義爲亂 小人有勇而無義爲盜"

## 5. 맺음말

『논어』 20편은 공자와 그 문인들의 언행, 특히 사제간에 주고받은 대화를 중심으로 기록한 책이다. 따라서 공자의 인물됨과 유가사상의 원류를 알 수 있는 가장 확실한 문헌이다. 유학이 국교화됨에 따라 『논어』는 오경五經과 같은 레벨의 경전으로 존숭되었고, 12세기 말에 일어난 주자학에 의하여 사서四書의 하나가 되어 근세 유교의 중요한 교과서가 되었다. 이렇게 유교의 경전으로 사대부층이 암송하던 『논어』는 서민층에게도 교양서적으로 널리 침투되었을 뿐만 아니라, 아시아의 여러 지역에도 널리 전해지고 17세기에는 유럽에서도 번역되어 읽혀졌을 정도로 세계문화사에 지대한 역할을 담당하였다.

공자는 13년간에 걸친 가난한 유랑을 마치고 귀국하여 최초의 사설학교를 설립하여 문인들을 교육하는 것에 전념하였다. 이 공자의 스쿨은 스승인 공자와 비슷한 신분의 하급관리가 중심이 되고 그 전후前後 계층의 자녀들이 모여들어 동지적 공동체를 형성하였다. 먼 곳에서 온 학생들을 위한 기숙사가 갖추어져 있었던 듯하고, 학생들의 신분에 따라 차별을 하지 않는 열린 공간이었다. 학생들은 관리가 되기를 희망하거나 학문의 도야를 위하여 스쿨에 남는 사람도 있었다.

공자의 교육목표는 제자들을 성인에 이끄는 것이었다. 그 방법은 자신이 겪은 인성의 발달과정에 의거하여 우선 고전의 이해에서 시작하여 전통적으로 전해져 오고 있는 예악禮樂문화를 교양으로 습득하여 문인들이 바라는 관리로 양성하는 것이었다. 인성교육을 위하여 구체적인 교육내용으로 공자는 문질文質의 조화, 즉 학문과 도덕의 조화를 강조한다. 학문경험의 습득을 위하여 『시경』·『서경』·『예기』를 스쿨의 교과서로 선정하여 가르쳤으며, 도덕적 고양高揚을 위하여 타인을 배려하는 인간다움인 '인'의 덕성을 함양할 것을 강조하였다. 나아가 혼란한 당시의 정정政情에서 정의를 위하여 분발하도록 '용勇'의 기상을 요구하였다.

이러한 『논어』의 가치를 교육학적 측면에서 재구성한 것이 소론이다. 특히 공자의 교육관을 인성교육의 관점에서 조명하여 온고지신溫故知新의 재료가 되기를 기대하였다.

〈참고문헌〉


『論語』.
『史記』.
『漢書』.
『昌黎先生集』.
戶川芳郎, 『古代中國の思想』, 放送大學敎育振興會, 1985.
하치야 구니오 지음, 한예원 역, 『중국사상이란 무엇인가』, 학고재, 1999.
교육부고시 제1997-15호, 『별책 17』, 한문 · 교련 · 교양 선택과목교육과정」, 교육부,
    1998.
장성모 · 유한구 · 이환기, 「인성교육의 동양적 전통」, 『도덕교육연구』 9집, 한국교육학
    회, 1997.
전병련, 「율곡의 인성교육론」, 율곡학회지, 2000.
김성기, 「인성교육 특성화 교육프로그램 개발을 위한 전통유학 교육관의 반성적 고찰」,
    『동양철학연구』 39집, 동양철학연구회, 2004.
한기언, 「유교정신과 인성교육」, 『퇴계학보』 100호, 퇴계학연구원, 1998.
유영효, 「이덕무의 ‘사소절’ 에 나타난 인성교육 분석」, 『아동교육』 15권 1호, 2006

# 제7차 교육과정에 따른
# 한문과 평가의 문제점과 개선방안
## - 중학교 교과서를 중심으로

## 1. 머리말

소고에서는 한문과 평가활동의 현재상황과 그 문제점을 적출하고, 그 개선방안에 관한 전망을 추론하고자 한다. 현재 우리의 교육과정에서 평가는, 교육목표의 구현이라는 당연과제보다 학생 상호간의 등급을 결정하는 자료로 사용되고 있는 실정이다.[1]

본래 평가의 결과는 학생들의 학업성취수준을 가늠하는 것은 물론이고, 한문과 교수·학습 방법의 개선을 위해서도 적절하게 활용되어야 한다. 즉 평가결과에 따라 구체적으로 어떤 수업방법과 평가유형을 도입하여, 어떤 방법으

---

1) 고승희, 「중학교 한문과 학습평가의 문제점과 개선방향」, 성대석사학위논문, 1999.
윤재웅, 「고등학교 한문과 수행평가 문항개발」, 교원대 석사학위논문, 2000.
송영일, 『한자 교수·학습 방법과 평가론』, 장서원, 2001.
안재철, 「현행 고등학교 한문교과서에 나타난 평가문제 분석연구 - 한자, 한자어 평가문제를 중심으로」, 『한문교육연구』 12호, 한국한문교육학회, 1988.
———, 「현행 고등학교 한문교과서에 나타난 평가문제 분석연구 - 한시 평가문제를 중심으로」, 『교과교육연구』 창간호, 단국대 교과교육연구소, 1987.


제1부 새로운 한문교육의 모색

로, 어떻게 실시할 것인가가 구체적으로 계획된다. 따라서 평가는 교육과정의 교육목표 못지않게 그 중요성이 인식되어야 한다. 특히 평가가 교육목표와 유기적인 연계성을 유지할 때 교육내용은 흔들림 없이 이행될 것이기 때문이다.

이에 소고에서는 우선 제6·7차 교육과정의 한문교과서 평가문항을 분석한다. 분석의 기준은 각 교육과정에서 제시하고 있는 교육목표와 평가지침과 평가목표 중에서 중점적인 항목을 우선으로 한다. 제6차 교과서의 미비점, 보완점 등이 제7차에서 어떻게 개선되고 보정되었는가를 고찰하고, 결론적으로 교과서의 교육목표 수용도를 살펴보려고 한다.

아울러 한문과 교과서의 평가유형에서 도출된 문제점을 개선하는 전망으로 제7차 교육과정의 새로운 편제인 '재량활동'을 분석하여 그 방향성을 잡고자 한다.


## 2. 제6·7차 교육과정의 교육목표와 교과서 평가문항의 정합성

교과서 평가문항의 분석에 들어가기 전에, 분석의 틀이 될 비교의 기준을 마련할 필요가 있다. 제6차 교육과정과 제7차 교육과정의 평가문항을 비교 분석하는 입장에서, 우선 제6차 교육과정의 교육목표의 전문을 살펴보자.

> 한자와 한자어를 익혀 언어생활에서 바르게 읽고 쓰게 하고, 한문을 독해할 수 있는 기초적인 능력을 기르며, 전통문화를 이해하고 계승·발전시키려는 태도와 올바른 가치관을 가지게 된다.

위의 전문에서 알 수 있듯, 제6차 교육과정의 교육목표는 한문교과가 언어생활에 밀접한 관련을 맺고 있음을 강조한다. 이는 단순히 한자나 한자어의 읽기나 쓰기의 차원을 넘어서서, 고사성어나 한문문장의 학습을 일상적인 언어생활에 활용가능하도록 한다는 의도이다.

제6차 교육과정의 또 다른 특징은 '가치관의 확립'이라는 측면을 명시하고 있는 점이다. 이는 가치관의 혼란이라는 현실사회에 있어서 한문교과의 역할을 규정한 것이다. 즉 한문교육을 통하여 전통문화와 연계된 가치관을 확립한다는 의도로 이해된다.

다음은 제7차 교육과정의 교육목표 전문이다.

> 한자, 한자어, 한문을 익혀 언어생활에서 바르게 읽고 쓰며, 한문을 독해할 수 있는 능력을 기르고, 한문기록에 담긴 선인들의 삶과 지혜를 이해하며 건전한 가치관과 바람직한 인성을 함양하며, 전통문화를 계승·발전시키려는 태도를 지니고, 한자문화권 내에서의 상호이해와 교류증진에 기여한다.

제7차 교육과정의 교육목표는, 앞의 6차 교육과정의 교육목표 전문보다 좀 더 구체화되고, 한문교과목의 역할을 인성교육 및 국제화교육에 연계하여 자리매김하는 특색을 갖고 있다. 이것은 제7차 교육과정 개정의 기본방향 4가지 중[2], 목표 차원과 내용 차원을 수용한 것이기도 하다.

---

2) 제7차 교육과정 개정의 기본방향 : ①목표 차원에서 건전한 인성과 창의성을 함양하는 기초·기본 교육의 충실, ②내용 차원에서는 세계화, 정보화에 적응할 수 있는 자기 주도적 능력의 신장, ③운영 차원에서는 학습자의 능력, 적성, 진로에 적합한 학습자 중심의 교육 실천, ④제도 차원에서는 지역 및 학교교육과정 편성·운영의 자율성 확대(교육부 고시 제1997-15호에 따른 『중학교 교육과정해설(ⅴ)』- 외국어, 재량활동, 한문, 컴퓨터, 환경, 생활 외국어-, 대한교과서주식회사, 1999, P.150).

한문교과는 1972년 독립교과로 인정된 이래, 네 차례의 교육과정 개정을 겪어오면서 독립교과로서의 체계도 잡히고, 교육내용의 질적인 성장도 하여 왔다. 그런데 제7차 교육과정에서는 학습자를 중시하는 교육과정을 구현하여 교육의 질을 높이겠다는 기본방향을 설정하고, 수준별 교육과정 개념을 도입 하였다. 이러한 편제의 변화 속에서 한문교과는 제6차 교육과정의 선택교과 에서 '재량활동' 속의 선택과목으로 전환되었다.

재량활동은 교육과정의 편제를 '교과활동' '재량활동'(교과재량활동+창의적 재량활동), '특별활동'으로 분류한 것에서도 알 수 있듯, 학습자의 능력·흥 미·적성·진로 등을 고려하여 다양한 교과목을 수요자 중심의 수준별 교육 과정에 설정하여 학습부담을 줄이려고 한다. 따라서 이러한 편제상의 변화는 한문교과의 성격·목표·내용의 변화에 필히 수반됨이 요구되어진다. 이 재 량활동에 관한 자세한 논의는 다음 장에서 하기로 하자.

여기서 앞으로의 분석에 기준이 될 항목을 몇 가지 정리한다. 앞에 제시한 교육목표와 한문과 평가지침을 참고로 하여 제6차 교과서에서는 '언어생활의 활용성'[3]과 '가치관의 확립'이라는 두 가지 항목을 분석의 기준으로 삼고, 제 7차 교과서에서는 제6차의 두 가지 항목 외에, '인성과 창의성의 함양'과 '세 계화·정보화', 그리고 '학습부담의 경감'이라는 항목을 기준으로 삼는다.

분석의 대상은 제6차와 제7차 교과서 양쪽에 선택된 동일 저자·동일 출판 사의 교과서로 한다. 이 조건에 합치하는 것은 김상홍·최창구·이강렬 공저 의 중앙교육진흥연구소에서 나온 한문교과서, 그리고 지학사의 교과서와 한

---

3) 제6차 교육과정의 평가지침에는 다음과 같은 항목이 있다. "다. '한자어'의 평가는 한자어를 언어생활이나 문장독해에 바르게 활용할 수 있는가에 중점을 두도록 한 다"(교육부 고시 제1992-11호(92.6.30) 『중학교 교육과정 해설』 -한문·컴퓨터· 환경).

샘교과서 등 3종류가 있다. 이중에서 소고에서는 중앙의 『한문 2』를 가지고 살펴본다.

우선 전체분량을 보자. 제6차 교과서는 대단원 6개와 소단원 24개로 구성된 것에 비하여, 제7차 교과서는 대단원 6개와 소단원 21개로 이루어져, 소단원 3개가 줄었다. 이런 학습량의 경감은 제7차 교과서의 대체적인 경향이다. 하지만, 실제적으로 학습시간에 소화해야 할 학습내용이 줄었다고 하기는 어렵다. 본문은 제6차 교과서보다 조금 쉬워지고 양도 줄었지만, '탐구활동'과 '발전학습' 그리고 지필평가용의 '확인학습'과 '생활 속의 한자어 쓰기' 수행평가용의 '모둠활동' 그리고 '쉼터'까지 소화하려면, 학습부담은 오히려 증가하였다고 할 것이다.

그러면, 직접 교과서의 평가문항을 살펴보기로 하자. 제6차 교과서에 실려 있는 평가문항은 크게 두 종류이다. 하나는 각 소단원의 말미에 달려 있는 [연습문제]이고, 다른 하나는 각 대단원의 말미에 있는 [단원종합문제]이다. [연습문제]는 5~6문항이고, [단원종합문제]는 7~10문항이다. 대부분 정형화된 평가유형이 24개 각 소단원의 [연습문제]에 단순 반복되고, 다시 [단원종합문제]에도 반복되는 모양새이다. 예를 들면 한자의 음과 뜻을 묻는 다음과 같은 문제가 24개 소단원 중 21개 소단원(87%)에 반복되고 있다.

> 1. 다음 한자를 자전에서 찾아 음과 뜻을 알아보자. (중앙 2-8, 1996)
> (1)極 : (    )　(2) 益忍 : (    )
> 1다음 한자의 음과 뜻을 알아보자. (중앙 2 -23, 1996)
> (1) 式 : (    )　(2) 針 : (    )

예외의 3개 소단원(13%)도 문제유형은 조금 다르지만 한자의 음과 뜻을 묻


제1부 새로운 한문교육의 모색

는 유형에서 벗어나고 있지 않다. 한시 혹은 단문의 한문을 학습하는 소단원
에서도 평가문항은 문장 속에 들어 있는 한자어의 음을 묻는 것에 그치고 있
다. 더욱이 1학년 교과서의 경우는 거의 100%로 각 소단원마다, 각 대단원 문
제마다 위와 같은 유형의 문제가 반복되고 있다.[4] 위와 같은 유형의 문제는
학습자의 단순암기를 묻는 유형으로 지양되어야 한다고 지적되어온 터이다.[5]

선행연구에서 지적하듯 이러한 유형의 평가문항은 한자의 음과 뜻을 동시
에 물어보는 가장 간단한 형태이지만, 평가문항을 작성하는 데에 관심이나 노
력이 덜 기울여졌고 교과서에서 평가를 비중 있게 다루지 않았다고 하겠다.[6]

이어서 한자의 형 · 음 · 의와 활용을 묻는 패턴이 평가문항의 2번 또는 3
번에 배치되어 있다. 이것도 위의 예에서 본 것처럼, 몇 개의 정형화된 평가
유형이 번갈아 반복 제시되어 학습자의 한문학습에 대한 흥미를 살리지 못하
고 있다.

이러한 현상은 현재 3학년이 사용하는 이응백 외 3인의 한샘교과서의 평가
문항의 경우도 마찬가지다. 위의 예와 같은 평가유형이 전체 1번 문항의 82%,
즉 소단원 22개 중 4개를 제외한 18개에 제시되고 있다.[7] 이렇듯 제6차 교과
서에서는 정형화된 평가유형의 단순반복이 심한 것이 그 특색의 하나를 이루
고 있다.

다음에는 소고의 기준이 되고 있는 '언어생활의 활용성' 에 대한 예시이다.

---

4) 중앙의 『한문 3』의 경우는 예문의 문제유형이 80% 정도이고, 나머지 20%는 한시
　와 단문의 한문을 학습하는 소단원에서 한글문장 속에 배치된 한자어의 음을 읽는
　유형이다.
5) 주(1)의 고승희 전게 논문.(p.31~p.32).
6) 전게 논문.
7) 교학연구사의 김도련 · 이현식 공저의 『한문 3』의 경우도 전체 소단원 22과에 같은
　평가유형이 제시되어 있다.

4. 다음 글을 한자어에 유의하여 읽어보자.(중앙 2-8, 1996)
 · 太極旗는 우리나라의 상징이다.
6.다음 밑줄 친 단어를 한자로 써보자.(중앙 2-69, 1996)
 · 한식과 추석에는 성묘를 한다.

한글문장 속에 들어 있는 한자어의 독음을 익히는 평가유형이다. 현재 국어 어휘의 70% 정도가 한자어인 우리의 언어생활에서, 정확한 의미파악과 전달을 위해서는 한자표기가 절실한 경우가 많다. 특히 동음이의어의 경우에는 더더욱 그렇다. 그런데 위와 같은 평가문항이 각 소단원마다 한 문제씩 배치되고, 단원문제에도 각 단원마다 3개의 소문제가 배치되어 있으나[8], 동음이의어를 평가하는 문항은 거의 없는 실정이다.

언어생활의 활용에 초점을 맞춘다면, 다음과 같은 동음이의어의 학습을 보다 활성화시킬 필요성이 있다.

* 다음의 한자어를 사용하여 다음의 예처럼 짧은 문장을 만들어보자.
  예) 冬至 : 冬至 섣달 꽃 본 듯이 날 좀 보소.
     同志 : 자네의 同志는 몇 사람이나 되는가?
  (1)商品, 上品   (2) 市長, 市場   (3) 立國, 入國

이런 평가유형을 제시하고 있는 교과서도 물론 있다.[9] 동음이의어의 평가

---

8) 실제로는 한시를 학습하는 7과만 제외하고는 모든 소단원에 같은 유형의 평가문항이 있다.
9) 지학사 『한문 2』 p. 23.

 제1부 새로운 한문교육의 모색

유형은 단순하게 한글문장 속의 한자어 독음을 평가하는 것보다, 한자어를 정확하게 언어생활에 활용할 수 있게 해준다.

물론 한자어의 활용능력을 직접 평가하는 것으로는 한자어를 이용하여 짧은글을 지어보도록 하는 방법[10]도 있다. 하지만 이 방법은 학습자에게 부담을 주고, 이에 따라 효과도 반감하기 쉽다. 결론적으로 한자어를 언어생활에 활용하려는 제6차 교육과정의 주요한 개정방향은 제6차 교과서에서는 그다지 많이 수용되지 않았다고 하겠다.

그러한 현상은 '가치관의 확립'이라는 교육목표의 경우도 마찬가지다. 가치관의 확립은 평가보다, 본문을 통하여 학습자에게 전달되지만, 평가문항에서도 심화학습할 필요성이 있다. 그래서 다음과 같은 토론·조사형의 평가문항에 주목하여보지만, 양적으로 소단원 24개 중 3개의 소단원 약 13%에 지나지 않는다.

> 5. '新韓國創造'를 위한 우리의 자세에 대하여 이야기해보자.(중앙 2-23,1996)
> 5. 조상숭배와 관계 깊은 명절이나 절기를 알아보자.(중앙 2-58, 1996)
> 5. 우리 고장에는 어떤 문화재와 명승고적이 있는지 그 이름을 한자로 써보자.(중앙2-64, 1996)

위에 인용한 평가문항이 '가치관의 확립'이라는 교육목표를 충분히 수용하

---

10) 다음과 같은 예도 있다.

> 9.다음 한자어를 넣어 짧은글을 지어보자. (중앙 2-54, 1996)
> (1) 加功 :        (2)大氣 :

고승희, 전게 논문(p42) 참조.

고 있다고는 말하기 어렵다. 하지만, 지금까지 살펴본 평가유형의 패턴을 극복하고 있다는 것에 주목하고 싶다. 왜냐하면 이 교과서가 사용되던 제6차 교육과정에서는 아직 '서술형'과 '수행평가'가 보편화되기 이전이라는 시점을 감안하여야 한다.

또 이것은, 제5차 교육과정의 특징인 문법 위주의 교육내용과 선택형 위주의 평가유형을 극복하고, '읽기와 쓰기, 내용의 이해와 감상 등을 균형 있게 평가할 수 있도록 단답형, 서술형 등 다양한 방법을 활용하되, 내용별 특성에 맞게 적절한 것을 선택'한다는 제6차 교육과정의 평가방법을 나타내는 문항이다.

서술형 문항의 평가는 학습자에게는 부담이 되는 유형이지만, 수업에 변화와 활기를 줄 수 있는 토론·조사형의 문항으로, 제7차 교육과정의 개정방향에 견인차 역할을 담당하였다. 여기에서 드러나는 것처럼, 실제 교육현장에는 난이도를 조절할 수 있는 토론형 평가와, 조사범위를 조절할 수 있는 조사형 평가의 개발이 절실하다.

한문과목의 평가에서 고려해야 할 사항인 '평가지침'을 제7차 교육과정에서는 '평가계획'으로 바꾸어 보다 세분화하고 구체화하였다. 평가계획은 크게 세 부분으로 나뉘어지고, 그 하부구조가 7개로 세분화되어 있다. 평가계획의 전문에 해당하는 부분의 "교육과정에 제시한 목표의 달성 여부에 중점을 두어 평가"되어야 한다는 평가방향은 소고의 논지와도 일치하고 있다.

또 세분화된 하부구조의 평가계획 중, "한자 및 한자어는 언어생활과 문장독해에 활용할 수 있는지의 여부에 중점을 두어 평가"한다는 것과, "한문문장에 담긴 선인들의 삶과 지혜를 이해하고, 건전한 가치관을 형성하며, 전통문화의 계승·발전에 기여할 수 있는지에 대해서도 평가"한다는 부분은 소고가 설정한 평가기준의 항목과도 일치한다.

또 제7차 교육과정의 '평가방법'에서 고려해야 할 사항으로 '다양한 평가방법', '컴퓨터 또는 멀티미디어 등을 이용한 평가', '학교간 또는 지역간 평가방법 및 문제를 교류' 등이 제시되어 있다. 실제로 학교 단위에 교육과정 실행의 재량권이 주어진 제7차 교육과정이 실시되면서, 각급 학교에서는 연4회의 지필평가를 다양하게 운영하고 있다. 정형화된 지필평가 대신에 인성과 창의성을 함양할 수 있는 다양한 수행평가를 실시하고, 또는 학습부담을 경감하기 위해 멀티기자재도 활발히 활용하려고 노력하고 있다.

그럼 이러한 제7차 교육과정의 교육목표와 평가계획이 교과서에는 어느 정도 반영되어 있는지를 살펴보자. 교과서의 체제는 제6차 교과서의 소단원 말미에 있던 5~6문항의 [연습문제]는 '탐구활동' 이라는 지면의 '확인학습' 으로 바뀌고, 문항수도 1~3개로 줄었다. 또 '발전학습' 이라는 지면에는 '생활 속의 한자어 쓰기' 와 '모둠활동' 을 신설하고 있다. 또 대단원을 정리하던 [단원종합문제]도 '더 나아가기' 의 이름 아래 선택평가문항 ①보충, ②심화를 두었다.

이처럼 외적인 체제에서 제7차 교과서는 제6차 교과서와의 차별화에 노력한 흔적이 역력하다. 여기서는 지면의 관계상 제7차 교과서의 전반적 변화에 대한 논의는 다음 기회로 미루고, 평가문항의 변화에 대해서 논의하자.

가장 큰 변화는 위에서 지적하였던 제6차 교과서처럼 몇 개의 정형화된 평가유형이 단순 반복하는 단조로움을 탈피하였다는 것이다. 예를 들면 한자어를 언어생활에 활용하는 평가유형도 다음처럼 바뀌었다.

> 1. 다음 밑줄 친 말과 통하는 한자어를 써보자.(중앙 2-9, 2002)
>     (1) <u>엄마와 딸</u>이 다정스러워 보인다.
>     (2) 내 동생에게 '당나귀를 팔러 가는 <u>아버지와 아들</u>' 이라는 동화를
>         들려주었다.

분포에 있어서도, 소단원 4개와 '더 나아가기' 의 ①보충 부분 1곳 정도로,

약 20%를 넘기지 않고 있다. 아울러 주목되는 것은 각 소단원마다 신설된 '생활 속의 한자어 쓰기'이다. 이것은 한자어의 언어생활 활용을 그대로 실현하는 평가유형이다. 시각적 효과를 살린 붉은 박스 안에 문장의 내용에 어울리는 여러 가지 삽화·사진·신문의 기사 등을 다양하게 활용하여 학습자의 흥미를 유발하고 있다. 이처럼 제7차 교과서는 평가 면에 있어서 상당히 노력한 흔적이 보인다. 단 동음이의어를 언어생활에 활용하는 평가유형에는 여전히 주의를 기울이지 않고 있다는 아쉬움이 남는다.

한자에 대한 평가유형에서는 여전히 짜임에 관한 평가 비율이 높다. 제7차 교육과정의 평가계획을 보면 "한자의 짜임이나 부수, 획수, 필순 등의 평가에 치우치지 않도록 한다"고 명시되어 있다. 이는 제6차 교육과정부터의 변화를 계승하고 있는 것으로, 문법사항보다는 실제적 활용에 중점을 두겠다는 의도이다. 그런데 중앙의 교과서는 이런 의도에 역행이나 하는 것처럼 제6차에서는 거의 보이지 않았던 한자어의 '짜임'에 관한 평가유형[11]이 제7차에서는 다음과 같은 평가유형으로 무려 40% 이상을 차지하고 있다.

A 다음 한자어의 짜임과 뜻을 알아보자. (중앙 2-9, 2002)
 (1) 祖孫                (2)同苦同樂
B 다음 밑줄 친 한자어의 짜임과 뜻을 알아보자. (중앙 2-45, 2002)
 (1) 우리나라 양궁 선수들의 기량은 이미 世界的 수준이다.
 (2) 인터넷이 情報化 시대의 새로운 세계를 열어놓았다.

---

11) 6차 교과서의 '짜임'에 관한 평가문항을 굳이 찾는다면, 다음과 같은 것이 있다.

 5. 다음 〈보기〉와 같은 짜임으로 이루어진 한자어를 알아보자.(중앙 2-14, 1996)
  ● 〈보기〉技術 | 向上 : 기술을 향상시킴

 제1부 새로운 한문교육의 모색

위의 예시에서 A형은 거의 5차 교과서의 수준이다. 짜임을 묻는 같은 문제이지만, B형이 좀더 응용된 평가유형이다. 실제 언어생활에 활용되는 한글문장 속에서 한자어의 짜임을 평가한 새로운 유형이다.

이렇게 제6차 교과서의 [연습문제] 대신에 기획된 '확인학습'으로 학습자의 학습부담은 줄었지만, 문법사항과 지필형 평가가 대부분이다. 반면에 제7차 교과서의 성과 중의 하나인 '모둠활동'의 목표를 저자는 머리말에서 "여럿이 팀을 이루어 공동으로 문제를 해결하는 과정에서 사고력과 창의력을 기르도록 하였다"[12]라고 한다.

우선 한 가지 예시를 들어보자. '9. 새시대'라는 소단원의 학습주안점은 '새시대에 관한 한자어'이다. 여기에 제시된 예문은 '多元化, 地方化, 情報化, 電算化, 世界的, 開放的, 進取的, 自律的, 無限競爭' 등이고, 다음과 같은 '모둠활동'을 요구하였다.

> ● 21세기 새 시대의 특징을 나타내는 말을 조사하여 한자로 써보고, 그 뜻을 풀이하여 발표해보자.

위의 '모둠활동' 문항은 운영에 따라 다양한 결과가 산출될 것이다. 본문에 제시된 한자어들은 큰 맥락에서 보면 '시장경제' 혹은 '신경제 사고'에 기반을 두고 있다. 만일 교사가 학습자에게 21세기의 비전을 '평화'와 '자연과의 공존' 또는 '인간성의 회복'이라는 관점에서 설명을 하고 위와 같은 모둠활동 과제를 부여한다면 상당히 다른 한자어들을 선택할 것이기 때문이다.

하지만, 별다른 관점의 제시가 이루어지지 않은 상태라면, 학습자는 힘들

---

12) 「머리말」(중앙 2, 2002).

이지 않고 본문에서 배운 한자어를 나열하는 것에 그칠 것이다. 따라서 이런 모둠활동의 과제를 제시함에 있어서는 다양한 관점을 예시할 필요성이 있다. 따라서 위와 같이 지면을 절약하기 위하여 간략하게 모둠활동을 제시하는 것보다는 다양한 지문을 예시하여 학습자가 스스로 생각하고 선택할 수 있게 한다.

이 모둠활동에 제시된 평가유형은 제6차 교과서에서 소고가 주목하였던 토론·조사형 평가가 확장된 양상이다. 그리고 이런 모둠활동은 제7차 교육과정에서 강화된 수행평가와 서술형 평가에 초점을 맞추어 제시된 것이다. 한편 모둠활동이 위와 같이 조사하여 발표하는 유형이 되면서 학습자의 학습부담은 제6차 교과서보다 오히려 늘어났다.

다음에 주목을 요하는 것은 대단원이 끝나는 부분에 있는 '더 나아가기' 코너의 '②심화' 부분이다. '①보충' 부분은 제6차 교과서의 [단원종합문제]와 비슷한 평가유형으로 구성되어 있다. 반면에 ②심화 부분은 다양한 내용의 지문을 독해하면서 수준별 학습을 할 수 있다.

4. 다음 글을 읽고, 물음에 답해보자.(중앙 2-74, 2002)

> 미국의 스토우 부인이 뒤늦게 얻은 딸을 ⓐ애지중지하다가, 사고로 그만 그 아이를 잃고는 몹시 슬퍼하고 있을 때였다. 우연히 흑인노예시장을 지나다가, 제각기 다른 곳에 팔려 뿔뿔이 흩어지는 한 노예 가족의 슬픔을 보고 '엉클 톰스 캐빈'이라는 유명한 소설을 쓰게 되었다.
> ⓑ자신도 큰 아픔을 겪고 있는 처지였지만, 그런 자신보다도 억지로 생이별을 당하는 흑인노예들이 더 안타깝고 불쌍하게 여겨져 휴머니즘을 주제로 하는 작품구상을 하게 되었던 것이다.

(1) 밑줄 친 ⓐ을 한자로 쓰고, 풀이해보자.
(2) 밑줄 친 ⓑ의 경우에 알맞은 성어를 한자로 써보자.

위와 같은 평가유형은 중앙의 제6차 교과서에는 보이지 않던 유형이다. 다양한 지문의 내용을 통하여 본문에서 다루지 못하는 부분을 보충 보완하고 있다. 특히 위의 예시는 제6차 교육과정 이후 강조하고 있는 '가치관의 확립' 이라는 정의적 영역의 평가로서 바람직하다.

특히 위의 예시는 인류 보편의 인간애를 소개하고 있는 점이 주목된다. 진정한 세계화 국제화란, 우리의 의식을 인류 보편의 진리를 공유하도록 개방하는 것이 아닐까? 그러기 위해 정보화라던가, 자유로운 외국어의 사용, 국경이 없는 시장경제 등이 필요한 것이 아닐까?

한문과목은 과목의 성격상 "한문기록에 담긴 선인들의 삶과 지혜를 이해하며 건전한 가치관과 바람직한 인성을 함양하며, 전통문화를 계승·발전"함을 강조한다. 이런 점이 학습자에게 한문은 '고루하고 지루한 옛것' 이라는 바람직하지 않은 인상을 심어주는 경우도 있다. 그런 결점을 보충한다는 의미에서도, 위의 예시와 같은 지문의 적극 활용이 필요하다. 그런데 한 가지 아쉬운 점은 평가문항이 지필형에서 벗어나고 있지 않다는 점이다. 지문의 내용을 제재로 삼아 토론을 한다던가, 비슷한 주제의 이야기를 조사 발표한다던가, 아니면 지문의 내용을 4단의 만화나 그림으로 표현하여보는 방법도 있다. 예를 들면, 위의 (2)번을 '밑줄 친 ⓒ의 경우에 알맞은 성어를 찾아 그 내용을 그림 또는 4컷의 만화로 표현하여보자' 고 바꿀 수도 있다.

이상으로 제6차·7차 교육과정의 한문교과서에 있는 평가문항을 살펴보았다. 위의 분석에서 알 수 있듯 중앙교육진흥연구소의 제6차·7차 교과서는 교육과정의 교육목표를 충실히 수용하고자 노력하였다. 그리고 제6차 교과서에서 제기된 문제도 제7차 교과서에서는 상당히 극복되고 있다.

그런데 제7차 교육과정의 주요 개정방향의 하나인 학습자의 '학습부담 경감' 에 대해서는 좀더 연구와 노력이 필요하다. 교과서의 지면이 폭도 넓어지고 양도 15% 정도 증가한 상태이기 때문에, 여러 가지 다양한 시도가 기획되었다. 그에 따른 피치 못한 결과이지만, 결과적으로는 학습부담이 경감된 것이 아니라, 수업경영에 따라서는 증가될 수 있어, 학습자의 학습의욕을 저하시킬까 염려된다. 물론 취사선택하여 시간에 맞게 수업을 운영하도록 교과서가 구성된 것이기는 하지만, 교과서에 나와 있는 평가문항의 경우는 대부분 소홀히 대하기 힘들어하는 경향이다. 따라서 학습부담을 경감하는 취지에서는 학습내용의 복습적 차원에서의 평가가 아니라, 교육내용 속의 한 부분으로 평가의 위상을 전환하는 것도 고려돼야 하겠다.

위와 같은 학습경감의 노력 없이는 각 대단원의 말미에 제시한 '쉼터' 가 제 기능을 다할 수 없다고 생각된다. '쉼터' 는 고전번역 중 흥미롭고 유익한 이야기를 선별하여 제시하고 있는 코너로, 말 그대로 쉬었다 가는 지면이다. 하지만 학습부담이 압박해오면 이런 노력과 정성은 수포로 돌아가기 마련이다.

한문과목의 장점은 직접 한문기록을 통해 선인의 삶과 지혜를 접할 수도 있고, 또 현대적 감각으로 번역된 제2의 창작물을 통해 시공을 초월하여 인식의 지평을 넓힐 수 있다는 것이다. 그런 과목의 성격으로도 '쉼터' 와 같은 코너는 필수적 요소이다.

그렇지만 정해진 수업시수 속에서 교과서 내용을 소화하고 평가까지 하여야 하는 현행의 교육편제 속에서는 '쉼터' 와 같은 코너는 제대로 대접받기 힘들어진다. 이와 같은 갈등을 어떻게 풀어볼 것인가? 그에 관해서는 장을 바꾸어 논하기로 한다.

 제1부  새로운 한문교육의 모색

## 3. 한문과 평가의 개선에 관한 전망 – 재량활동에 문화교육 개념을 도입하며

소고는 한문교과서의 평가유형을 제6차·7차 교육과정의 교육목표 및 평가목표 등에 근거하여 분석하여오면서 다음과 같은 미비점 또는 보완할 점을 제시하여보았다.

1) 학습부담을 경감하는 평가유형 – 평가를 교육내용의 일환으로 전환
2) 재량활동이 이익에 적합한 평가유형
3) 한자어의 언어생활 활용 – 동음이의어를 활용한 평가유형
4) 전통과 매치된 바람직한 가치관의 형성 – 토론과 조사 발표형의 평가유형

위의 사항이외에도 '지필평가와 수행평가의 조화'라던가, '정보화 교육과 연계된 평가유형'이라던가 여러 가지 논의할 주제가 많다. 그 중 소고는 제7차 교육과정이 되면서 한문과의 운명을 좌우할 '재량활동'에 포커스를 맞추기로 한다.

'재량활동'이란 말 그대로 학습의 주도권을 교사가 아닌 학습자에게, 교육정책의 수립과 시행도 국가에서 지역사회와 단위 학교에 맡겨, 학교의 특성과 학생의 요구를 수용하여 학교 나름의 프로그램을 준비할 수 있는 자율적 운영을 의미한다.

'재량활동'이 신설되게 된 배경은 ㉠세계적인 추세로 등장한 교육과정 편성권의 지방 이양(지역의 요구와 특성에 맞는 교육의 필요성) ㉡학습자의 자기 주도적 학습(창의력 신장의 필요성) ㉢수요자 중심의 교육과정(학생의 선택권 보장) 등이다.

'재량활동'은 제6차 교육과정에서는 초등학교의 3~6학년에 연간 34시간

이상을 '학교재량시간' 으로 운영되었다. 제7차 교육과정이 되면서 이를 한 단계 업그레이드하여 각급 학교의 교육과정 편제로 도입하였다. 이에 따라 제7차 교육과정은 운영의 여하에 따라, 지역과 학교 특성에 적합한 교육과정의 편성과, 교사 · 학부모 · 학생의 요구사항이 교육과정에 반영될 수 있는 길이 더욱 넓어졌다고 보겠다.[13] 여기에 보태어 학교장 및 교사의 교육철학이나 경영철학이 발휘될 수 있는 기회도 보장받게 되었다.

제7차 교육과정이 제시한 '국민공통 기본교육과정' 의 시간배당 기준표에 의하면 중학교의 경우 연간 수업시간수 1,156시간 가운데 '재량활동' 에 부여된 시간수는 136시간이 된다. 약 12%를 차지하는 적지 않은 시간이다. 중학교 2 · 3학년의 국어 연간 수업시수가 136시간과 맞먹는 다는 점에서 그 중요성은 짐작하고도 남는다.[14]

그런데, 현장에서의 '재량활동' 시간의 운영은 아직 교육과정의 의도대로 부응하지 못한 채, 각급 학교별로 각각 시행에 따른 고민이 부각되고 있다. 학교에 따라 편차는 있지만, 재량활동 중 교과 재량활동 시간 102시간은 한문을 비롯한 컴퓨터, 환경, 생활영어 중에서 한두 과목을 선택하여 운영하고, 나머지 창의적 재량활동 시간은 영어회화나 연간 수업시수에 여유가 있는 교사가 전공과 관계없이 활동주제를 담당하고 있는 실정이다.

한편 '재량활동 편성과 운영의 가상사례' 에서 한문과는 교과 재량활동 102시간 중, 선택과목 학습으로 34시간을 배정받고 있다. 그것도 컴퓨터 · 일본

---

13) 교육부 고시 제1997-15호에 따른 『중학교 교육과정해설(ⅴ)』-외국어, 재량활동, 한문, 컴퓨터, 환경, 생활 외국어, 대한교과서주식회사, 1999, p.104.

14) 교육부, 교육부 고시 제1997-15호 [별책 16]『중학교 재량활동의 선택과목 교육 과정』-한문, 컴퓨터, 환경, 생활 외국어, 1997, p.6의 〈표1〉 참조.

 제1부 새로운 한문교육의 모색

어 등과 경쟁하여서 선택되었을 경우에 한한다. 이것은 학습수요자인 학생과 학부모에게 선택권을 주어 '자율과 창의' '학생중심교육과정' '학생의 능력·적성·진로를 고려' 한다는 명분을 살리기 위한 제도적 조치이다. 여기에도 역시 무한경쟁을 추구하는 신경제 개념이 도입된 것이겠지만, 언제까지나 한문과가 선택의 고지를 점한다는 보장은 없다.

하지만, 이런 제7차 교육과정의 재량활동은 준비 여하에 따라서는 한문과에 상당히 좋은 기회로 변신할 수도 있다. 위에서 간략히 설명한 교육과정 개정의 재량활동의 의의를 정확히 인지하고 타 교과에서 추월하기 힘든 한문과의 정체성을 준비하여 상황에 대비한다면, 총 재량 활동 136시간 중에서 1/3 이상을 할애받을 수도 있다. 이를 위해서는 많은 교사와 연구자들이 정보를 공유하며 좋은 의견을 개진해가지 않으면 안 된다.

재량활동 속의 한문교과의 전망으로 필자가 제시하고 싶은 것은 한문교과를 '문화교육' 의 한 축으로 삼는 것이다. 정규 수업시간의 한문이 지금과 같은 교과서를 가지고 주당 1시간의 수업을 하는 경우, 별도로 창의적 재량활동의 주제별 교육에서 문화교육의 코드로 시간을 확보하자는 것이다. 현재 예시되고 있는 주제별 프로그램 중에 문화교육이라는 주제는 보이지 않고 있다. 예시된 주제는 인성교육·보건교육·진로교육·정보화교육·국제이해교육·환경교육·민주시민교육·안전교육·근로정신교육·대중매체교육 등이다.[15] 열거된 주제명에서 예측되는 것은, 관련 교과목의 교사가 그 주제교육을 담당한다는 것이다. 그렇다면, 우리 한문과에서 접근할 수 있는 주제 코드를 신설할 필요가 있지 않을까?

그런데, 여기서 확인할 것은 앞의 교과서 분석에서도 나타나듯, 기존의 교

---

15) 주13)의 전게서, p.145 참조.

과서로는 재량활동의 의의를 충분히 살리기 힘들다는 것이다. 이유는 이 창의적 재량활동의 수업은 사실상 다양한 과목의 교사들 혹은 외부강사, 명예교사들에 의해 운영될 수도 있고, 학습자에게도 기존의 선택과목 교과서로는 학습의욕을 불러일으키기 어렵기 때문이다. 따라서 좀더 평이하면서 흥미와 깊이를 갖춘 교재의 개발이 필요하다.

여기서 몇 가지 한문과 주도의 문화교육의 예를 들어보자.

우리는 문화교육의 일환으로 학생들과 문화유산을 찾아 유적지로 박물관으로 전시회장으로 견학가게 된다. 이런 경우 대부분 실생활에 활용된 한자문화를 접하게 되지만, 준비부족으로 좋은 기회를 흘려보낼 경우가 많다. 다음과 같은 견학준비를 문화교육 시간에 하면 어떨까?

수업의 시작은 한 장의 고궁 안내도에서 시작한다. 이를테면 창덕궁의 안내도를 길라잡이로 삼아 각종 전각에 남아 있는 '현판懸板'의 한자 의미풀이를 해보는 것이다. 아울러 인터넷에 정리된 해당 전각의 영상을 곁들여서 시청각적 효과를 살려냄과 동시에, 궁궐 안에서 그 공간이 담당하였던 역할

창덕궁안내도

을 이야기하면서 조상들의 삶의 지혜와 가치관을 토론할 수 있도록 한다.

다음에 그 평가유형의 예시를 들어본다. 우선 평가대상이 될 학습내용을 다음처럼 제시한다.

**돈화문敦化門** : 돈화문敦化門은 2층으로 창덕궁昌德宮의 정문正門이다. 임금이나 외

제1부 새로운 한문교육의 모색

국 사신이 출입할 때만 대문大門이
열렸으며 보통 신료臣僚들은 돈화
문 동東쪽의 1칸짜리 단봉丹鳳문을
이용利用하여 출입出入하였다.

돈화敦化의 사전辭典적 의미意味는 '돈후敦厚한 교화敎化'이다. 이것은
백성百姓을 교화敎化하는 데 엄정한 법률法律의 적용보다는, 정성精誠과
인정人情을 갖고 애민愛民 · 휼민恤民에 바탕을 둔 정치政治를 한다는 정
치이념의 명시明示이다. 경복궁景福宮의 정문에는 광화문光化門이라는
현판이 달렸는데, 이것은 '빛나는 교화'를 지향함을 나타냈다고 하겠다.
유교적 통치이념의 구현을 지향하였던 전통시대에는, 이처럼 '화化'를
'교화敎化'라고 새기는 것이 보통이다. 우매한 백성을 덕망과 유교적 교
양을 갖춘 왕(治者)이 교육하여 변화시키는 것이 곧 정치라고 보았기 때
문이다.
조선의 궁궐은 중국의 제후국으로서의 여러 제약들을 받았다. 그러나
이 돈화문은 궁궐의 외관을 장중하게 하기 위해서 중국황제의 궁궐처럼
5칸 대문으로 만들었다. 그런데 맨 가장자리 1칸씩은 막아두고 사용하
지 않았으니, 결국 3칸 대문의 구실밖에는 하지 못하였다. 하지만 조선
국의 위용을 드러내고자 노력하였던 조상의 긍지를 엿볼 수 있다.

이런 방법으로 창덕궁의 안내도에 나와 있는 순서대로 10여 곳을 설명한
다음, 직접 학생들과 창덕궁을 견학하던가, 아니면 창덕궁을 견학하고 조상의
공간이용에 대한 지혜에 대하여 느낀 점을 정리하여 학교 홈페이지 싣도록 하
는 평가유형을 곁들이면, 우리의 문화에 대한 안목을 깊게 하는 데 일조할 수
있을 것이다.

다음에는 실제 서화 및 도자기 전시회 견학을 대비한 패널 읽기 학습이다.

## 안견安堅의 〈몽유도원도夢遊桃園圖〉

夢遊桃園圖.
安堅, 朝鮮, 1447年, 비단, 彩色, 386 06.2㎝,
日本 重要文化財, 日本 天理大學 中央圖書館所藏

위의 그림은 현존하는 조선시대 산수화山水畵 가운데 가장 오래된 작품이고, 그 아래 그림에 부착되어 있는 안내 패널을 소개하고자 한다. 패널은 위에 보이는 것처럼 간단명료하게 되어 있지만, 많은 정보를 담고 있다. 제목과 작자, 생산연도, 작품의 상태, 그리고 현재 소장처를 보여준다.

'몽유도원'에 관한 설명을 듣지 않고라도 이 그림을 직접 대하면, 누구나 산수화 한가운데 귀엽게 물들어 있는 아련한 분홍빛에서 눈길을 옮길 수가 없다. 다른 산수화에서는 흔히 접할 수 없는 분위기의 분홍빛이기 때문이다. 안평대군의 발문跋文에 의하면 '몽유도원도夢遊桃園圖'는 안평대군이 꿈속에 복숭아꽃 동산에서 노닐었는데, 그 꿈속의 광경을 안견에게 설명해주고 그리게 하니, 3일 만에 그림을 완성하였다고 한다.

안평대군은 아마도 도잠陶潛의 「도화원기桃花源記」에 유래하는 '무릉도원武陵桃源'에서 한바탕 꿈을 꾸었던 것이리라. 도화원기의 줄거리는 크게 네 부분으로 나뉘어진다.

1)어부인 무릉 사람이 고기잡이를 하다가 길을 잃고 홀연히 도화림桃花
   林에 도달한다.
2)숲이 끝나는 곳에 산이 있고, 산의 작은 입구로 들어가니 갑자기 윤택
   하고 평화로와 보이는 마을이 나타난다.
3)그곳 사람들에게 어부는 융숭한 대접을 받고 며칠을 지내고 다시 자신
   이 살던 곳으로 돌아온다.
4)돌아와 자신이 격은 사실을 기록하여 태수에게 보고하니, 이후 많은
   사람이 그 이상향을 찾아 길을 띠났으니 끝내 성공하지 못하였다.
이상향을 찾는 인간의 욕망을 엿볼 수 있는 내용이다. 그런데 안견의 그
림은 줄거리의 1)의 도입 부분을 네 무더기의 경군景群으로 나누어 형상
화하였다. 그 중 네 번째가 그림의 핵심인 도원의 경치를 보여주고 있다.

시서화詩書畵는 옛 선비들이 학문을 닦던 중 그 여가를 보내던 보편적 방법
이다. 그런데 이러한 시서화를 제대로 이해하고 설명할 수 있는 담당자로 한
문교사 이상의 적임자는 없을 것이다. 동양화의 화제畵題를 설명하기에도 한
문교과는 적임이다.

또 흥미진진한 스토리로 시대를 초월하여 견인력을 자랑하는 『삼국지』를
만화 비디오를 근거로 만든 부교재 CD롬과 함께 감상할 수도 있다.[16] 또 '삼
국의 속담에 나타난 한자어'를 통해 동아시아 문화권의 일체감을 체험할 수도
있다. 이렇게 창의적 재량활동의 특성을 살려가는 수업과 평가유형이 연구된
다면, 창의적 재량활동에 한문과의 문화교육은 제 위치를 부여받을 수 있다고

---

16) 한예원 외 7명, 「학기말 '수업내실화를 위한 효과적인 교수학습 방법모색'」, 『한
   문교육 52』, 전국한문교사모임, pp.180~184.

생각된다.

재삼 확인하고 준비할 것은 현행 제7차 교육과정에서 중학교 한문과의 위상은 재량활동 속의 선택과목이라는 사실을 숙지하여, 학습자의 홍미를 유발할 수 있으면서 소기의 교육목표를 만족시킬 수 있는 방법을 모색하는 길이다.


## 4. 맺음말

중학교 한문과 평가의 문제점과 개선방안에 대한 논의에서, 소고는 한문과 평가유형을 교육과정에 제시된 교육목표 및 평가지침 또는 평가계획에 근거하여 살펴보았다. 우선 제6차 교과서에서는 '언어생활의 활용성'과 '가치관의 확립'이라는 두 항목을, 그리고 제7차 교과서에서는 앞의 두 항목 외에 '인성과 창의성의 함양', '세계화·정보화', 그리고 '학습부담의 경감'이라는 세 항목을 살펴보았다.

분석의 대상으로 삼은 중앙교육진흥연구소의 교과서는, 제6차의 경우에서는 위의 두 항목을 충분히 만족시키지 못하는 수준에 머물렀으나, 제7차 경우에는 상당히 교육목표의 구현에 노력한 흔적을 살필 수 있었다.

대부분의 제6차 한문교과서 평가유형의 공통된 실점은 정형화된 몇 개의 평가유형을 단순반복하고 있었던 점이다. 하지만 이러한 문제도 제7차 한문교과서의 평가에서는 현저하게 줄어들고, 실제 언어생활의 활용에 도움이 되는 평가유형으로 개선하여 제시하고 있다.

하지만, 제7차 한문교과서의 평가유형은 학습자의 부담을 경감시키는 방향이 아니라, 경우에 따라서는 오히려 가중될 수도 있게 편성되었다. 이에 소고는 '재량활동'이라는 교육편제에 주목하여보았다. '재량활동'의 이용 여하에 따라 한문과의 위상이 달라지는 현시점에 있어서, 발상의 전환을 견인하기 위함이다.

중학교 '재량활동' 속에 한문과목이 확고한 시간을 점유하기 위해서는 실제적인 이용이 가능한 한문교육이 구현되어야 할 것이다. 여기에 그 방법의 하나로 '문화교육'이라는 코드로 한문과의 내용을 재정립할 필요성이 있다. 그러기 위해서는 좀더 평이하면서도 흥미롭고 유익한 내용을 선택하여 깊이가 느껴지는 한문교재로 개발할 필요가 있다.

소고에서 분석하지 못한 여타의 교과서에 대한 분석과, 일본 및 중국의 교육과정에서의 한문과 평가문제 등과의 비교는 다음 연구에 넘기기로 한다.

〈『한문교육연구』 한문교육학회, 19호, 2002〉

# 한자 · 한문 인증시험의 현황과 개선방안

## 1. 머리말

'한자문화권'이라는 개념이 극히 자연스럽게 통용되는 작금이다. 한때 유교자본주의론에 입각한 '유교문화권'이라는 개념으로 동아시아를 지칭하기도 하였으나, NIES 지역에 관한 스포트라이트가 사그라지면서 그 호칭도 약화되었다. 반면에 동아시아 지역의 공용문어共用文語인 한자에 주목하여, 그 특성을 부각한 '한자문화권'이라는 개념은 더욱 그 설득력을 확장해가고 있는 실정이다.[1]

한자가 공용문어였던 시절에 남겨진 창작물을 단순히 창작된 지역(나라)만

---

1) 일본은 일찌감치 '동아시아' 정체성의 규명에 노력을 기울여왔다. 미국의 동양학 연구자들이 '유교문화권'이라는 개념으로 동아시아를 규정하려할 때 일본에서는 '한자문화권'이라는 개념의 형성을 통하여 동아시아의 중심 역할을 담당하려고 하였다. 예를 들면, 1988년 일본 요코하마에서 열린 「21세기와 한자문화권」이란 국제심포지엄은 이러한 의도를 바탕으로 한 학술회의였다고 할 수 있다. 이후, 중국학을 하는 연구자들이 한자문화권에 관한 저서를 잇달아 발표하여 그 인식의 공감대를 넓혀갔다.

의 소유물이라고 보기는 어렵다. 한자를 독해할 수 있는 모든 사람의 공용자
산으로 받아들여야 할 것이다. 한자문화권에 속해 있다는 것은, 한자를 통하
여 인식 가능한 공통의 교양이 토대가 되어, 한자문화권 안에서 보다 친밀한
국제적 교류가 가능하다는 것을 의미하기도 한다. 이에 동아시아의 한 특색을
부각시킨 한자문화권이라는 틀은 일본이나 우리나라에서 한자 사용의 중요성
을 새삼 제기하기에 이르렀다.

우리나라에서는 88올림픽을 전후하여 민간단체들에 의해 한자·한문 학습
의 중요성이 제고되어 중·고교의 한자교육 강화와 초등학교 한자과목의 도
입이 주장되었다.[2] 이후 각 민간단체들은 한자실력을 검정하는 급수시험을
시행하였고, 2000년 교육인적자원부는 한자능력검정시험을 국가공인자격으
로 인정하기에 이르렀다. 이에 2001년도부터 한국어문회는 국가공인한자시
험을 주관하고 있다. 2003년에는 한자검정시험에 74만 명이 응시하였고, 올
해는 100만 명이 넘어설 것으로 추측하고 있다.[3]

더욱이 2003년 12월 30일에 한국무역협회를 비롯한 전국경제인연합회 대
한상공회의소 등 경제5단체는 소속 회원사에 올해부터 신입사원을 채용할 때
한자구사능력시험을 반영토록 적극 권고했다. 그런가 하면 대학들도 한자교
육의 필요성을 절감해 서울대는 '동아시아의 공용어인 한자를 배우자'는 취
지 하에 2004년 합격생에게 한자특별시험을 실시하고 그 결과를 성적에 반영
하는 등 신입생 한자학습을 의무화하였다. 서울대는 또 한글로 된 『대학국어』
교과서를 국·한문 혼용으로 개편하고, 자체 한자학습 교재를 개발하는 등 한

---

2) 예를 들면 한자교육진흥회는 1990년 11월 8일 한자교육운동 법인으로 문교부의 인
　가를 받기에 이르렀다.
3) 한국어문회의 이광진 검정관리부장이 스포츠서울의 김희영 기자와의 인터뷰에서
　밝힌 것이다.

자교육을 대폭 강화하기로 하였다. 서울대 관계자는 "동아시아에서 활동하려면 한자문화권에 대한 이해가 필수적"이라고 설명한다. 서울대는 한자특별시험에서 일정 수준에 도달하지 못한 합격생은 재학중 재시험을 치르도록 하고 또는 기존 한자인증시험에서 일정 급수 이상을 획득한 신입생은 시험을 면제하도록 하였다.[4] 한편 2005학년도부터는 일부 대학이 입시에서 한문을 제2외국어로 선택할 수 있게 되었다.

이러한 분위기 속에서 한자학습 열풍은 전국을 강타하고 있다. 취업준비생은 물론이고 초·중·고교생까지 한자인증시험을 준비하고 있는 실정이다. 그런데 한자시험 준비생 가운데 초등학생이 전체의 60%이고, 중학생이 20% 정도를 차지하고 있다. 이것은 일본의 한자능력검정시험 응시상황과 대조를 이루는 현상이다.

일본은 중고생 응시자가 계속 늘어나, 1999년 100만 명에서 2003년에는 165만 명으로 무려 60만 명이 늘어났고, 전체 응시자의 80% 가량을 중고생이 차지하고 있다.[5] 중고생의 한자검정시험 응시자가 늘어난 것은 입시에서 한자검정 급수를 받은 수험생을 우대하는 고교와 대학이 늘어가는 추세 때문이다. 한자실력을 우대하는 대학·전문대학은 2003년 8월에 483개교로 2년 전에 비해 80개교가 증가하였고, 고교는 395개교로 3년 전에 비하여 거의 두 배로 늘어났다. 또 재학중 3급 이상에 합격하면 국어과목의 일정 단위를 이수한 것으로 인정해주는 고교도 391개교에 이른다. 일본의 이러한 추세는 앞으로 더욱 가중되어 한자능력검정시험의 응시생은 더욱 늘어날 전망이다.

---

4) 『동아일보』 2003년 9월 14일 전지원 기자.
5) 일본문부과학성이 인정하는 기능검정기관인 재단법인 일본한자능력검정협회 (www.kanken.or.jp) 및 한국일보 2004년 2월 1일의 신윤석 특파원의 기사를 참조.



제1부 새로운 한문교육의 모색

그러나 우리나라는 한글전용의 어문정책 하에 한자·한문교육을 실시하고 있기 때문에 일본의 한자검정시험의 양상과는 다른 상황이 전개되고 있다. 한국어문회가 국가공인자격을 인정받은 2000년 이래 초등학교 대상의 한자 사교육시장은 3천억 원을 넘어서고 있다. 이것은 한자공인자격증이 학교생활기록부의 자격증란에 등재 가능해지면서 일어난 위력이다. 국어, 중국어, 수학, 토익, 토플 등으로는 아무리 잘해도 자격증을 받기 힘든 계제에, 한자만으로 국가공인자격증을 받을 수 있다는 것이니 학생과 학부모의 관심을 견인한 것은 너무나 당연하다. 초등학생 대상의 사교육시장은 대부분 학습지 회사들이다. 중·고교에서는 정규의 한문수업이 있기 때문에 이 학습지 회원의 대부분은 초등학생들이고, 이 회사들은 한자능력검정단체와 연계하여 등급시험을 실시하여 그 수수료도 연간 100억 원에 이르는 시장을 형성하고 있다.

한자에 대한 사회적 관심은 한자교육시장의 확장으로 이어졌고, 한자검정단체 중 한국어문회만이 국가공인을 받아 독주하는 상황에 대해 타 단체들이 불만을 토로하게 되었다. 이에 교육인적자원부에서는 2004년 1월 27일 기존의 한국어문회 외에 3개 단체에 민간자격으로 국가공인을 관리 운영하도록 선정하였다. 그리하여 올해부터 실시되는 한자·한문능력검정시험은 4개 단체가 관리하게 된다. 본고는 이런 상황에 대한 적확한 파악 및 앞으로의 한자·한문교육에 있어서 인증시험의 역할 및 개선책을 살펴보고자 한다.


## 2. 민간자격 국가공인 현황

한자·한문에 관한 민간자격 국가공인기관은 다음의 〈표1〉과 같다. 한국어문회만이 앞에서 설명한 것처럼 한자검정단체들 중 유일하게 2000년에 공인

받아 2001년부터 2년간 한자능력검정을 실시하여왔고, 2003년 다시 재공인을 받아 현재에 이르고 있다.

<표1> 민간자격 국가공인 현황[6]

| 소관<br>부처 | 자격종목 | 자격관리자 | 유효기간 | 급 수 | 비 고 |
|---|---|---|---|---|---|
| 교육<br>인적<br>자원부 | 한자능력급수 | 한국어문회 | '03.2.10~'05.2.9 | 1~4급 | |
| | 실용영어 | 한국외국어평가원 | '04.1.27~'06.1.26 | 1~3급 | 재공인 |
| | TEPS(영어능력검정) | (재)서울대학교발전기금 TEPS관리위원회 | '0 3.2.10~'05.2.9 | 1+급,1급, 2+급,2급 | |
| | 한자실력급수 | 한자교육진흥회 | '04.1.27~'06.1.26 | 사범, 1~3급 | 신규 |
| | 실용한자 | 한국외국어평가원 | '04.1.27~'06.1.26 | 1~4급 | 신규 |
| | 한자급수자격검정 | 대한민국한자교육연구회 | '04.1.27~'06.1.26 | 사범, 1급, 준1급, 2급, 준2급 | 신규 |
| | 영어회화능력평가시험 ESPT-성인 | (주)이에스피평가아카테미 | '04.1.27~'06.1.26 | 1급, 2급 | 신규 |

　　민간자격의 관리 및 국가공인에 관한 사항은 교육인적자원부의 평생직업교육국 산하의 직업교육정책과에서 담당한다. 현재 국가공인을 받은 민간자격 단체는 총46종목에 29개 기관으로 유효기간은 최저 2년에서 최고 5년에 이르고, 그 중 교육인적자원부 관할은 위의 표의 한자검증단체 4개와 영어검증단체 3개이다. 영어는 자격종목을 보면 검증내용이 무엇인지가 드러나지만, 한자는 그 구체성이 드러나지 않고 있다. 좀더 구체성을 부각하여 각 단체

---

6) 교육인적자원부 직업정책교육과의 공개자료에서 다운받아 작성함.



제1부　새로운 한문교육의 모색

를 변별할 수 있도록 구성되어야 할 것이다. 현재의 상태로는 똑같은 내용을 4개 단체에서 중첩하여 실시하고 있는 듯한 느낌에서 벗어나기 어렵다.

위의 표에 있는 한자검증단체가 실시하는 급수의 종류 및 시행 횟수를 조사한 것이 다음의 〈표2〉이다.

〈표2〉 한자·한문 자격검정시험 비교표

| 자격관리자 | 공인급수 | 교육(비공인)급수 | 연간 실시 횟수 |
|---|---|---|---|
| 한국어문회 | 1급, 2급, 3급, 준3급, 4급 | 5급, 6급, 준6급,<br>7급, 8급 | 3회 |
| 한자교육진흥회 | 사범, 1급, 2급, 3급 | 준2급, 준3급, 4급, 준4급<br>5급, 준5급, 6급, 7급, 8급 | 4회 |
| 한국외국어평가원 | 1급, 2급, 3급, 4급 | 5급, 준5급, 6급,<br>준6급, 7급, 8급 | 4회 |
| 대한민국한자<br>교육연구회 | 사범, 1급, 준1급, 2급, 준2급 | 준사범, 3급, 준3급, 4급,<br>준4급, 5급, 준5급, 6급 | 4회 |

위의 표에 제시된 것처럼 한국어문회를 제외한 신규 공인단체들은 연 4회의 자격검정시험을 시행하고 있다. 또 공인급수는 각각 4등급 또는 5등급으로 나누어지는데, 그 등급의 구별에 대한 근거는 다음 장에서 살펴보기로 한다. 각 단체들은 공인급수의 자격검정 외에 비공인급수를 교육급수라는 명칭으로 각각 공인급수 시행 뒤에 동일 횟수만큼 한자검정을 시행하고 있다.

일본은 재단법인 일본한자능력검정협회가 1998년부터 문부과학성의 공익법인으로 선택되어 한자기능검정을 국가의 보조금과 위탁비 등의 지원을 받으며 시행하고 있다. 자격시험은 연 3회 실시하고 있고, 한국과 달리 이 기관에서 제시하는 모든 급수(1급~8급)는 공인급수로 인정받고 있다.

일본의 한자검정 등급 및 내용을 정리한 것이 다음의 〈표3〉이다.

**〈표3〉 일본 한자능력검정시험 공인급수 및 지원대상**

| 공인급수 | 지원대상 | 공인급수 | 지원대상 |
|---|---|---|---|
| 1급 | 학생 · 사회인 | 4급 | 중학교 2년생 이상 |
| 준1급 | 학생 · 사회인 | 5급 | 중학교 1년생 이상 |
| 2급 | 고교 3년생 이상 | 6급 | 소학교 4~6년생 이상 |
| 준2급 | 고교 1 · 2년생 이상 | 7급 | 제한 없음 |
| 3급 | 중학교 3년생 이상 | 8급 | 〃 |

급수는 지원 대상에 따라 10개 등급으로 나누어져 있다. 이것 외에 별도의 틀로 소학교 1~3년생과 일본어를 배우는 외국인을 대상으로 하는 初9급과 初10급 등이 있다. 뿐만 아니라 일본의 경우는 해외에 거주하는 교포자녀의 일본어 습득의 요망과 외국인의 일본어 연구에 대한 요망에 부응하기 위하여 해외의 여러 도시에서도 검정시험장소를 설치하고 있다. 즉 '한자를 통하여 일본문화의 전달에 노력' 한다는 목표를 실천하고 있는 것이다.[7]

일본의 문부과학성이 관할하는 공익법인의 수는 1,948법인이고, 그 중 일본한자능력검정협회는 생애학습정책국에서 관할하는 공익법인 중의 하나이다. 문부과학성은 관할 공익법인에 대하여 3년에 한번씩 내사(內査)를 실시하여 그 결과를 공표하고 있다. 이러한 체제하에서 일본한자능력검정협회를 통하여 문부과학성이 추구하는 목표는 '한자능력의 검정과 강연 · 강습회 등을 개최하고, 일본문화 발전에 기여함과 아울러, 일본의 생애학습 진흥에 기여' 함이다. 근년에는 생애학습이 더욱 활성화되어, 고령자들에게 한자검정을 통하여 '목표를 가지고 산다' 는 즐거움을 누릴 수 있게 하기 위하여 노인복지센터 등에도 보급활동을 벌이고 있다. 또한 협회의 기본방침도 문부과학성이 제창

---

7) 재단법인 일본한자능력검정협회가 일본문부과학성에 제출한 〈국가에서 보조금 · 위탁금 등 교부〉에 관한 보고서를 참조하였다.(www.mext.go.jp)

 제1부 새로운 한문교육의 모색

하는 '생애학습'이 실현되는 사회환경을 만드는 것을 목표로 하고 있으며, 이를 위해 각지의 공공시설에서 '한자·일본어' 강좌를 개설하고 있다.

이렇듯 일본의 한자능력검정시험은 문부과학성의 시정목표를 공익협회의 공조를 통하여 실현함에 포커스가 맞추어져 있다. 즉 문부과학성과 공익법인이 교육목표의 실현을 위하여 공조체제를 이루고 있는 것이다. 사실 검정제도의 필요성도 문부과학성 쪽에서 먼저 제시하였다고 할 수도 있다. 예를 들면 문부과학성은 1997년에 대학·전문대학·고등전문학교의 설치기준을 개정히여 문부과학성 인정이 기능검정이 대학·전무대·고등전문학교의 학점으로 인정됨을 발표하였고, 그 이듬해 일본한자능력검정협회가 공익법인으로 선정되어 기능검정을 담당하게 되었다.

그런데 우리나라의 경우 한자검정을 관할하는 교육인적자원부가 국가공인을 통해 실현하려는 목표를 선명하게 제시하지 못하고 있는 상태이다. 따라서 각 공인단체들의 검정목표도 구체성이 결여되고 있다. 따라서 각 단체의 설립취지를 통하여 검정목표를 간접적으로 유추할 수밖에 없다.

먼저 한국어문회의 경우를 보자. 이 단체가 제시한 한자능력검정시험 시행의 취지를 정리하면 다음의 세 가지가 된다.[8]

1. 한자는 새천년의 경쟁력이자 평생교육의 주춧돌이다.
2. 한자를 가르치고 배우는 것은 미래와 삶에 대한 가장 현명한 투자이다.
3. 우리말을 제대로 사용하기 위함이다.

---

8) 한국한자능력검정회(www.hanja.ne.kr)의 「전국한자능력검정시험 시행 취지」를 다운 받아 정리함.

위의 취지 가운데 세 번째의 '우리말을 제대로 사용하기 위함'의 구체적 내용은 국한혼용체의 확립을 의미한다. 이 문제에 대해서는 진재교[9]의 상세한 분석과 비판 및 그 개선방안이 제시된 바 있다. 특히 "국한문혼용을 목표로 하기 때문에 한자 위주의 자격시험이 되고 있으며, 현행 중등학교에서의 한문교육의 위축을 가져올 뿐만 아니라, 한글전용의 어문정책에도 배치된다"는 논지를 피력하였다. 그리고 그 개선방안으로 "중등학교의 한문교육 체계를 고려하여 한자능력시험 제도가 추구할 목표를 설정하고 시험유형도 개발돼야 한다"고 주장하였다. 그러나 진재교의 이러한 지적은 당사자인 한국어문회에게 큰 영향을 미치지 못한 듯하지만, 금년에 신규 공인된 단체들에게 상당한 영향력을 발휘한 점이 드러난다. 이 점에 관해서는 아래에 서술하기로 한다.

다음은 사단법인 한자교육진흥회인데, 별도로 한자검정시험 시행에 관한 취지는 명시되어 있지 않지만 한자자격시험의 특징을 다음과 같이 제시하였다.[10]


1. 한자사용능력을 종합적으로 평가한다.
2. 사고력과 어휘력을 향상시킨다.
3. 교과학습능력을 신장시킨다.


이 가운데, 세 번째 특징은 앞의 진재교의 현행 한자급수시험에 관한 지적을 수용한 결과라고 생각된다. 하지만 위의 세 가지 특징만으로는 이 단체의

---

9) 진재교, 「현행 한자·한문 급수제도의 문제와 개선방안」, 『한문교육연구』 19호, 한국한문교육학회, 2002.
10) 한국한자급수자격평가원(www.hanja114.org)의 한자자격시험 안내를 다운받아 작성함.

특성을 알아보기 힘들다. 이에 본 법인의 주요사업을 살펴보자. 우선 눈에 띄는 것은 '조기한자교육 및 국한혼용운동' 을 주창하고 있는 점과 다음과 같은 구체적 활동이다.

1. 한자교육의 방법론 연구개발
2. 각급 학교 한자경시대회 개최
3. 한자능력의 평가
4. 현직 한문교사 연수 실시
5. 한자 교육지도사 양성
6. 한자교육용 교재 및 정기간행물 발간

구체적 활동항목을 통하여 알 수 있는 것은 국가공인의 한자검정시험을 통하여 국한문혼용운동을 전개하고, 또 이 운동을 담당할 '한자교육지도사를 양성' 하고자 함이다. 흔히 한자지도사라는 이름으로 불려지는 사교육 방면에서 활동하는 한자교육 전문가를 양성함을 큰 틀로 삼고 있다. 한자지도사란 한자 · 한문교육이 붐을 이루고 사교육시장이 확장되면서 파생된 한자검정을 지도하는 직업이다.

다음은 한국외국어평가원의 경우인데, 실용한자자격검정을 목적으로 하는 이 단체는 한자 뿐만 아니라 실용영어의 자격검증도 국가공인을 받고 있다. 이 단체는 자격검증의 목표를 "국제화시대의 지식기반 사회에서 필요로 하는 외국어의 활용능력과 사무서비스 및 정보처리 분야 등의 직업능력에 대한 자격검정과 직업훈련에 관련되는 사업을 수행한다"라고 제시하였다. 타 단체와 달리 한문을 하나의 외국어영역으로 간주하고, 자격검증을 통하여 그 실용적 활용을 강조하였다.[11]

다음은 사단법인 대한민국한자교육연구회의 경우이다. 여기도 자격검증을 통한 목표는 구체적으로 드러나지 않고, 대신 법인 설립취지에서 "우리는 국민들에게 유구한 역사와 찬란한 민족문화에 대한 자긍심을 일깨우고 조상들의 소중한 유산들에 대한 인식을 새롭게 하도록 하기 위함"이라고 하였다. 또 자격검증을 주관하는 한자급수자격검정회의 설립취지로는 "한자·한문 교육의 연구·개발과 보급을 통하여 국어생활의 효율성을 극대화하고 선인들의 전통을 효과적으로 접근하게 하기 위함"이라고 제시하였다.[12]

이 단체는 표면적으로는 '국한문혼용'의 추구를 기치로 내걸고 있지 않다. 하지만, '국어생활의 효율성을 극대화' 시킨다는 취지에서 그 추구하는 방향성은 짐작할 수 있다. 그리고 이 단체의 특징은 다음과 같은 주요사업을 보면 좀더 선명히 부각된다.

1. 한자·한문교육의 진흥을 통하여 국민의 의식과 도덕성을 고취시킨다.
2. 전통서당문화를 발전시켜 국민의 지식기반과 인간다운 덕성을 높은 경지로 승화시킨다.
3. 연구장학지원을 통한 재야의 우수연구인력과 차세대 주역들을 육성한다.
4. 우리 문화의 올바른 이해와 저변확대를 위한 국역사업과 학술대회와 경시대회 및 강회를 개최한다.(이상의 항목이 모두 한 문장으로 나열되어 있는 것을 인용자의 이해를 위해 분절하였다)
5. 외국대학에 한국학 관련 도서를 보급한다.
6. 외국어 번역사업을 통하여 대한민국의 역사와 문화를 세계에 알리고 홍

---

11) 사단법인 한국외국어평가원(www.pelt.or.kr) 평가원 소개를 다운받아 작성함.
12) 대한민국 한자교육연구회(www.hanja.net)의 법인소개를 다운받아 정리함.


제1부 새로운 한문교육의 모색

보하여 세계 속의 중심문화를 일구어낸다.

　이상의 주요사업의 내용은 한국문화교류협회의 주요사업이라고 하여도 손색이 없을 정도이다. 이러한 장대한 사업 중에 한자검증시험의 위상을 좀더 명확히 제시할 필요성이 있다. 특히 위의 주요사업 중에서 두 번째의 '전통서당문화의 발전'과 네 번째의 '국역사업과 강회의 개최'는 이 단체의 특성화사업이라고 하겠다.

　이상에서 2004년 1월에 교육인적자원부로부터 신규로 민간자격 국가공인을 받은 한자능력검정단체에 대한 현황을 살펴보았다. 일본의 시스템과 다른 점은 우선 국가차원에 있어서의 정책 선명도에 차이가 있다는 점이다. 일본은 고등교육기관의 편제를 개편하는 과정에 있어서 사설단체가 주관한 검정시험의 결과를 학점으로 수용하는 제도를 마련하였고, 그 자격검정을 담당할 단체를 문부과학성 관할의 공익법인으로 삼았다. 즉 한자습득도 하나의 기능으로 간주하고, 그 기능급수로 대학의 학점 및 고교의 국어 이수단위에 대체하게 하였던 것이다. 그런 사정에서 공익법인으로 선정된 일본한자능력검정협회는 문부과학성이 추구하는 교육방침을 주요사업의 골자로 하여 시행하였다. 즉 이윤추구를 목적으로 하는 재단법인이지만 공익법인으로서의 자기인식을 명확히 하고 있다. 문부과학성이 한자검정을 생애교육 실현의 한 방편으로 활용하고, 그것을 시행하는 단체가 일본한자능력검정협회이다.

　반면에 우리나라는 교육인적자원부의 직업교육정책과가 기존의 비공인 상태에서 한자자격검정을 시행하던 단체들 중 한 단체에게 국가공인을 인정하였지만, 교육부의 국가공인을 통한 교육정책이 선명하지 않은 탓으로 공인자격을 갖춘 단체는 공익적 교육성향보다는 상업적 이윤추구를 지향하는 모습을 드러냈다. 이에 여타의 단체들에서의 불만이 노정되어 결국 자격요건을 심사하여 새롭게 세 단체의 공인자격을 인정하기에 이르렀다. 이렇게 하면 자격 시험 시장의 이윤독점은 해소되겠지만, 일년에 평균 4번 실시하는 자격시험의 관리에 드는 제반 비용과 시험장소의 확보 등을 위한 경쟁의 번거로움 등이 새로운 문제점으로 부각될 것이다. 더욱이 검정시험의 등급별 검정기준과 난이도가 상이한 상황에서 각 단체의 한문자격검정은 그 공정성을 가늠하기 어렵다. 현재의 상황으로는 국가공인 한자검정 4단체의 변별성이 희박하여 왜 4개 단체나 필요한지에 의문이 생긴다.


## 3. 검정기준에 관하여

한자자격검정이 공정성을 인정받기 위해서는 각 급수의 구별이 합리적인 체계로 나뉘어져 있어야 한다. 앞의 〈표2〉에 제시된 것처럼, 한국어문회와 한국외국어평가원은 전체 급수가 10개 급수로 나뉘어져 있는 반면, 한자교육진흥회와 대한민국한자교육연구회는 13개 급수로 나뉘어져 있다.[13] 그 가운데 공인급수로 선정된 등급에 대한 평가대상의 한자수, 그리고 검정정도를 조사하여 비교한 것이 옆에 제시된 〈표4〉이다.

옆의 표에서 알 수 있듯, 각 단체에 따라 같은 급수라 할지라도 검정정도가 각기 다르다.  특히 위의 표에 보이는 검정한자수와 한자 난이도의 수준을 선별하는 기준이 명시되어 있지 않아 그 객관적인 모습을 비교하기 어렵다. 예를 들어 실용한자어의 경우라면, 신문에 나오는 한자의 빈도수라던가 각 공문

---

13) 한자교육진흥회는 올해 다시 그 급수의 등급을 조정할 예정이라고 하여 그 정확한 면모를 파악할 수 없다.

 제1부 새로운 한문교육의 모색

〈표4〉 각 공인단체 공인급수의 검정정도 비교

| 공인급수<br>단체 | 1등급<br>(검정정도) | 2등급<br>(검정정도) | 3등급<br>(검정정도) | 4등급<br>(검정정도) | 5등급<br>(검정정도) |
|---|---|---|---|---|---|
| 한국어문회 | 1급<br>(읽기 3,500자·쓰기 2,005자, 국한혼용 고전을 불편 없이 읽고 공부하는 수준, 대학생 일반인 대상) | 2급<br>(읽기 2,355자·쓰기 1,817자, 일상 한자어를 구사할 수 있는 수준, 대학생 일반인 대상) | 3급<br>(읽기 1,817자·쓰기 1,000자, 신문 또는 일반 교양어를 읽을 수 있는 수준, 고등학생 대상) | 준3급<br>(읽기 1,400자·쓰기 750자, 4급과 3급의 격차를 해소하기 위한 급수, 중학생 대상) | 4급<br>(읽기 1,000자·쓰기 500자, 초급에서 중급으로 올라가는 급수, 초등학교 6학년 대상) |
| 한국외국어 평가원 | 1급<br>(3,500자, 일상생활과 직무에 능숙하게 활용, 한문고전에 능통) | 2급<br>(2,500자, 일상생활과 직무에 활용, 한문고전 이해) | 3급<br>(1,850자, 읽기·쓰기·의미파악,약자·속자, 짧은 문장 해석) | 4급<br>(1,500자, 읽기·쓰기, 의미파악, 상용서식, 간지 등 활용) | |
| 한자교육 진흥회 | 사범<br>(5,000자, 지도사 수준) | 1급<br>(3,500자, 고급 수준) | 2급<br>(2,300자, 대학생·일반인 수준) | 3급<br>(1,800자-교과서한자어 500자 이상 포함, 고등학생 수준) | |
| 대한민국한자 교육연구회 | 사범<br>(5,000자, 한문고전의 독해 및 국역을 포함하여 최고급 수준의 전문가·지도자 양성) | 1급<br>(3,500자, 제7차 고등한문교육과정포함, 한자·한자어·한문 전 영역 학습) | 준1급<br>(2,500자, 同左) | 2급<br>(2,000자, 同左) | 준2급<br>(1,500자, 同左) |
| 일본한자능력 검정협회 | 1급<br>(약 6,000자-JIS제2수준 한자, 음뜻을 이해하고 문장 속에 적절하게 사용함, 학생·사회인 대상) | 준1급<br>(약 3,000자-상용한자 중심, 同左) | 2급<br>(1,945자-모든 상용한자와 고교까지의 음뜻, 同左, 고교 3년 대상) | 준2급<br>(소학교·중학교에서 공부하는 상용한자 1,945자의 대강을 이해하고 문장 속에 적절하게 사용함, 고교 1·2년 대상) | 3급<br>(상용한자 1,600자 정도를 이해하고 문장 속에서 적절하게 사용함, 중학교 3년 대상) |

서 서식에 사용되는 한자의 빈도수 등에 대한 과학적이고 합리적인 등급 구별의 근거가 제시되어야 할 것이다.

한국어문회의 경우는 일본의 검정기준처럼 각 등급의 교육과정이 명시되어 있다. 아쉬운 점은 초등학교 6년생을 대상으로 하는 4급 1,000자에 대한 선정기준이 애매하다는 것이다. 가능하면 국어교과서에 나오는 한자어의 빈도수를 조사한다던가, 아니면 타 학습 교과목의 한자어 빈도수를 조사하여 선정기준으로 삼는 것이 타당하다.

일본의 경우는 일본 국어교육과정에서 학습하는 한자영역을 등급 분별의 기준으로 삼고 있다. 8급에서 2급까지는 문부과학성이 제시한 국어과 학습지도요령에 따른 분류이며[14], 1급과 준1급은 컴퓨터용 제2차 수준의 한자를 근거로 하고 있다. 이는 컴퓨터 사용에 필요한 한자수준을 제시한 것이다. 따라서 2급 이상의 자격검정에 합격하면 고교 및 대학의 이수학점으로 인정하는 제도가 성립된 것이다. 다만 일본 한자검정에는 한문능력을 검정하는 문항은 없다. 그것은 초·중학교의 교육과정에 한문이라는 독립과목이 없는 이유도 있지만, 무엇보다도 검정목적이 한자를 통하여 원활한 일본어생활을 지향하고 일본문화를 알림에 주안점이 있기 때문일 것이다.

검정기준에 한문능력을 검정하는 항목의 유무有無에 따라 검정정도는 상당히 달라진다. 한국어문회의 기존의 검정문제에 한문문항이 없었던 점과 공교육의 한문교육과정이 반영되지 않았던 점이 진재교의 앞의 논문에서 지적된 이래, 신규 국가공인의 검정단체들은 적은 양이지만 한문문항을 첨부하였고,

---

14) 일본의 한자·한문교육의 현황에 관해서는 졸고 「일본의 한자·한문교육 현황」 (2003)을 참조 바람.

15) 특히 대한민국한자교육연구회는 검정기준에 교육과정의 영역별 내용을 참조하여 한자·한자어·한문의 틀에 입각하여 검정기준을 마련하였다.

 제1부 새로운 한문교육의 모색

한문과 교육과정을 반영하고자 노력하였다.[15]

한편 한자교육진흥회와 대한민국한자교육연구회에는 '사범' 이라는 등급이 설치되어 있다. 이 두 단체는 모두 '한자교육지도사' 양성과정[16]과 '서당교사' 양성과정[17]을 설치하여 운영하여왔다. 이러한 교육과정에서 파생된 등급이 바로 '사범' 이라는 급수이다. 이러한 급수가 국가공인을 받았다고 하는 것은 한문자격검증을 통하여 직업교육을 실현하려는 직업교육정책과의 의도인지는 알 수 없으나, 우리나라 한자자격검증만의 특징이다.

이와 관련하여 한자교육진흥회는 한자지도자연수과정을 설명하기를 "기하급수적으로 확대되고 있는 한자교육을 담당할 유능한 지도사를 양성하기 위한 과정"이라고 한다. 바꾸어 말하면, 하위급수의 한자자격검증 응시생을 지도할 강사양성 과정의 자격증이 되기도 한다. 이것은 이런 단기연수의 수료증 및 자격증 소지자가 사교육 분야의 한자·한문교육을 담당하는 시스템을 구축하는 결과를 초래하게 된다. 이 점에 대해서 좀더 깊은 성찰이 필요하고 제도적 보완이 필요하다.

이상에서 한자자격검증의 국가공인 단체에 대한 검정정도를 살펴보았다.

---

16) 한자교육지도사 연수과정은 한자교육을 담당할 지도사 양성을 목적으로 하는 과정연수이다. 연수를 수료하면 국가공인 한자자격시험 응시자 지도 및 각종 학원강사 자격을 갖출 수 있다고 한다. 연수일정은 20주 80시간으로 되어 있다. 연수 후에는 소정의 테스트를 거쳐 한자교육지도사 자격증 수여 및 국가공인 한자자격시험 4급 이상 취득 지도를 할 수 있고, 교육급수 준4급~8급 강사자격이 부여되고, 한자학습 일일교사자격이 부여된다고 함.

17) 서당교사 연수과정은 일명 한자·한문 전문지도사 연수로 불리며, 전통서당의 교육의 기본내용을 교육과정으로한 한문지도사 연수과정이다. 여기서 배출된 훈장선생님으로 전국에 3,000여 개의 서당 설립을 목적으로 한다. 이 과정의 수료자들은 그 수료과정에 따라 서당준교사 1급·2급, 서당정교사 1급·2급, 서당훈장, 훈장종1품, 훈장정2품 등으로 구별된다.

등급의 구별과 검정 한자수의 구별 및 한자·한문의 검정내용에 대한 미비점을 진재교가 지적한 이래 약간의 수정은 있었지만, 아직도 완전한 체계를 갖추었다고 하기 어렵다. 이것에 대해서는 근본적으로 교육인적자원부 관할부서의 국가공인검정제도에 대한 확고한 의지가 제시될 필요성이 있다. 그렇게 되면 위의 〈표4〉에서 보았던 4단체의 등급 및 그 검정내용도 보다 통일성을 갖추고 나름의 특징을 살리는 한자검증이 될 것이다. 지금과 같은 상황에서의 한자자격검정은 응시자가 어느 단체를 선택하느냐에 따라 명암이 달라질 수 있으므로 한자 검정시험의 객관성에 대해 4단체가 협의할 필요성이 있다.

## 4. 한자·한문 인증시험의 실제

실제로 한자검정 응시생들이 접하는 인증시험의 문제지를 분석하여 각 검정단체의 특색을 살펴볼 필요성이 있다. 특히 앞장에서 거론된 검정기준이 각각 어느 정도 반영되고 있는지를 살피고, 또한 문제유형의 종류에 대한 비교를 〈표5〉에 제시한다.

〈표5〉 한자·한문인증시험(1급)의 문제유형 비교

| 내용<br>단체 | 한자·한자어 영역 | | | | | | | | | | 한문 영역 | | |
|---|---|---|---|---|---|---|---|---|---|---|---|---|---|
| | 한자·한자어 읽기·쓰기 | 필순획수 | 부수 | 장단음 | 유의어상대어 | 약자 | 동음이자·동훈이자 | 고사성어 | 문장속의한자쓰기 | 한자어구조 | 단문쓰기단문해석 | 속담 | 한시 |
| 한국어문회(1급, 17회) | O | | O | O | O | O | O | O | O | | | | |
| 한자교육진흥회(1급, 17회) | O | O | O | | O | O | | O | | | | | |

| 검정단체 | | | | | | | | | | | | | |
|---|---|---|---|---|---|---|---|---|---|---|---|---|---|
| 한국외국어평가원(1급 10-1A-ST) | ○ | | | | ○ | ○ | | ○ | ○ | | ○ | ○ | ○ |
| 대한민국한자교육연구회(1급, 21회) | ○ | ○ | ○ | ○ | ○ | ○ | | ○ | ○ | ○ | ○ | ○ | ○ |
| 일본한자능력검정협회(2급, 문제예) | ○ | | ○ | | ○ | | ○ | ○ | ○ | ○ | | | |

위의 표에서 검정내용의 항목을 우리나라 중등학교 한문교육과정에 준하여 한자·한자어·한문 영역으로 나누었다. 다시 그것을 소영역으로 나누어 각 자격검정단체의 문제유형을 분석 비교하여보았다.

이제 실제로 한국어문회의 기출문제 중 1급(17회) 문항을 분석하여보자. 문제유형은 한자·한자어 영역에만 속할 뿐, 한문 영역은 제외되어 있다. 전체 200문항은 모두 주관식인데, 한자어 읽기(50문항), 한자의 음·뜻 쓰기(32문항), 한자어 쓰기(40문항), 장단음(10문항), 상대어(10문항), 사자성어四字成語(15문항), 부수(10문항), 유의어(10문항), 동음이의어(10문항), 한자어의 뜻(10문항), 약자(3문항)로 이루어졌다. 가장 많은 부분을 차지하고 있는 '한자어 읽기(독음)' 문제는 단순하게 한자어만을 제시하고 그 답을 쓰는 형식으로 다음과 같다.

> 1. 다음 한자어의 독음을 쓰시오.
> (1)貝殼　(2)恪別　(3)姦慝　(4)難澁　(5)堪耐　(6)氣槪　(7)坑儒　(8)巾櫛　……… (50)漏洩
>
> 2. 다음 한자의 訓과 音을 쓰시오.
> (51)竟　(52)牽　(53)叫　(54)紀　(55)瓜　(56)挑　(57)郊　(58)矯　……… (82)核

위와 같은 문제유형으로는 한자·한자어에 대한 기억력 평가는 되겠지만, 국어문장에서의 활용에는 그다지 도움이 되지 않을 듯하다. 또 이런 문제유형은 한문과 교육평가에서 일찍부터 비판의 대상이 되어오던 것이다.[18] 더욱이 본 단체가 목표로 하는 것은 국한문혼용이다. 그렇다면 위와 같이 한자·한자어만 독립시켜 문항을 구성할 것이 아니라, 자주 사용되는 짧은 국한문의 예문 속에서 한자에 관한 평가를 추구함이 타당하다. 보편적으로 사용되는 단문 短文 또는 어구語句 속에서 한자·한자어의 의미를 점검할 수 있는 배려가 필요한 것이다.

예를 들면 다음과 같은 것을 생각할 수 있다.

> 1. 다음 한자어의 독음을 쓰시오.
> (1) 조개무덤은 貝殼이 무더기로 쌓여 있던 곳이다.
> (2) 부자 사이에 恪別한 정을 나누다.
> 2. 다음 한자의 訓과 晋을 쓰시오.
> (51) 필竟 정의가 승리하리라.
> (52) 늦은 저녁 절叫하는 소리를 들었다.

위에 제시한 한국어문회의 문제유형은 신규로 공인받은 세 단체에서도 공통적으로 사용되었다. 한국외국어평가원의 경우 한자·한자어 영역에 관한 평가유형은 거의 한국어문회와 비슷하여 변별력이 없으나, 한문평가문항을 10문항 정도 첨부하고 있는 점이 다르다. 다만, 대한민국한자교육연구회의 경우는 150문항 중 50문항은 객관식으로 구성하고, 학교교육에서 사용하고 있는 다양한 평가유형을 도입하고 있다. 그러나 주관식 문항의 경우는 위의 예

---

18) 한예원(2002), 고승희(2001).

시와 같은 단순질문유형에서 크게 벗어나지 못하고 있는 것이 아쉽다.

위의 〈표5〉를 작성하면서 주목하였던 점은 동음이의어 처리이다. 한글문장을 표현하면서 필요에 따라 한자표기를 활용할 경우, 가장 어려운 점은 이 동음이의어를 적합하게 사용하는 문제이다. 한글사용에 도움이 되는 가장 중요한 관건 중의 하나가 이 동음이의어의 활용이라고 생각된다. 그럼에도 불구하고 한국어문회만이 10문항 정도 제시하고 있고, 여타의 단체들은 이에 대한 준비가 없었다. 그런데 한국어문회의 문제유형은 다음과 같이 여전히 단순질문형을 벗어나지는 못하고 있다.

> 8. 다음 한자어의 동음이의어가 되게 빈 칸을 채우시오.
>    (178)鑄字 - (　　) : 붉은 빛과 자줏빛
>    (179)鼓行 - (　　) : 외롭게 홀로 감
>     ⋮
>    (180)求愛 - (　　) : 거리낌 ────────
>    (187)汗漫 - (　　) : 기한이 참

이런 동음이의어의 문제도 역시 자주 사용하는 짧은글 속에서 소화할 수 있게 배려하면, 실제 언어생활에 큰 도움이 될 것이다. 예를 들면, 다음과 같은 예도 생각할 수 있다.

> 8. 다음 문장의 밑줄 친 부분에 사용될 한자어를 쓰시오
>    (180) 공주는 왕자의 <u>구애</u>를 받아들이다 (　　　　)
>       <u>구애</u>됨이 없이 활기차다(　　　　) ──────────

요컨대 한자를 활용하여 국어생활을 돕고자 한다면, 사전 뜻풀이식의 문제유형은 지양하고 그 한자ㆍ한자어가 사용되는 적절한 한글문장을 제시함이

바람직하다. 사실 영어능력평가에서 단어 그 자체만 제시하고 뜻을 묻는 경우
는 없다. 그런데 같은 언어이면서 한자어에 대한 위와 같은 문제유형은, 한자
어를 언어로 제대로 인식하지 않는 결과이기도 하거니와, 더 큰 원인은 한자
검정을 통하여 어떤 목표를 실현하겠다는 출발의식이 선명하지 못함에서 연
유된다 하겠다. 좀더 각 단체 나름으로 현실적이며 구체적인 한자검정의 목표
를 수립하여 그 실천에 부합한 문제유형을 개발하여야 할 것이다.


## 5. 맺음말 – 개선방안

한자인증시험은 회를 거듭함에 따라 양적 팽창을 거듭하여 2004년에는 4
개 단체가 국가공인의 자격을 획득하기에 이르렀다. 그러나 시행상의 현실적
인 문제를 극복하기 위해서는 4개 단체의 협의를 통한 객관적이고 합리적인
방안이 모색되어져야 한다. 그를 위한 사소한 문제들을 제기하고 그 개선방안
을 제시하여본다.

### 1) 난이도

한자인증시험의 공인급수를 시험 본 응시자나 지도한 교사들에게서 시험
의 난이도가 매회 일정하지 않고, 시험주관단체에 따라 난이도가 다르다는 호
소를 듣는 경우가 있다. 가령 한국어문회의 시험에 비하여 대한민국한자교육
연구회의 시험의 경우가 난이도가 높았음을 응시자나 교사들이 공통적으로
지적한다. 또 같은 한쪽 단체의 2급에서 떨어진 응시자가 다른 단체의 1급에
합격하는 경우도 종종 발생한다. 이러한 것은 난이도의 문제이면서 또한 등급

의 문제이기도 하다. 또 한문문항을 다루는 단체와 그렇지 않은 단체간의 협의를 통하여 난이도 및 등급의 문제를 해결하는 방안을 마련하여야 한다.

이를 극복하는 방법은 난이도 설정에 도움이 되는 한자 수준, 한자어 어휘, 텍스트 유형, 문제유형 등을 자세하게 정리하여 출제지침서로서 4개 단체가 공용하는 것이다. 또 한국어 교육용 어휘에 관한 연구[19]라던가 한국어 학습용 어휘선정 결과[20] 등을 활용하여 학습한자의 등급목록을 완성하여 문항 및 텍스트의 난이도를 추정하고 활용하는 방법이다. 아울러 난이도의 공신력을 회복하기 위해서는 각 단체와 단체 외부의 선제위원들이 설정된 난이도가 기준에 맞는지를 검토하는 방법을 도입하는 것이다.

## 2) 검정단체의 상이성

검정단체에 따라 문제유형, 집필내용이 다르다. 일본의 경우는 공익법인으로 선정된 단체가 모든 등급의 문제를 출제하고 있는 것에 비하여 한국의 경우는 4개의 단체가 병립하여 각기 상이한 문제를 출제하고 있는 실정이다. 이에 각 단체가 협의하여 기출문제 유형을 수집 분석하고 새로운 문제유형을 개발하여 출제 지침서를 마련한다면, 객관적인 기준에 의해 출제를 하게 될 것이다.

또 다른 방법으로는 4개의 단체가 병립하는 것을 장점으로 이용하여 각기 특색 있는 검정내용을 마련하여 서로 다양성과 차별성을 갖추어 응시자가 자신의 목적에 맞추어 검정시험에 응하게 하는 것이다. 예를 들면, 한국어문회

---

19) 이충우(1994).
20) 조남호(2003).

가 국한문혼용을 목표로 하는 한자·한자어 검정을 담당한다면, 실용성을 표방하고 있는 한국외국어평가원은 관공서 문서 등에 필요한 실용용어의 검정을 담당하여 그 차별성을 부각하는 것이다. 또 한자교육진흥회와 대한민국한자교육연구회는 자격검정을 지도하는 한자·한문지도사 양성의 전문기관으로서 그 검정체계의 난이도를 앞의 두 단체와 차별화하여 '한문능력' 위주로의 검정을 실시할 수도 있다.

출제된 내용은 공동의 선제위원들에 의하여 객관성 및 합목적성을 점검받아야 한다.

### 3) 등급제

현행 한자인증시험은 4단체 모두 등급제를 실시하고 있다. 등급제는 응시자가 해당등급의 검정정도(한자수) 범위 내의 한자, 한자어, 고사성어, 한문 등을 집중적으로 시험 보게 되므로 응시자의 한자능력을 세밀하게 판단하게 해준다. 가령 점수제에서는 2급과 3급의 경계에 놓일 경우 그 정도를 판단하기 어렵지만, 등급제는 이런 불편이 해소된다. 그런데 단체에 따라 그 등급에 미세한 차이를 내포하고 있어, 어느 단체에서 몇 급을 하면 어느 단체의 몇 급에 합격할 수 있다고 장담하기 어려우므로 이와 같은 현상은 개선되어야 한다. 또 각 등급의 출제에는 기존의 한자와 한자어 중심에서 벗어나 문법(허자의 쓰임), 한자어 활용 등의 영역을 보충하여 좀더 세밀한 검정정도의 마련이 요망된다. 예를 들면, 몇 등급에서는 한자 몇 자의 범위 내에서 한자 및 한자어의 읽기·쓰기, 고사성어의 활용, 한문문장의 문법, 한문문장의 해석을 어느 정도의 비율로 출제한다는 것이 4개 단체의 협의를 통하여 준비되어야 할 것이다.

4)검정료 및 시험장소

　현행 한자인증시험은 등급별로 그 검정료가 다르다. 일반적으로 고급일수록 검정료가 비싼 편이다. 그것은 관리에 비용이 많이 들기 때문이라고 하는데, 고급급수를 검정단체별로 나누지 않고 4단체가 공동관리 하게 되면 응시자는 경제적으로 도움이 될 수 있다. 또 검정시험을 시행하는 장소도 등급별로 공동관리를 한다면 한정된 공간을 효율적으로 이용할 수 있을 것이다. 지금은 단체별로 각기 다른 날짜에 공인급수와 교육급수를 나누어 실시하기 때문에 장소확보도 쉽지 않은 문제로 부각되고 있기 때문이다. 또 단체응시생들에 대해서는 수시응시도 실시하여 다양한 방법으로 응시자의 편리를 도모하는 방향에서 운영할 필요성이 있다.

〈참고문헌〉

고승희(2001), 「중학교 한문과 학습평가의 문제점과 개선방향」, 성대석사학위논문.
이충우(1994), 『한국어 교육용어휘 연구』, 국학자료원.
조남호(2003), 『한국어 학습용 어휘선정결과 보고서』, 국립국어연구원.
진재교(2002), 「현행 한자·한문 급수제도의 문제와 개선방안」, 『한문교육연구』 19호.
한예원(2002), 「중학교 한문과 평가의 문제점과 개선방안」, 『한문교육연구』 19호.
한예원(2003), 「일본의 한자·한문교육 현황」, 『한문교육연구』 21호.

〈『국어교육학연구』 국어교육학회, 20호, 2004〉

# 한국의 한문교육과 한문교과서

## 1. 머리말

'한자문화권漢字文化圈'이라는 개념은 전통시대에 있어서 한문을 공통문어로 사용하여 문화적 생활을 영위하였고, 현재도 모국어의 많은 부분이 한자에 의존하여 언어생활을 하는 지역을 지칭한다. 따라서 한자문화권이라 지칭되어도 각기 다른 어문전통 속에서 서로 다른 모습으로 오늘에 이르렀고, 그 상대성과 공통성을 함께 생각하고 논의함에 따라 각국의 어문사정을 보다 적확하게 파악할 수 있을 것으로 기대된다. 또한 이러한 작업을 통하여 우리는 각국의 어문사정의 배후에 있는 사회적 상황과 역사적 상황을 이해함에도 도움이 될 것이다.

소고에서 필자가 논의하고자 하는 것은 세 가지이다. 첫째는 한국에서 한자·한문을 보는 관점이 어떻게 변하여 왔는가이다. 이것은 한문교육을 둘러싼 어문정책의 변화 및 한문교육과정의 변천을 통하여 살펴볼 수 있다. 둘째는 한국에서 한문을 왜 가르치고 있는가이다. 이것은 제도권 교육을 담당하는 교육부의 한문교육 목표와 사교육 시장의 한문교육 목표를 통하여 살펴보고자 한다. 셋째는 한문을 진흥시키는 이유이다. 여기에 대해서는 두 가지 입장을 살펴보려고 한다. 국한혼용을 주장하는 측과 순수 한문교육을 강조하는 측의 입장이다.

## 2. 한문교육의 역사와 세 가지 관점

한국의 한문교육은 기원전 300년경 전후에 한자가 수용된 이래,[1] 삼국·통일신라·고려는 물론 조선시대에도 계속 교육의 중심적 위치에 있었다. 모든 공문서는 물론이고 개인의 서간문, 문집 등의 모든 글이 한문으로 기록되었다. 이와 같은 한문 위주의 문자정책은 1894년 '법률명령은 다 국문으로 본을 삼고 한역을 부하며, 혹 국한문을 혼용함' 이라는 내용의 을미칙령乙未勅令[2]으로 문자개혁이 단행되면서부터 변화를 맞이하게 되었다. 이후 한국의 문자생활은 한문·한글·국한혼용의 다양한 문체를 사용하였다.

이후 1945년 국권회복(光復)에 의해 미군정美軍政 학무국 편수과장이던 최현배崔鉉培와 이극로李克魯에 의해 한글전용정책이 주창되었다. 이후 '한글전용' 은 곧 '애국심' 이라는 등식으로 왜곡되어 1945년 11월 13일 이극로를 중심으로 한자폐지회가 결성되어 한자폐지안이 미군정청美軍政廳 학무국산하의 '조선교육심의회' 에 전격 상정되었고, 이 안은 논의조차 거치지 않은 채 12월 8일 '한자 사용을 폐지하고 초·중등학교 교과서는 전부 한글로 하되, 다만 필요에 따라 한자를 괄호 안에 넣을 수 있다' 는 조치가 공포되었다.

그리고 1948년 10월 9일에는 조선어학회의 건의로 '대한민국 공문서는 한

---

1) 황위주, 「한문자의 수용시기와 초기 정착과정(1)」, 『한문교육연구』제10호, 한국한문교육학회, 1996, p.149.
2) 高宗勅令 第9條(고종 32년).

 제1부 새로운 한문교육의 모색

글로 쓴다, 다만 필요한 경우 얼마 동안 한자를 병용할 수 있다'는 '한글전용 법률안'이 국회에서 통과되어 한국의 한글전용 어문정책이 시작되었다. 그러나 당시의 혼란한 국세정세와 국내정세 속에서 한국의 어문정책은 혼란을 거듭하여, 한글전용이 10번, 국한문혼용이 7번이나 뒤바뀌면서 오늘날에 이르고 있다.[3]

이에 따라 한문교육도 심한 변동을 거쳤다. 특히 1966년에 제2차 교육과정이 시행되었을 때 한문교육은 국어과 교육과정에서 '한자 및 한문지도'로 진행되었다. 그러나 1969년에 부분 개정이 있었을 때 '한자 및 한문지도'라는 조항이 삭제되었다. 이것은 '한글전용계획'에 맞추어 한문교육을 폐지한 것이다. 그러나 이렇게 한글전용이 시행되자 우리의 전통문화를 계승하여 새로운 민족문화를 창조하거나, 중국이나 일본 등 한문문화권과의 조화를 이루기 위해서는 한문교육이 절실하다는 인식이 급격히 확산되어갔다. 이에 2년 뒤인 1972년 8월에 '한문 및 한자교육을 위한 교육용 한자(1,800자)'를 제정하기에 이르렀다. 이것은 1957년에 선정된 상용한자 1,300자를 기본으로 하여 당시 우리나라 고등학교 한문교과서에 사용된 한자와 예일대학과 일본의 상용한자 등에서 추출한 500자를 합하여 1,800자를 선정한 것이다.[4]

---

3) 김문창, 「한글전용론과 국한혼용론의 비교 연구」,「국어교육과 한자문제」, 한국정신문화연구원, 1985, p.83.

4) 이렇게 상용한자를 제정하는 것은 당시 한자문화권의 공통적인 추세이기도 하였다. 중국은 모택동毛澤東 집권 후 강력한 한자개혁추진 정책을 추진하여 1952년 6월 중국인민정부교육부는 상용한자(200자)를 공포하였다. 최근 중국 문자개혁 위원회 한자처漢字處의 자료에 의하면 상용한자 3,500자(상용한자 2,500자, 차상용한자1000자)로 되어 있다. 대만은 표준자체표標準字體表 4,808자와 차상용한자 표준자체표 4,399자가 중화민국 71년에 교육부에서 공포하였다. 일본은 1946년 당용한자 1,850자, 1951년 인명용 한자별표 92자이던 것이 1981년부터 1,945자의

1972학년도 2학기부터 한문과는 독립교과로 인정되고, 1973년도에는 사범대학에 한문교사 양성을 위한 한문교육과가 신설되었다. 이때부터 한문과 교육은 공식적인 제도교육으로 자리잡게 되었으나, 한문교육용 기초한자(1,800자)를 가르치기 위한 교과목이라는 것이 한문과의 존립근거였다.

이후 한문교과는 다섯 차례의 교육과정 개정을 거치면서 독립교과로서의 체계도 잡히고, 교육내용의 질적인 성장도 하여왔다. 그러나 한문과의 위상은 교육과정의 개편 때마다 가변적인 위치에 서지 않을 수 없었다.

제6차 교육과정(1992~1997) 시기에 한문과목은 선택교과로 바뀌었다. 즉 중학교는 컴퓨터, 환경, 한문 과목 중에서 선택하는 것이고, 고등학교는 한문 Ⅰ과 한문 Ⅱ 중에서 한쪽 또는 양쪽을 선택할 수 있다는 것이다. 이렇게 선택과목으로 바뀌면서 대학수학능력시험에서 제외되기에 이르렀다.

제7차 교육과정(1998~) 시기에는 다시 '재량활동' 과목인 컴퓨터, 환경, 한문, 생활영어 중의 선택과목으로 전환되었다. 다만 대학수학능력시험에는 불어, 일본어, 중국어와 같은 제2외국어군에서 일부 수험자만 선택하게 하였다.

이상의 한문교육을 둘러싼 어문정책 및 교육과정의 변화에 있어서 우리는 두 가지 관점의 치열한 대립과 갈등을 파악하게 된다. 즉 '한글전용파' 와 '국한문혼용파' 의 의견대립과 갈등이다. 광복 이후 교육용 한자의 선정작업이 시작되던 1969년 이전까지는 비교적 한글전용세력의 주장이 국가의 어문정책

---

당용자와 인명용 한자 284자를 사용하고 있다. 한편 북한은 광복 후 철저하게 한글전용을 시행하여왔으나 1968년부터 한자교육을 복원하였고, 한문시간에 국한문혼용 독본으로 한자교육을 시행하고 있다. 한국의 학제로 따지면 초등학교 5학년부터 중학교 2학년까지 1,500자, 기술학교에서 500자, 대학에서 1,000자 모두 3000자의 한자를 가르치고 있다. (鄭愚相, 「북한의 한자교육」, 『어문연구』 61호, 1989.

을 전담하였다. 그러나 제2차 교육과정기에 들어와서는 두 세력의 학교문법 파동을 계기로 심각하게 대립하기에 이르렀고 1972년 고육지책이지만 교육용 한자 1,800자를 선정하여 중학교에서 한문과가 국어과에서 분리 독립하게 되었다.

이후 한국에서는 한글로 언어생활의 근간을 삼고, 한글의 우수성에 대한 자부심과 창의성에 대해 만족을 하면서도, 한쪽에서는 영향력이 줄어들고 있는 한자에 대한 우려를 하여왔다. 이러한 우려는 교육현장의 문제와 연결되어 가시화되기에 이르렀다.

우려를 제기하는 측은 국한혼용을 주장하는 측으로 항상 일본어 교육에서의 한자 비중과 한국어 교육에서의 한자 비중을 비교의 기준으로 삼고 있다. 특히 서울 올림픽(1988)을 전후하여 국한혼용을 주장하는 민간단체들에 의해 한자·한문 학습의 중요성이 제고되어 중·고교의 한자교육 강화와 초등학교 한자과목의 도입이 주장되었다.[5] 이후 각 민간단체들은 한자실력을 검정하는 급수시험을 시행하였고, 2001년도부터 국가공인 한자시험을 실시하여왔다. 2003년에는 한자검정시험에 74만 명이 응시하였고, 올해는 100만 명이 넘어설 것으로 추측되고 있다.[6]

더욱이 2003년 12월 30일에 한국무역협회를 비롯한 전국경제인연합회 대한상공회의소 등 경제5단체는 소속 회원사에 올해부터 신입사원을 채용할 때 한자구사능력시험을 반영토록 적극 권고했고, 대학들도 한자교육의 필요성을 절감해 서울대는 '동아시아의 공용어인 한자를 배우자'는 취지하에 2004년

---

5) 예를 들면 한자교육진흥회는 1990년 11월 8일 한자교육운동 법인으로 문교부의 인가를 받기에 이르렀다.
6) 한국어문회의 이광진 검정관리부장이 스포츠서울의 김희영 기자와의 인터뷰에서 밝힌 것이다.

합격생에게 한자 특별시험을 실시하고 그 결과를 성적에 반영하는 등 신입생 한자학습을 의무화하였다. 서울대 관계자는 "동아시아에서 활동하려면 한자 문화권에 대한 이해가 필수적"이라고 설명한다. 이런 주장의 이면에 경제논리가 자리잡고 있는 것을 알아채는 것은 어렵지 않은 일이다. 일본과 중국의 외에 NIES 지역이라 불려지는 아시아의 성공한 자본주의 지역에 대한 관심이 그 배경에 있다. 이것은 서구식의 유교이해였던 '유교문화권'의 인식을 계승한 시각으로, 유교적 회사경영과 한자사용이라는 친숙한 요건을 살려서 경제 이익을 증가하려는 의도가 보인다.

한편 이러한 한문을 보는 두 가지 관점 외에 또 한 가지의 새로운 관점이 있다. 그것은 한글전용의 어문정책 아래에서 한문을 학습하여 전공으로 삼고, 제도권 교육을 담당하고 있는 한문교사 및 대학의 한문교육을 전공한 연구자들의 관점이다. 즉 1972년 이후, 대학에서 한문을 전공하고 제도권 교육을 담당하고 있는 한문교사 및 대학의 한문교육 전공의 연구자들이다. 그들은 어문정책으로 한글전용을 인정한 위에, 순수하게 한문을 가르치는 것에 의해, 한문고전에 대한 독해능력과 이해능력을 양성하고, 한문고전의 현대 한국어로의 번역을 통하여 국어생활을 보다 윤택하게 할 필요성을 강조한다. 그렇지 않으면 일본처럼 한문과는 국어과에 흡수되어버린다고 우려하고 있다. 따라서 그들은 국어과와 독립된 한문과의 성격 및 교육목표의 실현을 통하여 한문과의 독립을 보지하려는 입장이다.


## 3. 한문교육의 목표

한문을 왜 배우고 가르치는가에 대해서 앞장에 제시한 세 가지 시각 중 국한문혼용을 주장하는 측과 한문과목의 독립을 주장하는 측의 의견을 비교하여보자.

우선 국문학자로서 오랫동안 한문교육에 진력하여 오면서 한국한문교육의 기틀을 다졌던 정우상 교수의 의견이다. 한자를 왜 배워야 하는가를 다음처럼 설명한다.

1. 한자는 우리 국어개념의 핵심을 이루고 있어 한자를 배우면 국어어휘의 이해와 그 활용에 매우 효과적이다.
2. 한자는 우리 전통문화를 계승·발전시키고 바람직한 인성을 기른다.
3. 한자는 동양의 공통언어이기 때문에 동양문화권의 조화를 이룬다.
4. 한자는 경제발전의 촉매제 역할을 한다.[7]

위의 의견은 국어학자의 입장에서 한자의 학습필요성을 개진한 것이다. 한자를 알면 우리 국어의 말하기와 듣기 읽기 쓰기 등에 올바른 이해와 표현을 할 수 있을 뿐만 아니라 제반 학술용어 개념을 정확히 파악할 수 있다고 하고, 또 한자의 강한 조어력으로 국어의 어휘력을 향상시킨다고 한다. 따라서 한자를 가르치는 것은 한문에의 복귀가 아니라 우리말을 폭넓고 체계적이며 경제적으로 손쉽게 이해하고 활용하는 수단으로 필요한 것이다

특히 네 번째 주장은 주목을 요한다. 21세기를 한자의 BESETO[8]벨트시대라고 인식하고 있다. 이것은 경제논리에 근거한 것으로 선진국인 일본과 무서운 경제성장을 하는 중국을 염두에 두고 한자를 경제발전의 필수로 보고 있는

---

7) 정우상, 「한자의 교수·학습 방법」, 『신한문과교육론』, 2000년, pp.393-397
8) 한자가 Bejing(北京), Seoul(서울), Tokyo(東京)의 벨트작용을 한다는 말.

것이다. 또한 국토의 관광자원화를 위해서 간판이나 표지물標識物의 한자 병기를 주장하고 있다.

이러한 네 번째 관점이 근거가 되어 실제로 사회에서의 한문교육이 교육현장에도 활용되었다. 국한혼용을 주장하는 각계각층의 인사들의 후원과 실천이 가시화된 것이 한국어문회를 비롯한 여러 단체의 '한자능력검정시험'이다.

다음은 대표적으로 국한혼용을 주장하는 민간단체인 한국어문회의 한문교육 목표를 살펴보자.[9]

1. 한자는 새천년의 경쟁력이자 평생교육의 주춧돌이다.
2. 한자를 가르치고 배우는 것은 미래와 삶에 대한 가장 현명한 투자이다.
3. 우리말을 제대로 사용하기 위함이다.

한국어문회가 추구하는 한자교육의 방향이 경제논리에 맞추어져 있음을 짐작하는 것은 어렵지 않다. 물론 국한문혼용을 기본노선으로 내걸고 있지만, 사교육시장에서의 활발한 성장을 도모하기 위해서는 한자교육의 경제성을 선두에 두지 않을 수 없었을 것이다.

다음은 한문과의 독립을 강조하는 측의 교육목표를 살펴보자. 이들의 의견은 대체로 현행의 한문과 교육과정 중 한문과의 성격이나 그 목표를 통하여 알아볼 수 있다.

---

9) 한국한자능력검정회(www.hanja.ne.kr)의 「전국한자능력검정시험 시행 취지」를 다운받아 정리함.


제1부 새로운 한문교육의 모색

제7차 한문과 교육과정에서 한문과의 교육목표를 살펴보자.


(1) 한자, 한자어, 한문을 익혀 언어생활에 활용하며, 한문문장을 독해할 수
  있는 기본적 능력을 기른다.
(2) 선인들의 삶과 지혜를 이해하며, 건전한 가치관과 바람직한 인성을 함
  양하고, 전통문화를 계승·발전시키는 데 기여하는 교과이다.
(3) 한자문화권 내에서의 상호 이해와 교류를 증진시키는 데 토대가 되는
  교과이다.[10]


우선은 언어생활에서의 활용을 목표로 제시하였다. 이것은 한국어 체언의
80% 정도가 한자어로 구성되어 있음을 염두에 둔 것이다. 물론 한국어 속의
한자어는 한글로 표기하여도 의사소통에 그다지 불편을 느끼지는 않는다. 그
러나 한자표현을 첨부하게 되면 좀더 적확하고 빠른 이해를 도모할 수 있다.

다음은 이른바 한문문장의 독해를 통하여 옛 선인들의 세계를 이해하고, 그
것을 현재의 인성교육에 활용한다는 목표이다. 이것은 전통에 대한 플러스적
인식이 선행된 뒤에 이루어 진 것이다. 한때는 전통에 대해서는 부정적인 반
면에, 서구적 가치에 대한 선망이 팽배하던 시기가 있었다. 그런 때에는 한문
교육이 제도권 교육에서 탈락되어 가치상실을 경험하기도 하였다.

세 번째 목표에는 작금에 일고 있는 한자문화권에 대한 재인식이 반영되어
있다. 한자를 사용하고 있는 지역의 상호이해와 그것에 바탕을 둔 활발한 교
류를 지향함이다.

---

10) 교육부고시 제1997-15호 〈별책 16〉, 『중학교 재량활동의 선택과목 교육과정』,
  28쪽.

이상이 학교교육에서 왜 한문교육을 하여야 하는가에 대한 설명이다. 또 『고등학교 한문과 교육과정 해설서』[11]에서 한문과의 성격을 다음처럼 규정하고 있다.

  (1) 한문교과는 국어어휘의 많은 부분을 차지하는 한자어 학습을 통하여 언어생활에 도움이 될 수 있는 일반교양을 기르게 하는 교과이며, 다른 교과를 학습하는 데 도움을 주는 도구교과적인 성격을 지닌다.
  (2) 한문교과는 한자로 기록된 각종 전적을 깊이 있게 이해하는 데 필요한 기본적인 소양을 기르기 위한 교과이다.
  (3) 한문교과는 선인들의 삶의 모습과 지혜, 사상과 감정을 이해하고 올바른 가치관을 가지도록 하는 데에도 유의해하는 교과이다.

위의 설명은 '원활한 국어생활과 학교생활을 도와주는 도구교과', '전통문화 이해', '가치관 확립'을 하는 데 도움이 되는 교과가 한문교과라는 것이다. 한자로 기록된 전적을 이해하는 데 기본적 소양을 기르고, 그것을 바탕으로 올바른 가치관을 함양한다는 구도이다. 경제적인 논리보다 한문교육의 순수한 목적에 충실하고 있는 점이 주목할 만하다.

이처럼 한문전적을 독해하는 능력을 양성하면, 한문으로 남겨진 창작물은 국적에 관계없이 서로 이해할 수 있을 것이다. 그러면, 한문전적은 창작된 지역(나라)에만 속하는 것이 아니라, 한문을 읽을 수 있는 모든 사람의 공용자산이 된다. 한자문화권에 속해 있다는 것은, 한자를 통하여 인식할 수 있는 공통의 교양을 토대로 하여, 한자문화권의 과거와 현재와 미래를 상호간에 보다

---

11) 교육부, 『고등학교 한문과 교육과정 해설서』(대한교과서 주식회사, 서울, 1995).


제1부 새로운 한문교육의 모색

친밀하게 느끼고, 이해할 수 있다는 것을 의미한다.

## 4. 한문교과서 제작의 제도적인 요건

한국의 한문교과서는 현재 제7차 교육과정에 따른 교과서를 사용하고 있다. 제7차 교육과정에서는 학습자를 중시하는 교육과정을 구현하여 교육의 질을 높이겠다는 기본방향을 설정하고, 수준별 교육과정 개념을 도입하였다.

제6차 교육과정의 교과서까지는 신국판 판형이었으나, 제7차 교과서는 4×6배판으로 책의 크기가 커지고, 본문 편집에서도 2도 인쇄가 허용되었으며, 지질도 고급용지를 사용하고 있다. 더욱이 사진·삽화의 사용을 권장하고, 최신의 편집기법을 활용하여 교과서의 외형적 고급화를 추구하고 있다. 이런 변화는 학생들의 학습에 대한 흥미를 높이는 데 기여할 뿐만 아니라, 연구자들에게도 자국의 교과서에 대한 자긍심을 고양하는 데 도움이 되고 있다. 교과서를 살펴보면 그 나라의 경제수준과 출판문화를 판가름할 수 있다는 말이 있을 정도로 교과서의 수준은 국가문화의 바로미터이기도 하다.

현재 한국의 한문교과서는 중학교에서 사용하는 『한문 1』·『한문 2』·『한문 3』과, 고등학교에서 사용하는 『한문』·『한문고전』이 있다. 중학교의 『한문』은 비교적 한자어와 단문으로 구성되어 기초학습을 지향하는 반면, 고등학교 『한문』에서는 이를 바탕으로 좀더 난이도를 갖춘 한자어와 한문으로 구성된다. 『한문고전』은 인문·사회 계열 중에서 한국학과 동양학을 전공하려는 일부의 학습자만이 선택하는 교과서이다.

교과서의 제작은 교육부에서 배부되는 『집필상의 유의점』(1999)에 따라 집필된 뒤에, '교과서검정기준'에 의해 검정을 받게 된다.[12] '한문' 교과서 집필의 유의사항은 다음의 5개 항목이다.


　가. 내용의 선정과 조직,

　나. 단원의 구성체제,

　다. 내용의 수준과 범위,

　라. 진술방법 및 지면구성,　마. 기타


그 가운데 '내용의 선정'의 영역에서 주목을 요하는 것은 다음의 두 가지
이다.


(나) 내용은 학생의 욕구를 충족시킬 수 있도록 가능한 재미있고, 감동적이
　　며 학생들에게 교훈적인 것을 고려하여 선정한다.
(마) 한문문장은 일상생활과 관계가 깊고 평이하며, 전통문화의 이해와 올
　　바른 가치관을 확립하는 데 도움이 되는 것을 선정하며 고전은 그 제재
　　수로 보아 우리나라 것이 50% 이상 되도록 선정한다. 〈(가),(다),(라) 생략〉


특히 (마)항의 '고전은 그 제재수로 보아 우리나라 것이 50% 이상' 되도록
한다는 규정은, 한국의 한문교과서의 특색을 단언하고 있는 규정이다. 한문교
과서의 한국화를 추구하고 있음을 알 수 있다. 같은 한자문화권인 일본 고등학
교 한문교과서의 경우는 거의 대부분이 중국고전으로 되어 있고, 일본고전은
극히 적은 양에 그치고 있다. 따라서 위와 같은 규정은 주목할 만하다고 본다.


---

12) 한예원,「제7차 고등학교 교육과정에 따른 한문교과서의 집필지계執筆指針의 특
　　징과 문제점」,『한문교육연구』22호, 2004.

다음은 '내용의 조직'에 관한 요구이다.

(다) 한문과목의 특성을 살려 학습의 효율성을 높이고, 쉽고 재미있게 체계
적으로 학습할 수 있도록 조직한다.
(마) 한자의 쓰임, 문장의 구조, 문장의 형식에 대한 지도내용은 예문을 제
시하고, 문장독해를 원활히 하는 데 주안을 두어 조직한다. 〈(가), (나),
(라) 생략〉

여기의 요지는 학습내용이 용이하게 조직되어, 학습자의 흥미를 유발할 것
을 요구하고 있는 것이다. 이 '내용의 조직'에 제시된 요구사항은 교과서 검정
의 당락을 결정하는 요소가 되므로 집필자는 무엇보다도 주목하는 부분이다.
교과서 집필에 있어서 1차적으로 참고해야 할 항목이 바로 '내용의 수준과
범위'이다. 교과서 집필의 실제적인 기본재료가 되는 한자·한자어의 활용과
한문의 독해, 그리고 한자의 지도범위가 제시되어 있다. 그 중에서도 특히 주
목을 요하는 것은 다음의 규정이다.

(3) 한자의 지도범위는 고등학교 한문교육용 기초한자(1972. 8. 16 문교부 제정)
를 원칙으로 한다. 부득이하여 추가 지도할 수 있는 한자는 100자 이내
로 하되 인명, 지명 등의 고유명사는 제한을 받지 않으며, 초과하는 한
자는 효과적인 방법으로 구분하여 제시한다. 〈이 외의 4항목은 생략함〉

고등학교 한문교과서는 고등학교 교육용 기초한자 900자를 근거로 하여
제작하고, 중학교 한문교과서는 중학교 교육용 기초한자 900자가 집필의 근
거가 된다.

그러면, 한국의 한문교과서 제작의 특색에 있어서 그 요목만 정리하여보자.

1) 「쉽고 재미있는 한문교과서 만들기」 : 어렵고 재미없는 한문과목의 이미지를 쇄신하기 위한 요구일 것이다. 필자도 그런 취지에 완전히 동감하지만, 조금 표현을 바꿀 필요성을 느낀다. 앞으로의 한문교과서는 학습자가 한문표기 저작물 및 그것이 담고 있는 옛것에 대하여 '관심과 흥미'를 갖도록 견인해주는 길잡이가 되기를 바란다.

학습자가 옛것에 '관심과 흥미'를 갖게 하는 것이 한문교과서의 우선적인 목표가 될 경우, 한문교과는 언어생활에 활용하는 한자·한자어를 학습하는 수준에서 그치지 않고, 명실상부하게 전통적 사회와 문화를 종합적으로 접하는 문화학습장이 될 것이다.

2) 「고등학교 한문교육용 기초한자 900자를 이용한 교과서 제작」 : 고등학교의 한문교과서를 제작할 때 사용되는 한자가 겨우 900자 정도이라는 것이다. 물론 이론적으로는 중학교에서 지도하는 900자와, 그 외 교육용 한자를 벗어나는 100자도 활용하여, 총 1,900자 정도가 되지만, 실제로 교과서에 소개하는 한자의 수는 1,000자 정도를 넘지 않는다. 이 정도의 한자수로는 일상생활에 필요한 한자어의 학습에도 충분하지 않을 것이다. 그런데 한문문장 의 독해력 양성까지 한다는 것은 어떻게 이해하여야 할 것인가? 따라서 중·고교 합쳐서 2,500자[13] 정도를 지도할 수 있도록 교과서의 '집필지침' 내용을 개선할 필요가 있다.

3) 「교과서의 한문제재의 50% 이상은 우리 고전」 : '검정기준' 의 항목이기도 한 이 요구는 한국의 한문교과서의 특색이다. 이 점은 중국이나 일본

---

13) 진재교(2002)는 한자학습용으로 2,500자 정도를 추천하고 있다.

 제1부 새로운 한문교육의 모색

의 한문교과서에는 보이지 않는 한국만의 항목이다. 우리 고전의 중요성을 인정하는 이와 같은 요구에 대해서 필자도 매우 지지하는 입장이다. 그런데 나머지 50%의 제재의 내용에 대한 구체적인 지시사항이 보이지 않는다. 이에 필자는 한문교육과정에 자주 거론하고 있는 '한자문화권 내에서의 상호이해 증진'이라는 항목에 초점을 맞추어, 한자문화권의 한문고전을 골고루 활용할 것을 제의하고자 한다.

한문교과서는 특성상 집필자가 작성한 문장이 학습내용으로 제시되는 것이 아니다. 집필자라고 하여도 다양한 고전에 관한 지식을 바탕으로 하여 교육과정의 교육목표에 적절한 내용을 취사선택할 따름이다. 따라서 앞으로의 집필자는 한자문화권의 공동유산인 '한문고전'에 대한 깊이 있는 이해를 갖고, 그것을 한문교과서 제작에 살려나가야 할 것이다.

그런데 현재 고등학교 한문교과서 10종류의 출전을 분석한 것이 다음의 〈표1〉이다. 분석방법은 10종 교과서[14]의 지문에 인용된 출전의 빈도수를 조사하여 한국과 중국으로 구별하고 그 순위를 매겨본 것이다.

〈표1〉 한국 고등학교 한문교과서의 한국고전 출전 빈도수

| 순위 | 고전명 | 빈도수 |
|---|---|---|
| 1위 | 耳談續纂 | 22회 |
| 2위 | 旬五志, 三國遺事, 三國史記 | 15회 |
| 3위 | 洌上方言, 燕岩集 | 10회 |
| 4위 | 芝峯類說, 栗谷全書 | 9회 |
| 5위 | 新增東國輿地勝覽 | 8회 |

14) 교과서는 교학사, 금성출판사, 두산, 대학서림, 대한교과서, 새한교과서, 정진출판사, 중앙교육진흥연구소, 지학사, 천재교육의 10개 출판사에서 출판·시판되고 있음.

| 6위 | 擊蒙要訣, 退溪集, 北學議, 東諺解 | 7회 |
| 7위 | 東言考略, 太平閑話滑稽傳, 東文選, 與猶堂全書 | 6회 |
| 8위 | 東國歲時記, 擇里志, 靑莊館全書, 圃隱集, 訓民正音 | 5회 |
| 9위 | 豹庵集, 東國李相國集, 里鄕見聞錄, 練藜室記述 | 4회 |
| 10위 | 於于野談, 芝峯集, 嘉林世稿, 大東奇聞 | 3회 |

위의 〈표1〉에 제시된 고전의 총수는 30종이다. 이외에 2회씩 출전으로 인용된 고전이 22종 있고, 또 1회만 출전으로 인용된 고전이 52종 있다. 따라서 현재 고등하교 한문교과서에 인용된 한국고전의 종류는 총 104종이다. 그 중에서 가장 빈도수가 높은 것은 『이담속찬』으로 22번이나 인용되었다.

다음은 같은 방법으로 중국고전의 인용 빈도수를 조사한 것이다.

〈표2〉 한국 고등학교 한문교과서의 중국고전 출전 빈도수

| 순위 | 고전명 | 회수 |
|---|---|---|
| 1위 | 論語 | 24회 |
| 2위 | 明心寶鑑 | 21회 |
| 3위 | 史記 | 15회 |
| 4위 | 孟子 | 14회 |
| 5위 | 韓非子 | 13회 |
| 6위 | 古文眞寶 | 11회 |
| 7위 | 老子 | 9회 |
| 8위 | 莊子 | 8회 |
| 9위 | 戰國策, 小學, 唐詩選 | 7회 |
| 10위 | 禮記, 文選 | 6회 |
| 11위 | 大學, 後漢書, 中庸 | 5회 |
| 12위 | 李太白集, 周易, 宋史, 呂氏春秋, 荀子, 三國志 | 4회 |
| 13위 | 韓昌黎集, 孔子家語, 孝經, 列子, 烈女傳, 墨子 | 3회 |



제1부 새로운 한문교육의 모색

위의 〈표2〉에 제시된 고전의 총수는 28종이다. 이외에 2회씩 출전으로 인용된 고전이 9종 있고, 또 1회만 출전으로 인용된 고전이 25종 있다. 따라서 현재 고등학교 한문교과서에 인용된 중국고전의 종류는 총 62종이고 가장 빈도수가 높은 것은 『논어』이다.

10종의 고등학교 교과서에 인용된 한국고전의 회수가 총 314회이고 중국고전의 회수가 총 272회 정도이다. 이런 숫자의 비교를 통하여 한국의 한문교과서는 교과서 집필지침의 요구대로 지문의 50% 이상을 한국고전에서 인용하고 있음을 알 수 있다. 다만 인용된 우리 고전이 일부분에 편중되어 아직은 다양하지 못한 상황이 아쉬운 점이다.


## 5. 맺음말 – 한문교육의 미래에 관하여

국어의 발전이란 결국 무엇을 의미하는 것일까? 국어를 이용하여 원활한 의사소통을 이루고, 각자 조상이 유산으로 남겨준 고전의 세계를 감상하고 이해하며, 다시 창조적인 표현을 통하여 후손에게 유산으로 남겨줄 작품을 만들어가는 것이리라. 이런 국어 본래의 목표를 수행하기 위해 한글과 한문은 서로 같은 범주 안에 있다. 한쪽의 쇠퇴가 한쪽의 영광이 될 수 없음은 자명한 사실이다. 서로의 도움으로 우리의 국어생활은 보다 충실해지고 발전하게 되는 것이 아니겠는가? 이러한 자세에서 우리의 국어생활(한자 · 한문교육을 포함)은 다시금 반성되어져야 한다고 생각된다.

'한문고전' 하면 일반적으로 한문으로 된 중국고전이라는 이미지이다. 한자가 동아시아의 공통문어였던 만큼, 한문으로 된 고전에는 중국에서 만들어진 것만 있는 것이 아니라, 조선반도에서 만들어진 것과 일본에서 만들어진 것이 있다. 하지만 이 조선과 일본의 한문고전은 중국고전보다 하위에 두고 중국고전 중심으로 한문을 배우고 익혀왔던 것이 한자문화권의 오래된 관행이었다. 그러나 이제부터는 한자문화권의 한문고전을 우리의 공통자산이라고 생각을 바꿀 필요가 있다. 이러한 이해 위에서 미래의 한문교육의 방향을 잡아나가야 할 것이다.

한문교과서는 그 특성상 집필자가 작성한 문장이 학습내용으로 제시되지 않는다. 집필자는 한문문화권의 다양한 고전에 관한 편견 없는 관점으로 한문교육목표에 적합한 문장을 선택하여 소개하게 되기를 기대한다. 그리하여 미래의 한문교과서는 한자문화권의 공통유산인 한문고전이 다양하게 소개되어 심도 있는 자료로서 사용되기를 바란다.

학습자로 하여금 한문 및 그것의 현대어 번역문을 통해서 시간과 공간을 넘어서의 다양한 체험을 축적하게 하기 위해서 한문교육은 문화교육의 개념으로 다시 생각되어져야 한다고 본다.[20] 한문고전 속에 담겨진 인생과 자연에 관한 글, 또는 역사 유적에 남겨진 한자문화를 통하여 시간과 공간을 초월하는 문화체험이 가능한 것이 한문과목이 아닐까 하고 생각한다.

〈『한문학보』 우리한문학회, 2004〉

---

20) 한문과의 문화교육개념에 관해서는 졸고 「중학교 한문과의 평가에 있어서의 문제점과 개선방안」(『한문교육연구』 제19호, 2002)을 참조 바람.

 제1부 새로운 한문교육의 모색

# 일본 초·중·고 학교의
# 한자·한문교육의 특징

## 1. 머리말

'한자문화권'이라는 개념이 익숙하게 된 오늘날, 각 나라의 언어생활에 한자·한문이 실제로 어떤 역할을 하고 있는지를 상대적으로 비교하여 보는 것은 각국의 개별성을 이해함에 매우 도움이 된다. 다시 말해 전통시대 동아시아권의 공용문어였던 한문이 현재의 언어·문자생활에 어떤 양상을 띠고 있는지를 비교 검토하는 것이다.

한자의 고향인 중국도 오늘날의 문자 생활은 간체자에 의지하고 있다. 이는 한자학습의 곤란함을 해소하기 위한 교육지책이지만, 현재의 중국을 이해하는 데 우선 고려되어야 할 요목 중의 하나이다.

한국은 현재 국어전용의 어문정책이 시행되고 있다. 다만 언어생활을 보다 원활하게 하기 위한 보조수단으로 한자가 허용되고 있는 실정이다. 이것 또한 한국을 한자문화권의 일원으로 이해함에 있어서 우선 고려해야 할 코드이다.

그럼 일본의 경우는 어떠한가? 일본의 국어생활은 원칙적으로는 '화한혼용

和漢混用'이다. 이것은 우리나라 국한문혼용과 비슷하지만, 일본어의 경우는 용언도 한자의 훈독을 활용하고 있으므로 한자의존도가 훨씬 높다.[1] 따라서 일본의 국어생활은 한자를 제외하고는 성립할 수 없다고 말하여도 과언이 아닐 정도이다. 이 점은 우리의 현재 국어생활과 가장 차별되는 점이다.

이렇듯 중국·한국·일본은 한자문화권으로 통칭되고 있지만, 각국은 자국이 갖고 있는 자체 문제점을 해결해나가는 방향으로 진행하여, 현재는 상당히 서로 다른 양상을 노정하고 있는 실정이다. 특히 한국은 해방 이후 한글의 우수성에 대한 자부심과 창의성에 대한 만족으로 한글전용의 어문정책을 실시하여왔다. 하지만 일각에서는 한자를 소홀히 하는 언어생활에 심한 우려를 표시하고 있는 것도 사실이다. 이러한 우려는 교육현장의 문제에서 시작되어 점차 사회 다방면으로 확산 일로에 있다.[2]

이러한 어문정책의 결점을 지적하고 해소하려는 경우, 대체로 일본의 한자교육과 비교하여 대안을 제시하는 경우가 많다. 이는 그다지 바람직한 방향은 아니지만, 한자를 수입하여 모국어를 표기하는 문자로 사용하였다는 역사성과, 아직도 현대 언어생활의 많은 부분에 한자어가 생명력을 유지하고 있다는 점에서, 일본에서 한자·한문교육을 수행하는 방향성과 목적 등을 적확하게 이해하는 것은 우리의 언어생활에서 한자교육의 방향성을 설정함에 많은 도

---

1) 예를 들면 한국어의 경우는 체언에서는 한자의존도가 높지만 용언의 경우는 '살다', '먹다', '자다' 등 고유 한국어로 표기하고 있지만, 일본어의 경우는 체언은 물론이고 용언의 경우도 '生る', '食べる', '眠る'처럼 어간 부분에는 해당 한자를 표기하고 활용어미 부분만 일본 가나로 표기하고 있다.
2) 자주 거론되는 안건으로는 자신의 이름과 호적지, 그리고 부모의 이름조차도 한자 쓰기가 안 된다는 예와, 간단한 시사용어의 한자읽기가 어렵다는 것 등이다. 여기에 덧붙여 각 전공용어 중의 한자어에 대한 이해부족으로 강의 및 교육의 어려움 등이 거론되었다.

움이 될 것이다. 이 논고는 이러한 기대에 부응하기 위하여 일본의 현행 초·중·고의 국어교육에서 실시되고 있는 한자·한문교육의 특징을 고찰하고, 그를 계기로 우리 한문교육의 문제점을 제고하고, 그 해결방안을 모색하여 전망을 제시하고자 한다.

## 2. 일본의 교육과정인 '학습지도요령學習指導要領'

우리나라의 교육인적자원부가 고시하는 '교육과정'에 해당하는 것이 일본의 경우는 문부과학성이 고시하는 '학습지도요령學習指導要領'이다. 현재 일본의 초·중·고등학교는 1998년(平成 10년)에 개정되어 2002년(平成 14년)부터 시행되고 있는 학습지도요령(문부성 고시 제175호)에 의거하여 교육이 이루어지고 있다.[3] 지도요령이 개정·확정되고 실제로 학교현장에 실행되는 것은 5년 뒤로 하고 있으며, 그 시행하기 전 2년 동안은 준비기간으로 특례를 만들어 완충기간을 두고 있는 것은 주목할 만하다.

개정된 학습지도요령의 가장 큰 특색은 '여유(ゆとり)'를 갖으면서 '특색 있는 교육'을 전개하는 것이다. 이는 개정된 학습지도요령이 주5일제 수업이 완전히 시행되는 시점에서 시작되었기 때문이라고 생각한다. 또 이 새로운 지도요령은 학생들이 기초적·기본적 학습내용을 몸에 익히는 것은 물론이고, 스스로 배우고 스스로 생각하는 힘 등의 '살아가는 힘(生糸きる力)'을 기르는 것

---

3) 소고에서 참조한 학습지도요령은 문부성文部省이 제작한 『小學校學習指導要領解說-國語編』, 『中學校學習指導要領解說-國語編』, 『高等學校學習指導要領解說-國語編』(1999)이다.

을 특징으로 한다.[4] 이를 위한 구체적인 방안이 다음의 다섯 가지가 있다.

1) 수업시수의 감축과 교육내용의 엄선
2) 각 개인에 따른 지도의 충실
3) 체험적·문제해결적인 학습활동의 중시
4) 종합적인 학습시간의 창설
5) 선택학습 폭의 확대

위의 구체적 항목에서 알 수 있듯이, 개정된 학습지도요령은 우리의 제7차 교육과정과도 유사점이 많다. 이전의 학습중심·지식중심에서 벗어나, 수업 시수를 감축하고 현장학습과 선택학습에 의한 자기 주도적 학습 쪽으로 방향을 전환하고 있다. 그것을 일본의 학습지도요령에서는 '여유'와 '살아가는 힘'으로 표현하고 있는 것이다.

여기서 잠깐 현재의 개정된 학습지도요령의 특색을 선명히 하기 위하여 이전의 학습지도요령과 비교해보자.

1) 1968~70년(昭和43~45년)에 개정된 학습지도요령에서는 '교육내용의 현대화'를 특징으로 삼고 있다.
2) 1977~78년(昭和52~53년)의 개정에서는 '여유 있고 충실한 학교생활의 실현'을 목표로 하면서, 학습부담의 적정화를 추구하였다. 이 목표의 실현을 위해 교과내용은 중요한 사항만으로 단축되었다.
3) 1989년(平成 元年)의 개정에서는 이전의 지도요령과 질적 차이를 드러내

---

4) 學習指導要領パンフレット(教師向け)(www. mext.go.jp).

 제1부 새로운 한문교육의 모색

고 있다. 즉 학생 스스로가 사회변화에 대응할 수 있도록 '넉넉한 마음의
인간을 육성'하는 것이 목표이고, 그를 위해 생활과를 신설하고 도덕교
육을 강조하였다.
4) 현행의 1999년 개정에서는 이러한 변화노선을 보다 선명하게 드러내고
있다. 즉 스스로 배우고 스스로 생각하여 '살아가는 힘'을 육성하는 것
이 목표이다.


위의 비교에서 알 수 있듯이, 지도요령이 현행의 교육노선 쪽으로 방향을
전환하기 시작한 것은 헤이세이平成 원년의 개정부터이다. 이는 대내적으로
는 구시대의 쇼와천황昭和天皇에서 신시대의 헤이세이천황平成天皇으로의 변
화가 있었고, 대외적으로는 지구규모의 글로벌 시대의 도래에 대한 준비이기
도 하였다. 이 헤이세이시대의 개막과 함께 일본교육의 중추는 지식중심에서
벗어나 생활중심·인성중심의 통합교과로 옮겨가게 되었다. 또 집단을 대상
으로 한 획일적인 학습·평가방법을 지양하고, 소인수 지도, 학습정도에 따라
개별지도에 비중을 두면서 학생 한 명 한 명의 학습상황을 적절하게 평가하려
고 노력하고 있다.

일본의 학교교육에서 '학습지도요령은 최저수준最低水準이다'라는 말이 사
용된다. 이 말은 학습지도요령을 제시하는 문부과학성의 기본입장이기도 하
다. 전국적으로 각기 다른 학교현장에서 적어도 학습지도요령이 제시하는 내
용만큼은 전국 어느 곳의 학교에서도 반드시 아동들에게 지도되어지길 바란
다는 의미이다.

각 학교는 현행 학습지도요령 아래 국립교육정책연구소가 전국적으로 실
시하는 학력검사(교육과정실시상황조사)를 받게 된다. 그 검사결과에 입각하여
각 학교는 교육과정 실시상황 등에 대해 자기점검·자기평가를 하고 있다. 따

라서 문부과학성이 고시하는 학습지도요령이란 반드시 학교현장교육을 지도하고 통제하는 구실을 한다고는 볼 수 없다.[5] 그렇기 때문에 학습지도요령은 교육의 최저수준만 유지하면 된다고 바꾸어 말할 수도 있다.

다음에는 학습지도요령 중 국어과의 내용을 초등학교·중학교, 그리고 고등학교로 나누어 살펴보려 한다. 주지하는 것처럼, 현행 일본의 한자·한문학습은 독립교과가 아니라 국어과 속에 포함되어 있다.


## 3. 초등학교의 한자교육

일본 초등학교에 있어서의 한자교육의 가장 두드러지는 특색은 학습지도요령에서 제시하고 있는 〈학년별한자배당표〉의 한자를 학습하는 것이다. 소학교 6년 과정에서 모두 1,006자의 한자를 학습한다. 초등학교 학습지도요령[6]에서 한자·한문은 독립교과가 아니기 때문에 한자에 관한 사항은 국어과의 언어사항 중 '문자에 관한 사항'에서 그 개괄적 모습이 제시되어 있다.

국어과 초등학교 학습지도요령의 서술은 두 개 학년이 한 조로 정리되어 있다. 1·2학년, 3·4학년, 5·6학년의 세 부분으로 되어 있는데, 이것은 국어과의 지도내용이 계통적·단계적으로 상급학년과 연계되고, 또 나선적이며 반복적으로 학습하는 것을 기본으로 하기 때문이다. 두 개 학년 중, 후학년後學年의 학습목표 중에 지도내용을 중점적으로 설명하면서 확실한 국어실력의 정착을 기대하고 있다.

---

5) 심경호 (2000).
6) 小學校學習指導要領(文部省告示第175号) (www.mext.go.jp).


제1부 새로운 한문교육의 모색

좀더 자세하게 살펴보자. 제1학년에서는 〈학년별한자배당표〉의 1학년용 한자 80자[7]를 **읽고** 점차로 쓸 줄 알게 지도하고, 2학년에서는 1학년에 배당된 한자를 **쓰고** 글과 문장 속에서 사용함과 함께 제2학년에 배당된 한자 160자[8]를 점차로 쓸 수 있도록 지도한다.

일조一組 중 전학년前學年에서는 한자 읽기 지도에 중점을 두고, 후학년에서는 읽을 줄 아는 한자를 정확하게 쓸 수 있도록 지도하는 것이 일본 초등학교 한자교육의 기본원칙이다. 이 원칙을 시행함에 학생의 정도에 따라 점진적으로 지도하며, 후학년의 한자쓰기 교육에는 낱자의 암기는 물론이고, 글과 문장 속에서 적합하게 사용하는 쓰기교육까지 지도하고 있다.

이런 한자쓰기 지도는 한자학습에 반복성이 얼마나 중요한지를 염두에 둔 교육방법으로, 새로 개정된 학습지도요령에서 특히 강조하고 있는 학습 권장사항이기도 하다. 특히 개정된 교과서에서는 학습지도요령을 수용하여 전학년에서 학습한 한자를 여러 방법을 동원하여 직접 써볼 수 있도록 구성되어 있다. 점차로 컴퓨터 사용의 확대로 학생들이 한자쓰기를 기피하여 어문생활에 여러 가지 사회문제가 야기됨에 따른 조치일 것이다.

〈학년별한자배당표〉에서 3학년 · 4학년[9]에는 각각 200자의 한자가 배당되

---

7) 〈학년별한자배당표〉 제1학년 : 一右雨円王音下火花貝学気九休玉金空月犬口校左三山子四糸字耳七車手十出女小上森人水正生青夕石赤千川先早草足村大男竹虫町天田土二日入年白八百文木本名目立力林六五 (８０字).

8) 2학년 : 引羽雲園遠何科夏家歌画回会海絵外角楽活間丸岩顔汽記帰弓牛魚京強教近兄形計元言原戸古午後語工公広交光考行高黄合谷国黒今才細作算止市矢姉思紙寺自時室社弱首秋週春書少場色食心新親図数西声星晴切雪船線前組走多太体台地池知茶昼長鳥朝直通弟店点電刀冬当東答頭同道読内南肉馬売買麦半番父風分聞米歩母方北毎妹万明鳴毛門夜野友用曜来里理話(１６０字).

9) 3학년 : 悪安暗医委意育員院飲運泳駅央横屋温化荷界階寒感漢館岸起期客究急

어 있고, 5학년은 185자[10], 6학년은 181자[11]가 배당되어 있다. 지도방법은 위의 1·2학년 경우와 같지만, 한자의 유래 특질 등에 대한 설명과 문어체文語體의 문장을 음독하고 문어文語 분위기에 익숙해지도록 구성되어 있다. 일본의 화한혼용의 어문정책에서는 한자 단독의 음독뿐만 아니라, 문장 속에서 한자를 읽고 사용하는 것이 중요하다. 따라서 문맥 속의 의미에 한자를 적합하게

---

級宮球去橋業曲局銀区苦具君係軽血決研県庫湖向幸港号根祭皿仕死使始指歯
詩次事持式実写者主守取酒受州拾終習集住重宿所暑助昭消商章勝乗植申身神
真深進世整昔全相送想息速族他打対待代第題炭短談着注柱丁帳調追定庭笛鉄
転都度投豆島湯登等動童農波配倍箱畑発反坂板皮悲美鼻筆氷表秒病品負部服
福物平返勉放味命面問役薬由油有遊子羊洋葉陽様落流旅両緑礼列練路和開
（２００字）.

4학년 : 愛案以衣位囲胃印英栄塩億加果貨課芽改械害各覚完官管関観願希季紀
喜旗器機議求泣救給挙漁共協鏡競極訓軍郡径型景芸欠結建健健固功好候航康
告差菜最材昨札刷殺察参産散残士氏史司試児治辞失借種周祝順初松笑唱焼象
照賞臣信成省清静席積折節説浅戦選然争倉巣束側続卒孫帯隊達単置仲貯兆腸
低底停的典伝徒努灯堂得働特得毒熱念敗梅博飯飛費必票標不夫付府副粉兵別
辺変便包法望牧末満未脈民無約勇要養浴利陸良料量輪類令冷例歴連老労録街
（２００字）.

10) 5학년 : 圧移因永営衛易益液演応往桜恩可仮価河過賀解格確額刊幹慣眼基寄
規技義逆久旧居許境均禁句群経潔件券険検限現減故個護効厚耕鉱構興講混査
再災妻採際在財罪雑酸賛支志枝師資飼示似識質舎謝授修述術準序招承証条状
常情織職制性政勢精製税責績接設舌絶銭祖素総造像増則測属率損退貸態団断
築張提程適敵統銅導徳独任燃能破犯判版比肥非備俵評貧布婦富武復複仏編弁
保墓報豊防貿暴務夢迷綿輸余預容略留領快（１８５字）.

11) 6학년 : 異遺域宇映延沿我灰拡革閣割株干巻看簡危机貴疑吸供胸郷勤筋系敬
警劇激穴絹権憲源厳己呼誤后孝皇紅降鋼刻穀骨困砂座済裁策冊蚕至私姿視詞
誌磁射捨尺若樹収宗就衆従縦縮熟純処署諸除将傷障城蒸針仁垂推寸盛聖誠宣
専泉洗染善奏窓創装層操蔵臓存尊宅担探誕段暖値宙忠著庁頂潮賃痛展討党糖
届難乳認納脳派拝背肺俳班晩否批秘腹奮並陛閉片補暮宝訪亡忘棒枚幕密盟模
訳郵優幼欲翌乱卵覧裏律臨朗論揮（１８１字）.

사용할 수 있도록 중점을 두고 지도한다. 학습자가 한자학습 그 자체에 고통을 느끼지 않도록 유의하고, 스스로가 자진해서 한자를 사용하려는 의욕을 갖도록 주의하며, 학습부담이 과중하게 되지 않도록 배려하고 있는 점이 주목되는 점이다. 이러한 의도하에 다음과 같은 규정을 제시하였다.

가) 학년별로 배당된 한자는 아동의 학습부담을 배려하면서 필요에 따라 해당 학년 이전의 학년 또는 해당 학년 이후의 학년에서도 지도할 수 있음.
나) 해당 하년보다 다음 학년에 배당된 한자 및 그 이외의 한자를 필요에 따라 제시하는 경우는 한자의 음을 붙이는 등, 아동의 학습부담이 과중하지 않도록 배려할 것.
다) 한자를 지도함에 있어서 학년별한자배당표에 있는 한자의 글자체를 표준으로 할 것.

즉 학습용 한자를 학년별로 배당을 하여놓았지만, 학생의 학습능력에 맞추어 가감을 조절하며, 또 한자의 표준글자체를 제시하고 있다. 그것은 한자의 활자체가 교과서에 따라 다소 세부적인 차이가 있음을 고려하여 한자배당표의 글자체를 표준으로 한다는 요지이다. 이상이 학습지도요령을 통하여 본 일본 초등학교 한자교육의 개괄이다. 다음은 이러한 것이 실제 교과서에는 어떻게 반영되어 있는가를 살펴보자.

2003년에 출판된 광촌도서光村圖書의 국어 1학년(上)의 교과서에는 1학년용 배당한자표 80자 중에서 14자가 제시되어 있다.[12] 총98쪽 중 '大'라는 한

---

12) 이하 초·중학교 국어교과서는 모두 光村圖書出判의 교과서를 사용함. 개정 전 학습지도요령에 따라 집필된 1999년판 光村圖書의 1학년 교과서에는 25자가 제시되어 있다.

자가 출현하는 것은 64쪽 이후이며, 신출한자에 대해서는 본문 아랫부분에 그 한자의 음을 주註로 표시하고 있다. 개정된 교과서는 간단하게 그것뿐이다. 여기서 현행 학습지도요령의 목표가 개정 교과서에 충실히 반영되어 있음을 실감한다. 즉 한자에 대한 부담감을 가능한 주지 않으려는 배려이다.

그러나 개정 이전의 1999년판 교과서에서는 본문이 끝나는 부분에 한자의 필순과 해당한자의 어원에 대한 설명을 첨부하고, 한자 부분을 그림으로 처리한 문장을 제시하여 그림에 알맞은 한자를 써보도록 하고 있다. 이는 우리나라 중학교 1학년 교과서의 상형문자를 설명하는 소단원과 유사한 체제이다.

처음 배우는 한자는 대체로 훈독 위주로 되어있다. 예를 들면, '大(おお)きい', '犬(いぬ)' 등, 생활에 자주 사용하는 단어에 한자를 대입하여보는 형식이다. 이는 국어문장 속에 한자를 사용하기 위한 연습과정으로, 한자교육이 일본어를 적절하게 표현하고 정확하게 이해하는 능력을 기르고 상호 의사소통을 보다 원활히 한다는 국어교육 본래의 목표에 기여하기 위한 구성이라고 생각된다.

2학년까지는 한자의 음독보다는 훈독 위주로 구성되나, 권말의 부록에는 1학년 배당한자표에 대해서도 음독의 설명을 제시하여 점차 음독에도 익숙해지도록 구성되었다. 개정 전의 교과서에서는 2학년 이상의 경우, 한자를 설명하는 독립 코너가 한 곳씩 마련되어 한자의 구조라던가 조합원리를 그림을 사용하여 설명하였다.

예를 들면, 2학년에서는 '동일한 부분을 갖는 한자'에 대한 설명이 있고, 국어2 상에서는 실례로 '돌, 줄다리기 모습, 입, 계곡, 도약대' 등을 그림으로 그려놓고 그 위에 '石, 合, 口, 谷, 台' 등의 한자를 쓰고 모두 '口'를 부분으로 갖는 한자들임을 알게 한다. 이것은 수많은 한자를 기계적으로만 암기하는 것이 아니라 한자 자체의 조합원리에 대한 이해를 통하여 한자를 알아가도록



제1부 새로운 한문교육의 모색

하는 방법으로 한자를 친숙하게 여기고 쉽게 암기할 수 있게 하기 위함이다.

3학년에서는 앞의 한자들에 보이는 동일 부분에 대한 이해를 심화시켜 한자의 부수를 이해하게 한다. 예를 들면 '池'와 '波'의 동일 부분을 공통으로 하는 '海·港·湖·泳' 등은 물과 관계가 있는 한자가 많다는 것을 통해 'ⅰ'가 부수임을 설명한다. 이 밖에 3학년 교과서 중 한자에 관련된 특징은 한자어의 음독이 시작된다는 것이다. 여기서부터 아동들은 추상적 개념의 어휘를 음독을 통하여 익히면서 어휘력을 풍부하게 발전시켜 나간다.

4학년 교과서의 경우는 '틀리기 쉬운 한자'라는 제목으로 문장의 전후 문맥에 알맞는 한자를 선택하는 능력을 육성한다. '赤道 바로 아래의 더운 나라[赤道直下の(熱, 暑)い國]'라는 문장에서 '暑'를 답으로 고를 수 있게 훈련하는 것이다. 이것을 훈독의 동훈이자同訓異字라고 하고, 각각의 의미를 잘 생각하여 바르게 구별하여 사용하는 능력을 양성한다.

5학년 교과서에서는 '같은 음音의 한자'라는 제목으로 음독의 동음이자同音異字의 구별을 제시하고 있다. 한자로 조합된 숙어 중 동음이자는 매우 많다. 예를 들면, '週刊과 週間'이라던가, '自信과 自身' 등의 경우는 우리의 중학교 교과서 연습문제에도 자주 나오는 문제로 학생들이 한자를 학습하면서 가장 곤란함을 느끼는 부분이다. 그런데 일본어의 발음은 우리보다 세분화되어 있지 않아 '講演과 公演', '解答과 回答', '證明과 照明' 등이 모두 같은 음으로 발음된다. 따라서 우리가 느끼는 정도보다 훨씬 많은 수의 숙어를 동음同音으로 발음하기 때문에 구별하여 사용할 필요가 있다. 초등학교 고학년의 한자학습의 대부분은 이 음독의 동음이자를 구별하는 것이라고 말하여도 과언이 아닐 정도이다.

6학년에서는 한자의 삼요소인 형形·음音·의義를 학습한다. 이것은 한자 구성의 이론적 이해를 통하여 처음 대하는 한자라 하여도 그 발음과 의미를 추측할 수 있게 하려는 의도이다. 예를 들면, '이 造( )는 어머니의 力作이다'의 ( )에 들어갈 한자를 '化·花·貨'에서 고르는 문제이다. 또는 부수가 같은 한자들을 제시하고 그 뜻을 부수의 기본의미에서 유추하여보는 것이다. 예를 들면 '胸圍' '心臟'의 부수인 '月'의 본래 의미는 '肉'이므로, 몸에 관련됨을 알게 하는 것이다.

이상이 개정 전의 초등학교의 한자교육 가이드라인과 그 실제적 모습이다. 반면에 개정 후의 교과서는 한자교육이 강화되어 있다. 체제 자체가 해당 학년의 한자를 읽고, 전학년에 배당된 한자의 복습으로 쓰기학습을 하게 되어 있다. 예를 들면 3학년(上) '말의 학습'이라는 코너에서는 '開·間·天'의 세 한자를 문장내용에 알맞게 읽을 수 있게 지도하고 있다.[13] 이는 일본의 한자 음이 다양하기 때문이다. 음독과 훈독에 숙자훈熟字訓이라는 일본식 한자의 발음까지 학습하지 않으면, 적확한 어문생활을 하기 힘들게 된다. 또 단원 사이사이에 있는 '말의 광장'이라는 지면에서는 한자쓰기 및 한자에 관한 이론 등을 학습하게 되어 있다. 간단하게만 비교하여도 이렇게 체제상의 변화로 한자교육이 강화되었다는 결론을 얻게 된다.


## 4. 중학교의 한자·한문교육


중학교의 한자교육은 초등학교의 한자학습을 기초로 하여, 학습과 일상생활에 필요한 한자의 읽기 능력을 몸에 익히도록 하고 있다. 한자를 읽는 능력으로는 한자의 낱자의 음·훈을 이해하고 그것을 정확하게 발음할 수 있을 뿐

---

13) 國語3上, (2003), 21면.



제1부 새로운 한문교육의 모색

만 아니라, 어구語句로서 대화와 문장 속에서 문맥에 맞추어 의미와 용법을 이해하면서 읽을 수 있도록 하고 있다.

신출한자의 지도는 그 한자의 발음을 지도함과 함께, 다른 음훈도 알 수 있도록 하고, 그 양쪽을 서로 연관시켜서 발음을 확실하게 습득시키고 있다. 그때 자형字形과 음훈音訓, 의미意味와 용법用法, 단어의 구성, 숙어의 구성 등에 대하여도 필요에 따라서는 구체적으로 지도한다. 이러한 학습에 의해 얻어진 지식을 기초로 하여 한자를 비교한다던가, 분류한다던가, 정리하는 등 한자와 연관시켜 이해하는 방법을 연구하고 있다.

즉 중학교에서는 수료 때까지 학년별한자배당표의 한자(1,006자)를 익숙하게 사용하고 상용한자의 대부분을 읽을 수 있도록 한다. 개정된 현행 중학교 학습지도요령14)에서는 확실하게 한자의 능력을 육성할 수 있도록, 학생들의 학습부담의 실태를 배려하면서, 특히 한자쓰기의 경우 상급학년에서는 확실하게 쓸 수 있도록 시간을 들여 지도하도록 되어 있다.15)

교육과정의 학년목표와 내용은 제1학년과, 그리고 제2학년 · 제3학년의 두 파트로 나뉘어져 있다. 특히 제2학년과 제3학년은 2년간을 하나의 연속과정 속에서 학생들의 실태에 응하여 중점적으로 지도하여 한자생활이 확실하게 정착할 수 있도록 기획하고 있다.

다음은 중학교 제1학년의 지도요령이다.


1) 초등학교의 학년별한자배당표에 제시된 한자와 그 외의 상용한자 중에서 250~300자 정도의 한자를 읽을 것.

---

14) 中學校學習指導要領(文部省告示第176号) (www.mext.go.jp).

15) 일본 중학교는 필수교과(국어 · 사회 · 수학 · 이과 · 음악 · 미술 · 보건체육 · 기술(가정) · 외국어)와 도덕, 특별활동, 선택교과, 종합적인 학습으로 나누고 있다.

2) 초등학교의 학년별한자배당표의 한자 중 900자 정도의 한자를 쓰고, 글
   과 문장 중에서 사용할 것.

주목을 요하는 것은 두 번째 항목의 쓰기교육이다. 확실한 한자실력을 육성
하기 위해 초등학교에서 배운 1,006자의 한자를 쓸 줄 알고, 글과 문장에서 확
실하게 사용할 수 있도록 목표를 세우고 있다. 이것이 개정 전의 학습지도요령
에서는 "익숙하게 사용하고, 한자를 문장 속에서 적절하게 사용하도록 한다"
는 정도였다. 그것이 개정되면서 "글과 문장에서 사용할 것"으로 바뀐 것이다.
학습에 임해서는 자체字體, 자형字形, 음훈音訓, 의미意味, 용법用法 등의 지식
을 습득하게 하고, 문맥에 따라서 사용하도록 항시 주의를 요하고 있다.

중학교 1학년 과정에서는 우선 초등학교에서 학습한 학년별한자배당표에
속해 있는 한자를 반복 숙지하여 읽을 수 있는 것은 물론이고, 그 외의 상용한
자를 250자에서 300자 정도 읽을 수 있도록 지도한다. 이렇게 되면 중학교 1
학년 수준에서 읽을 수 있는 한자는 초등학교의 학년별한자배당표에 나오는
1,006자와 그 외의 상용한자 300자 정도로 약 1,300여자가 된다.

중학교 2학년 과정에서는 상용한자 중 1학년에서 학습하지 않은 것 중 300
~350자의 읽기와 학년별한자배당표의 950자 정도의 한자를 쓰고 글과 문장
에서 사용하도록 지도한다. 이어서 3학년 과정에서는 2학년까지 학습한 상용
한자 외에 그 밖의 나머지 상용한자를 읽을 것과, 학년별한자배당표의 한자
전부를 쓸 줄 알고, 글과 문장에서 활용할 수 있도록 지도한다. 여기서 한자의
읽기와 쓰기가 구별되어 그 분량의 차이가 있는 것은, 읽는 한자와 쓰기 한자
를 구별하여 지도하는 것이 아니라, 학생이 한자를 학습함에 있어 읽기와 쓰
기에 차이가 생기는 것을 감안한 것일 뿐이다.

이렇게 중학교 3학년 과정을 마치게 되면 학년별한자배당표의 한자 1,006



제1부 새로운 한문교육의 모색

자와 그 외 상용한자 939자 도합 상용한자 1,945자[16]를 활용한 한자어를 읽고 의미를 파악하게 된다. 또 그 가운데 학습용 한자 1,006자는 쓸 줄도 알고 문장작성에 활용하게 하였다. 우리의 중학교 한자·한문 교육내용이 상용한자 1,800자 중 900자를 학습하는 것에 그치고 있는 것과 비교하면 상당한 차이가 있다. 우리의 교육과정에서 상용한자 1,800자의 학습이 완성되는 것은 고등학교 한문에서임은 주지의 사실이다.

실제의 중학교 1학년 교과서[17]의 학습내용에서는 매 소단원에 신출한자의 음·뜻과 사용용례가 설명되어 있다. 그리고 '한자의 학습' 이라는 별도의 코너를 마련하여 다음과 같은 내용을 제시하고 있다.


한자의 학습Ⅰ : 한자의 구성, 한자의 성립(상형, 지사, 회의, 형성)

한자의 학습Ⅱ : 동음이자同音異字, 동훈이자同訓異字, 한자의 의미

한자의 학습Ⅲ : 숙어, 한자의 음훈, 숙자훈熟字訓


분량으로는 각각 2쪽 정도이지만, Ⅰ에서는 문제를 푸는 과정에서 한자의 부수활용과 그 부수이름 등을 학습할 수 있게끔 구성되어 있다.

Ⅱ에서는 2자 숙어의 어휘력을 테스트하는 문제 또는 퍼즐형 문제로 3자 숙어를 완성하는 문제, 또는 화한혼용의 문장에 알맞은 한자어를 선택하는 동음이자, 동훈이자의 연습 등을 하게 된다. 또 한자는 뜻글자이므로 글자 한 자에 여러 가지 뜻이 대응되고 있음을 주의시키고 있다.

---

16) 일본의 상용한자의 변천사와 그 자세한 설명은 심경호의 전게 논문에 자세히 설명되어 있음.

17) 개정 전의 光村圖書의 교과서임. 개정 후의 중·고등학교 교과서를 아직 입수하지 못하였음.

Ⅲ에서는 실제 사용되는 숙어의 여러 가지 형태를 보여주고, 일본에서 만들어진 숙어의 읽기 즉 숙자훈의 실상을 보여주고 있다. 사용된 문제 유형은 우리나라의 제7차 교과서 학습문제로도 많이 사용되고 있는 한자어 끝말잇기, 네 개의 단어에 공통으로 들어가는 한자 찾기 등이다.

이상에서 보듯 일본 중학교 교과서에서의 한자학습의 분량은 그다지 많은 편이 아니다. 한자의 이론적 학습내용도 우리나라 중학교 1학년 수준의 학습내용과 별반 다른 점이 없다. 다만 주의를 요하는 것은 초등학교에서 학습한 학년별한자배당표의 한자를 베이스로 깔고 있다는 점이다. 1,000여 자의 기본학습을 초석으로 삼고 그 위에 국어교육에 필요한 한자어를 벽돌로 삼아 건물을 짓고 있는 형상이라고 생각된다. 한·일 중학교 한자학습에서 실제 교과서의 학습지도내용의 외형적 틀은 거의 비슷하나, 그 안에 담긴 내용은 상당한 차이를 드러내고 있다.

중학교 국어교과서의 각 학년에 '古典과의 만남'이라는 단원이 있는데, 이 단원에서는 일본의 고전인 문언문文言文과 중국 고사성어와 그것의 전거를 설명하는 번역문이 첨부되었다. 고전지도에 대한 중학교 학습지도요령은 다음과 같다.

고전의 지도에 대해서는 고전으로서의 고문古文과 한문을 이해하는 기초를 기르고 고전에 친해지는 태도를 육성함과 함께, 우리나라의 문화와 전통에 대해 깊은 관심을 갖도록 할 것. 그 교재로서는 고전에 관심을 끌 수 있게 씌어진 문장, 쉬운 문언문文言文과 격언·고사성어, 쉽게 익숙해질 수 있는 고전 문장 등을 학생의 발달단계에 맞추어 알맞게 사용하도록 할 것.

실제로 광촌도서光村圖書의 1학년 교과서는 두 소단원의 일본 고전과 한 소

단원의 고사성어로 구성되어 있다. '推敲'와 '矛盾'의 출전 부분을 일본어로 번역하여 소개하는 과정에 짤막한 한시를 선보이고 있는 수준이다. 3학년 과정에서는 『논어』의 「학이편」, 「위정편」, 「안연편」, 「자로편」의 유명한 문구를 가기쿠다시(書き下し)文과 훈독문訓讀文으로 소개하고 있다.

일본의 한문 읽기는 주지하는 바처럼, 크게 훈독문訓讀文과 가기쿠다시문(書き下し文)이 있다. 훈독문은 우리의 현토를 붙여놓은 한문처럼 한문의 원형을 바꾸지 않고 일본문으로 바꾸어서 읽도록 기호를 붙여 읽는 순서를 표시한 것이다. 이런 훈독문을 바탕으로 '學びて時にこれを學ぶ' 처럼 일본 가나(仮名)를 섞어서 문장을 다시 고쳐서 쓴 것을 가기쿠다시문이라고 한다. 우리의 언해문체와 비슷하다.

중학교 국어교과서에 제시된 한문인용은 이 가기쿠다시문을 먼저 쓰고 그 옆에 훈독문을 첨부하는 형태이다. 반면에 고등학교 한문교과서는 시종 이 훈독문 형태로 되어 있다. 이는 메이지유신 이후 대부분 이 가기쿠다시문체의 문언문으로 글쓰기를 하였기 때문에 현대인에게 좀더 친숙하게 느껴지기 때문이리라.

이렇게 고전古典이라는 범위 속에서 일본의 고전작품이라던가 문언문, 그리고 중국 한문고전의 일본어 번역문 또는 일본식 가기쿠다시문을 통하여 고전에 대한 친밀감이 깊어지도록 구성되었다.

이상의 것을 정리하면 중학교 과정에서는 한자 어휘의 확대에 최대의 목표를 두면서도 거기에 필요한 한자의 이론 및 일본·중국고전과의 만남을 준비하고 있다. 한문의 경우 양적으로는 우리나라의 중학한문 쪽이 많은 편이지만, 3학년에 출현한 한문의 난이도를 비교하면 결코 한국이 높다고 하기 어렵다. 이렇게 중학교 3학년 국어교과서에 선보이기 시작한 중국고전은 고등학교 국어에 가서는 훨씬 다양한 모습으로 전개된다.

## 5. 고등학교의 한자·한문교육

고등학교 학습지도요령[18]에 의하면 고등학교의 교육내용은 크게 세 부류로 나뉜다. 일반교과를 나타내는 보통교육과 직업교과의 전문교육 그리고 특별활동이다. 한문교육은 고등학교에서도 역시 독립교과로 운영되지 않고 국어과의 한 과목으로 되어 있다.

아래의 〈표1〉을 참고하면, 국어과를 국어표현 I, 국어표현 II, 국어종합, 현대문, 고전, 고전강독의 여섯 과목으로 분류하고 그 중 고전이나 고전강독의 과목에서 한문교육을 하게 된다. 국어과 과목 중, 앞의 세 과목은 모든 학생이 이수하여야 하는 과목임에 비하여, 한문교육이 이루어지는 고전·고전강독은 선택과목에 속한다.[19]

**〈표1〉2002년부터 실시되고 있는 문부과학성 고등학교 학습지도요령**

| 서명 | 구분 | 단위수 | 목표 및 내용 |
| --- | --- | --- | --- |
| **국어표현 I** | 필수 | 2 | 국어로 적절히 표현하는 능력을 육성하고 서로 전달하는 힘을 높힘과 동시에 사고력을 신장하고 언어감각을 연마하여, 나아가 표현함에 의하여 사회생활을 충실하게 하는 태도를 기른다. |
| **국어표현 II** | 필수 | 2 | |
| **국어종합** | 필수 | 4 | 교육내용 중 읽기 부분의 언어사항에 상용한자 읽기에 익숙하고, 주요한 상용한자를 쓸 수 있게 지도할 것. 고전과 근대 이후의 문장과의 수업시수 비율은 거의 동등하게 나누고, 학생의 실태에 따라 적절하게 정하며, 고전에서 고문과 한문의 비율은 한쪽에 치우치지 않도록 할 것. |
| **현대문** | 선택 | 4 | 근대 이후의 다양한 문장을 읽는 능력을 향상시킴 |

---

18) 高等學校學習指導要領(文部省告示 176号)(www.mext.go.jp).

19) 일부 교과서는 국어종합에 고전을 포함하고 있는데, 그 속에는 일본 고전과 한문이 혼합되어 있다고 보아야 할 것이다.[東書출판사의 국어종합(고전편), 三省堂의 국어종합(고전편), 築摩서점의 국어종합(고전편), 桐原출판사의 탐구국어종합(고전편)].



제1부 새로운 한문교육의 모색

| 고전 | 선택 | 4 | 고전으로서의 고문古文과 한문漢文을 읽는 능력을 양성함과 동시에 사물의 관점, 감상법, 사고력을 넓히고, 고전을 친숙하게 함으로 인생을 풍요롭게 하는 태도를 기른다. 고문과 한문에 사용된 어구의 의미, 용법 및 글의 구조를 이해하는 일. 고전을 읽고 일본문화의 특질과 일본문화와 중국문화의 관계에 대하여 생각할 것. 고문 및 한문의 양쪽을 취급하면서 어느 한쪽에 기울지지 않도록 할 것. |
| 고전강독 | 선택 | 2 | 고전으로서의 고문과 한문을 읽는 것에 의해 우리나라의 문화와 전통에 대한 관심을 깊게 하고, 생애에 걸쳐 고전에 친숙한 느낌을 기른다. 고문과 한문의 양쪽, 또는 그 중 어느 한쪽만을 선택할 수 있다. |

일본 고등학교의 고전교육의 특징은 음독, 낭독, 암송이 있다는 것이다. 고문과 한문의 분위기(리듬)를 익히기 위함이다. 또, 고전지도의 목표를 "자국의 문화와 전통을 중시하고, 생애에 걸쳐서 고전에 친숙한 태도를 육성하는 것을 중시"함에 두고 있다. 이 고전교육의 목표는 소박하게 보이면서도 많은 시사점을 주고 있다. 실제로 한문이나 고문을 해독하는 그 자체도 고통으로 느끼는 어린 학습자들에게 '전통계승' 운운하는 것은 학생들의 실태와 너무 거리가 있는 듯하다. 위의 소박하지만 현실감 있는 한문·고전교육의 목표는 한국의 교육과정목표에도 반영되는 것이 바람직하다. 그리고 또 다른 목표는 한문교육을 통하여 중국 등 외국문화와의 관계에 대해 이해의 깊이를 더해가는 데 도움이 되게 한다는 것이다.

이러한 학습지도요령이 각 고등학교의 교육과정에는 어떻게 반영되어 있을까?

도쿄도東京都의 도립都立 메구로目黑 고등학교의 경우는 1학년에서는 종합국어를 4단위(1주당 수업시수), 2학년에서는 현대문을 2단위, 고전을 3단위 이수하고, 3학년에서는 2단위의 현대문 외에 고전 또는 고전강독 중 1가지를 선택하여 이수한다.

또 다른 도립 사구라마치(櫻町)고등학교의 경우는, 1학년에서는 종합국어를 4단위, 2학년에서 국어표현 2단위, 현대문 2단위를 이수하고, 고전과 수학 중에서 한 과목을 선택하여 2단위를 이수한다. 3학년에서는 현대문 2단위를 이수하고, 그 외에 국어표현Ⅱ(2단위), 고전(4단위 또는 2단위), 고전강독(2단위), 현대문연습(2단위) 중에서 선택하게 된다.

이렇게 같은 도립의 고등학교라 하여도 각 학교의 교육과정은 각 학교에서 자율적으로 선택 운영한다. 공통적인 것을 찾으라면 고1 과정에서 종합국어를 이수하고, 2학년 과정부터 현대문, 고전, 고전강독 중에서 선택하는 유형이다. 이런 선택을 하는 이유는 대학입시 준비와 직결된다.

일본의 대학입시는 매년 7월말에 각 국공립 사립대학이 개별학력검사 등의 선발요령을 발표한다. 이 중 '대학입시센타시험'의 점수를 채용하는 대학에 지원할 경우는 '대학입시센타시험'에 응하는데, 국공립대학에 지원할 경우는 이 '대학입시센타시험'을 치르게 된다. '대학입시센타시험'은 1월 중순의 토·일 양일(2004년도는 1월 16~7일)에 걸쳐 치러지고, 2월초에 점수가 발표되고, 2월말부터 3월 초순에 걸쳐 국공립대학의 전기·중기·후기의 본시험이 있다.

'대학입시센타시험'을 이용하는 대학은 '대학입시센타시험'의 출제과목 중에서 입시지원자가 해답할 출제교과·과목 및 이용방법을 정하고 있다. 입시지원자는 각 대학의 학생모집요령 등에 따라 출제 교과·과목을 확인하고 '대학입시센타시험'을 치른다.

2004년도 '대학입시센타시험'은 국어, 지리역사, 수학, 이과, 외국어의 6교과가 32과목으로 분류되어 출제된다. 그 중 국어에 관계 된 것을 표로 나타내면 다음과 같다.



제1부 새로운 한문교육의 모색

〈표2〉 平成 16年度(2004년) 대학입시센타시험 출제 중 국어 교과·과목

| 교과 | 출제과목 | 시험시간<br>(점수) | 출제방법 등 | 교과선택의<br>방법 등 |
|---|---|---|---|---|
| 국어 | 〔국어Ⅰ〕<br>〔국어Ⅰ·국어Ⅱ〕 | 80분<br>(200점) | 국어Ⅰ·국어Ⅱ는 국어Ⅰ과 국어Ⅱ를 종합한 것을 출제범위로 한다. 국어Ⅰ과 국어Ⅰ·국어Ⅱ는 어느 쪽도 근대 이후의 문장, 古典(古文, 漢文)을 출제한다. | 왼쪽 출제과목의 2과목 중에서 1과목을 선택하고 해답한다. |

국어과의 내용은 '平成 16年度(2004년) 대학입시센타시험 실시요령'에 따라 국어의 특정분야의 출제방법 등은 '근대 이후의 문장(2問 100점), 古典〔(古文(1問 50점), 漢文(1問 50점)〕으로 한다는 것이다. 이것은 국어의 특정분야의 이용을 지정한 대학에 대해서 분야별 득점을 제시하기 위한 준비이다. 이렇게 일본의 고등학교 한문교육은 대학입시와 밀접한 관계를 갖고 실시된다.

실제 고등학교의 교과서에 제시되는 한문원문은 중국한문이 대부분이다. 第一學習社의 『고전 Ⅱ』 한문편을 보면, 제자백가서의 일화逸話와 『사기史記』의 열전列傳·세가世家, 그리고 당대唐代의 소설, 당송唐宋의 시詩, 중국의 명문名文으로 당송팔대가의 문장, 중국의 사상으로 『맹자』, 『논어』, 제자백가서가 제시되어 있다. 일본의 한문은 참고부분에 오규 소라이荻生徂徠와 이토 진사이伊藤仁齋의 문장이 제시되어 있는 정도이다.

실제 대학입시를 준비하는 고등학교 한문학습은 이러한 긴 중국의 명문을 해석하는 힘을 기르기보다 한문의 중요어휘의 암기와 한문의 기본문형基本文形의 학습에 힘을 기울이고 있다. 시험도 그러한 범위 안에서 출제된다. 중요어휘란 관용적으로 해석되는 문구라던가 허사의 활용을 의미한다. 기본문형이란 부정형, 의문형, 반어형, 사역형, 수동형, 비교형, 가정형, 억양형, 한정형, 감탄형으로 나누어지는 약 100개 안팎의 관용표현을 말한다.

이러한 일본 고등학교의 한문학습은 입시준비를 위한 수업형태라고 말하여도 과언이 아니다. 실제로 수업시간에는 교과서가 아닌 입시문제집을 주요 교재로 사용한다는 것에서도 여실하게 나타난다.[20]


## 6. 맺음말 - 한국의 한자·한문교육의 전망

일본에서 2002년도부터 실시된 현행의 학습지도요령에서 제시하고 있는 초·중등학교의 한자·한문교육은 1,006자의 학습용 한자와 그것을 포함한 1,945자의 상용한자를 국어생활에서 적확하고 자유롭게 사용하는 것을 목표로 구성되어 있다. 적어도 고등학교를 마치게 되면 1,945자의 상용한자와 실생활의 필요에서 익히게 되는 인명용 한자 284자를 포함하여 2,229자의 한자를 일본어 국어생활의 베이스로 삼게 된다.

단순한 숫자적인 비교에서는 우리나라의 상용한자 수와 크게 차이가 나는 것은 아니다. 하지만 실제 언어생활에서 한자를 유효하게 사용하는 능력 면에서는 그 차이가 벌어진다. 그것은 현행 두 나라의 어문정책의 차이점에 기인한다. 일본의 한자·한문교육은 앞에서 살펴본 것처럼 '언어교육의 입장에서 국어과의 기본' 으로 인식하고 지도하고 있다. 따라서 대학입시의 국어과 시험의 25%나 되는 높은 비중을 유지하고 있다.

반면에 우리의 한자·한문교육은 국어전용의 어문정책 아래서 상용한자를 교육하기 위하여 독립과목으로 편성되어 있지만, 언어교육의 입장에서 국어의 기본이라는 인식이 보편적이지 못하다. 그런 이유로 언어교육의 기반을 다

---

20) 심경호 (2000).



제1부 새로운 한문교육의 모색

지는 초등학교의 교육과정에는 한자교육이 공시公示되어 있지 않다. 다만 학교현장의 조건에 따라 재량활동시간을 활용하고 있기 때문에 학교간, 또는 학급간의 편차가 심하다. 이러한 문제점을 해결하기 위해서는 우리의 한자·한문교육도 초등학교부터 실시됨이 바람직하다.

초등학교의 한자학습의 목표는 언어교육으로서 언어능력을 육성하고 국어를 존중하는 태도를 양성함에 두어야 한다. 일상의 언어생활을 풍부하고 충실하게 하면, 그것을 통하여 바람직한 인성교육을 실현할 수 있게 되기 때문이다. 그리고 실제적인 교육내용 및 그 운영에 있어서는 학습자가 한자에 흥미와 관심을 갖게 하여, 문장 속에 써보고 싶고 사용해보고 싶도록 시간을 들여 서서히 진행함이 요구된다. 그 이유는 기존의 재량활동시간에 시행되고 있는 초등학교 한자교육에서 드러나는 가장 큰 문제점은, 학습자가 한자학습을 어렵고 싫으며 고통으로 받아들이고 있다는 사실이다.[21] 학습자가 간단한 글과 문장을 작성하는 과정에서 문의文意를 선명하게 표현하기 위하여 스스로 한자를 사용해보고 싶은 의욕이 생기게 하는 것이 중요하다. 또 한 가지는 아동의 학습부담이 과중하게 되지 않도록 배려하여야 한다. 그리고 한 가지 더 첨부한다면, 일본의 초등학교 한자교육에서 실시하는 것처럼, 우리도 표준 글자체를 선정하여 어린 아동들이 혼란을 격지 않도록 배려하는 것이다.

이렇게 초등학교부터 체계적이며 즐거운 한자학습이 이루어진다면, 중·고등학교에서의 한자·한문교육은 현재보다 훨씬 교육내용도 충실해지고 교육목표 실현에도 근접할 것이다. 우리의 중학교 한문교육목표의 첫 번째 항목은 "중학교 한문교육용 기초한자 900자의 음과 뜻을 알고 쓸 수 있다"로 되어

---

21) 한문교육에 대한 이해를 갖추지 않은 교사의 경우는 학생들에게 한자쓰기만을 강요하고 있는 실정이다. 무조건 많이 쓰면 된다는 식의 한자지도는 학생의 학습부담만 가중시킨다.

있다. 그것을 바탕으로 두 번째 항목이 "한자어를 바르게 읽고 쓰며 언어생활에 활용한다"라는 것이다. 여기서 문제점으로 부각되는 것은 중학교 한문교육용 기초한자 900자의 학습으로는 두 번째 항목의 실현이 어렵다는 것이다. 따라서 현재 중학교에서 학습하는 교육용 한자 900자의 음 읽기와 낱자의 쓰기 정도는 초등학교 한자교육에서 다루고, 중학교에서는 초등학교에서 배운 기초한자 900자의 쓰기교육·문장활용교육과 함께 현재 고등학교 학습용 한자 900자의 읽기·쓰기 교육이 이루어지는 것이 바람직하다고 생각된다. 이러한 조건이 갖추어지면, 미흡하나마 현재 한문과의 중학교 교육목표가 실현되리라 관망된다.

고등학교의 한문교육에서는 '생애학습'이라는 개념을 도입할 필요가 있다. 현행의 고등학교 한문교과서는 일반적으로 고사성어 및 한문단문과 한시 그리고 중국 및 우리나라의 명문으로 구성되어 있다. 그 교육목표에서도 한자교육이 아닌 한문교육에 포커스가 맞추어져 있어, "한문기록에 담긴 전통문화를 계승·발전시키며, 한자문화권 내에서의 상호이해와 교류증진에 기여 한다"고 명시되어 있다. 이러한 교육목표는 고등학교 한문교육과정으로 끝나는 것이 아니라 생애에 걸쳐 학습의 목표가 되어야 함이 마땅하다.

그러기 위해서는 일본의 고전교육에서 추구하는 방향을 참조할 필요가 있다. 위에서 언급한 것처럼 고전과목을 정의하길, "고전을 읽는 능력을 양성함과 아울러 고전에 친숙한 태도를 육성하는 것을 목표로 하는 선택과목이다"[22] 라고 한다. '국어종합'이라는 과목을 문과 이과 구별 없이 모든 학생이 필수로 이수하면서, 종합적인 언어능력을 기르는 국어학습의 일환으로 한정된 분량이지만 한문과 고문을 학습한다. 그 다음 고전과목에서는 '국어종합' 보다

---

22) 『高等學校學習指導要領解說-國語編』(1999), 90면.



제1부 새로운 한문교육의 모색

는 심도 있는 '고전古典으로서의 고문古文과 한문漢文'을 학습하게 된다. 여기서 '고전으로서'란, 단순히 옛 시대의 문장일 뿐만 아니라, 오래 기간에 걸쳐 읽혀오고, 현대에 있어서도 더욱 그 가치가 인정되는 것을 말하는 것이다. 즉 고전으로서의 한문이란 우리나라에 고전으로서 받아들여진 한문과, 우리 선조가 지은 한문을 포함하고 있다.

생애학습으로서의 한문교육이란 이러한 고전으로서의 한문을 읽을 수 있는 능력을 육성함으로서, 자신의 안목과 감성, 사고유형을 확장하는 일이며, 고전에 친숙하여 인생을 보다 여유롭고 풍성하게 하는 기반을 형성하는 일이다. 따라서 지도에 임해서는 전문적인 지식의 취급보다는 가능한 읽는 것에 주안점을 두고, 기초적이며 기본적이며 특징적인 점을 중시하여 흥미와 관심을 상실하지 않게 유의하는 것이 중요하다. 문장과 작품의 면밀한 내용분석보다는 작품에 나타난 인간, 사회, 자연 등에 대한 사상과 감정을 이해하여 학습자의 안목과 감성과 사고유형을 풍성하게 하는 데 노력한다.

한편 생애학습으로서의 한문교육은 고전으로서의 한문을 읽으면서 우리 문화와 중국문화의관계, 나아가서는 동아시아 문화 속의 우리 문화의 특징을 이해하는 것에 이바지할 것이다.

마지막으로 국어의 발전에 대해 정리해보자. 국어의 발전이란 결국 무엇을 의미하는 것일까? 국어를 이용하여 원활한 의사소통을 이루고, 우리 조상이 유산으로 남겨준 고전의 세계를 감상하고 이해하며, 다시 창조적인 표현을 통하여 후손에게 유산으로 남겨줄 작품을 만들어가는 것이리라. 이런 국어 본래의 목표를 수행하기 위해 한글과 한문은 서로 같은 범주 안에 있다. 한쪽의 쇠퇴가 한쪽의 영광이 될 수 없음은 자명한 사실이다. 서로의 도움으로 우리의 국어생활은 보다 충실해지고 발전하게 되는 것이 아니겠는가? 이러한 자세에서 우리의 국어생활(한자·한문교육을 포함)은 다시금 생각되어져야 하지 않을까?

<참고문헌>


文部省(1999), 『小學校學習指導要領解說-國語編』, 東洋館出版社, 平成 11年.

文部省(1999), 『中學校學習指導要領解說-國語編』, 東洋館出版社, 平成 11年.

文部省(1999), 『高等學校學習指導要領解說-國語編』, 東洋館出版社, 平成 11年.

學習指導要領パンフレット(敎師向け)(www. mext.go.jp)

小學校學習指導要領(文部省告示第175号) (www.mext.go.jp)

中學校學習指導要領(文部省告示第176号) (www.mext.go.jp)

高等學校學習指導要領(文部省告示176号)(www.mext.go.jp)

심경호(2000), 「일본에서의 한자 · 한문교육」, 『한문교육연구』 14호, 한국한문학회.

國語一年上 (2003), 光村圖書出版

國語一年下 (2003), 光村圖書出版

國語二年上 (2003), 光村圖書出版

國語三年上 (2003), 光村圖書出版

國語三年下 (2003), 光村圖書出版

國語四年上 (2003), 光村圖書出版

國語六年上 (2003), 光村圖書出版

國語六年下 (2003), 光村圖書出版

國語一年上 (1999), 光村圖書出版

國語二年上 (1999), 光村圖書出版

國語三年上 (1999), 光村圖書出版

國語四年上 (1999), 光村圖書出版

國語五年上 (1999), 光村圖書出版

國語六年上 (1999), 光村圖書出版

中學校 國語1 (1998), 光村圖書出版

中學校 國語3 (1998), 光村圖書出版

高等學校 古典二 (1998), 第一學習社


〈『한문교육연구』 한문교육학회, 21호, 2003〉

# 제2부

# 재미있는 수업모형 개발

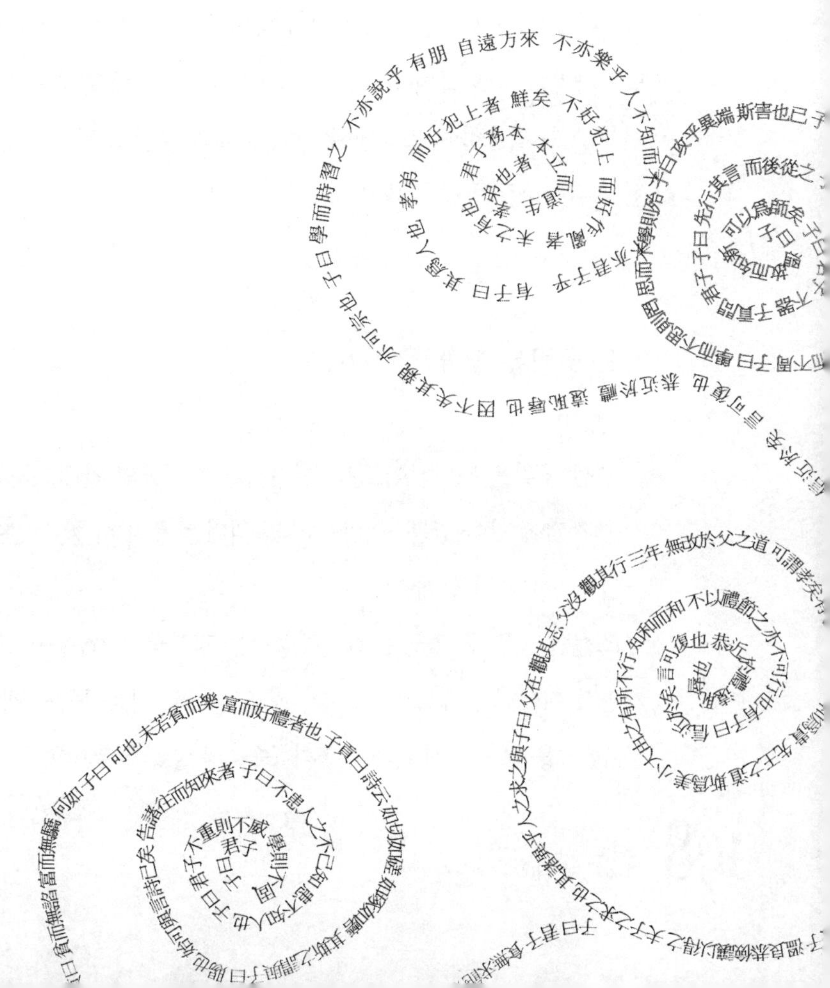

# 문화유적을 활용한 한문수업

우리의 일상적 문화활동 속에서 한자와 보다 친근해질 수 있는 방법을 모색하여보자. 문화교육의 일환으로 우리는 학생들과 문화유산을 찾아 유적지로, 박물관으로, 전시회장으로 견학을 다닌다. 서울은 지리적 여건으로 흔히 왕궁답사가 많고 국보급의 유물을 보관·전시하는 박물관을 찾을 경우도 있다. 이런 기회를 활용하여 조상의 유산인 궁궐과 사찰 그리고 각종 유물을 좀더 가깝게 감상하는 방법을 생각해보려고 한다.

## 1. 궁궐을 찾아서 – 창덕궁편

우선 궁궐을 견학하여보자. 여기서는 창덕궁의 안내도를 길라잡이로 삼아 각종 전각에 남아 있는 '현판懸板'의 의미를 통하여, 궁궐 안에서의 그 공간의 역할과 고유개념을 새긴다.

조선의 궁궐 중 정궁正宮에 해당하는 경복궁景福宮을 예로 들지 않은 것은 개인적 취향의 문제도 있고, 조선왕조의 궁궐 사용자들도 경복궁보다는 창덕궁昌德宮을 더 애호하였다고 한다. 중국의 궁궐을 견학한 혹자는 종종 우리의



제2부 재미있는 수업모형 개발

궁궐을 비교 폄하하는 경우도 있다. 그것은 우리의 궁궐을 제대로 이해하지 못한 경우이다. 창덕궁은 중국의 궁궐양식을 받아들이면서도 다양하게 자기화하여 우리 민족의 아이덴티티를 잘 보전하고 있는 공간이다.

'궁궐宮闕'이란 궁과 궐이 합쳐진 말이다. '궁宮'은 임금이 사는 규모가 큰 건물을 뜻하며 '궐闕'은 출입문 좌우에 설치하였던 망루를 지칭하는 말이다. 창덕궁은 경복궁 동쪽에 정궁正宮이 아닌 이궁離宮의 성격으로 건립되었다. 이 궁궐은 경복궁에 대한 상대적 위치로 '동관대궐' 또는 '동궐東闕'이라 불렸으며, 기록을 보면 초창기의 창덕궁은 외전外殿 74칸, 내전內殿 118칸으로 지금의 창덕궁 규모보다는 작았었다.

### 1) 돈화문敦化門

돈화문은 2층으로 창덕궁의 정문이다. 임금이나 외국사신이 출입할 때만 대문이 열렸으며 보통 신료들은 돈화문 동쪽의 1칸짜리 단봉문丹鳳門을 이용하여 출입하였다.

돈화문 현판

'돈화敦化'의 사전적 의미는 '돈후敦厚한 교화敎化'이다. 이것은 백성을 교화하는 데 엄정한 법률의 적용보다는, 정성과 인정을 갖고 애민愛民·휼민恤民에 바탕을 둔 정치를 한다는 정치이념의 명시이다. 경복궁의 정문 이름은 광화문光化門인데, 이것은 '빛나는 교화'를 지향함을 나타냈다고 하겠다. 유교적 통치이념의 구현을 지향하였던 전통시대에는, 이처럼 '화化'는 '교화敎化'를 뜻하는 것이 보통이다.

조선의 궁궐은 중국의 제후국으로서의 여러 제약들을 받았다. 그러나 이 돈화문은 궁궐의 외관을 장중하게 하기 위해서 중국황제의 궁궐처럼 5칸 대문으로 만들었다. 그런데 맨 가장자리 1칸씩을 막아두어 결국은 3칸 대문의 구실 밖에는 하지 못하였지만, 조선국의 위용을 드러내고자 노력하였던 것이 엿보인다.

### 2) 인정전仁政殿

'인정仁政' 이란 말 그대로 '어진 정치' 이다. 그 공간에서 목표로 지향하였던 것이 공자의 이상정치였던 '인정仁政' 이었다. 인정전은 창덕궁의 정전正殿으로 국왕의 즉위식, 군신의 조례의식, 외국사신의 접견의식 및 나라의 중대한 의식을 거행하던 장소이다. 따라서 국왕이라 하더라도 인정문 앞에서 즉위식을 행한 다음, 인정문을 통과하여 인정전의 옥좌에 앉을 수 있었다.

인정문 현판

인정전 현판

### 3) 선정전宣政殿

인정전과 희정당熙政堂 사이에 선정전이 위치한다. '선정宣政' 이란 '정사를 편다' 는 뜻이다. 선정전은 편전

선정전



제2부  재미있는 수업모형 개발

便殿으로, 국왕과 여러 신하가 실질적으로 국사를 의논하던 공적인 공간이다. 왕은 '일월오악병日月五嶽屛' 앞에 앉고 여러 신하가 동서로 나누어 앉는다. 선정전은 한국에 유일하게 남아 있는 청기와 전각이기도 하다.

### 4) 희정당熙政堂

'희정熙政'이란 '정사를 널리 일으 킨다'는 뜻이다. 희정당은 대조전 남 쪽 침전寢殿에 딸린 국왕의 처소(便殿) 로, 어전회의실로도 사용되었다. 일종 의 왕의 응접실·회의실이었던 셈이 다. 희정당은 앞·뒤 양쪽이 복도로

희정당 현판

연결되어, 앞면은 궁궐의 입구로, 뒷면으로는 왕과 그 가족이 생활하는 중궁 전中宮殿 회랑으로 이어진다. 희정당은 선정전에 비하면 왕의 사적私的인 공 간이라고 할 수 있다.

### 5) 대조전大造殿

'대조大造'란 '큰 공功' 또는 '위대 한 창조'란 뜻을 지니고 있다. 대조전 은 왕비가 거처하는 곤전의 정당으로 지붕에 용마루가 없는 것이 특색이다. 이는 용으로 비유되는 왕이 상주하는 곳이기 때문이라고 한다. 현판의 뜻인

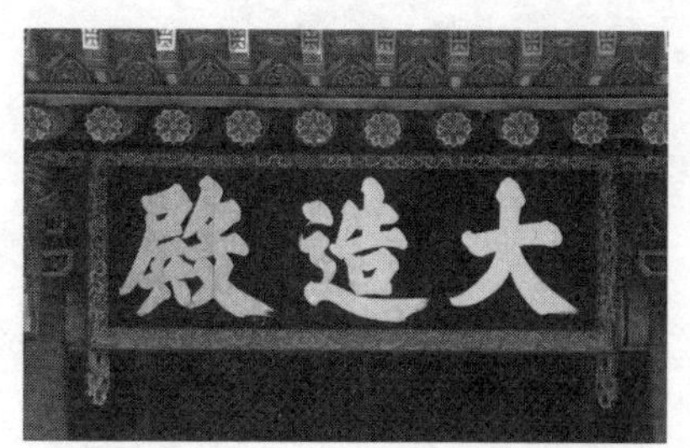

대조전 현판

'큰 공' 이란 다름 아닌 이 공간의 역할을 상징하는 것이기도 하다. 인간이 조물주의 세계에 한 발 참여할 수 있는 길은 남녀의 교합에서 열린다. 남녀교합, 즉 음양의 교합은 우주의 근원적 원리이며, 궁극의 세계이다. 그 궁극의 세계에 들어서서 이루어내는 '큰 공' 이나 '위대한 창조' 가 무엇이겠는가? 다름 아닌 지혜롭고 현명한 왕자의 생산을 두고 한 말일 것이다.

### 6) 내의원內醫院

내의원이란 이름은 순종이 이 일대에 살던 일제시기에 붙여진 것으로 추정되고, 본래의 명명은 성정각誠正閣이다. '성정誠正' 이란 말은 『대학』의 8조목 중 성의誠意와 정심正心의 앞 글자를 따온 것이다. 성의란 뜻을 순수하게 집중하는 것이고, 정심이란 마음을 바르게 하는 것이다. 왕이 학자들과 책을 공부하며 정책을 토론하는 것, 곧 서연書筵을 열던 곳으로 자주 쓰였다.

본래의 내의원은 인정전 서쪽에 위치하고 있었다. 「동궐도」에서는 '약방藥房' 으로 기록하고 있고, 또 '내국內局' 이라고도 하였다. 내의원은 고종 32년(1895)에 폐지되고 전의사典醫司로 개칭되었으므로 그 뒤에 성정각을 내의원 용도로 사용한 것 같다.

### 7) 낙선재樂善齋

낙선재는 헌종 13년(1847)에 국상을 당한 왕후나 후궁들을 위해 지어진 전각이다. '낙선樂善' 이란 '선善을 즐긴다' 는 뜻이다. 또 낙선재의 정문은

낙선재 현판



제2부 재미있는 수업모형 개발

장락문長樂門인데, 그 '장락'이란 '오래도록 즐거움이 있다'는 뜻으로, 신선이 살던 월궁月宮을 뜻하기도 한다. 이는 곧 선계에 들어섬을 의미하는 것이다. 외로운 처지가 된 여성들이 주로 거처하던 곳이기에 그들의 외로움

장락문 현판

을 위로하고자 하는 뜻을 엿볼 수 있다. 또 낙선재는 대한제국이 망하고 비운의 왕족들이 마지막 여생을 보내던 공간이기도 하였다.


## 8) 부용지芙蓉池

부용지는 비원秘苑의 중심에 있다. 비원은 조선시대의 커다란 궁궐 곧 경복궁, 창덕궁, 창경궁, 경희궁, 경운궁 뒤쪽에 자리잡은 정원으로 왕가에서 휴식을 취하던 곳이다. '부용芙蓉'이란 연꽃을 말하며, 부용지란 연꽃이 피는 연못이다.

부용정 현판

이 연못가에 있는 정자가 부용정芙蓉亭인데, 두 다리는 뭍에 두고 두 다리는 연당 속에 담그고 있는 형상이 마치 연못가에 솟아오른 한 떨기의 연꽃을 연상시킨다. 이곳은 왕의 연회장소로 사용되기도 하였는데, 특히 전시 합격자들을 축하하는 연회를 베풀기도 하였다.

### 9) 영화당暎花堂

‘영화당暎花堂’은 꽃 그림자가 춘당지에 비추듯 아름다운 공간이라는 의미이다. 창경궁 담이 세워지기 전의 본래의 춘당지는 훨씬 툭 터진 넓은 공간이었다고 한다. 이곳은 역대 왕들의 연회장소이며, 군사훈련을 참관하

영화당 현판

거나 활쏘기를 하던 곳이나, 전시(임금이 임한 자리에서 보는 과거시험)를 보던 장소로 유명하다.

### 10) 주합루宙合樓

부용지를 내려다보며 웅장하게 지어져 있는 2층 건물이 주합루이다. 후원의 백미라고 할 수 있는 곳으로, 조선의 정원을 소개하는 사진에 부용정과 함께 가장 자주 등장하는 건물로 친숙하다.

‘주합宙合’이란 본래 『관자管子』의 한 편명인데, 그 설명에 ‘옛날에서 지금에 이르는 시간을 주宙라 하고, 펼쳐져 있는 길로 이미 옛날에 통하고 또 지금에 합하니 그 안에 포함되지 않은 것이 없다(古往今來曰宙也, 所

어수문 현판

陳之道, 旣通往古, 又合來今, 無不苞羅也)’고 한다. 즉 시간적으로 옛날과 지금을 합하는 우주의 영역이다.

규장각奎章閣은 정조가 탕평책을 추진하던 무렵 세운 기구로, 국내외 도서



제2부 재미있는 수업모형 개발

들을 모아 왕립도서관의 역할은 물론, 인재를 등용해 국가정책 연구와 왕의 비서실 역할까지를 담당했던 기구로 발전하였었다. 건물의 1층은 규장각, 곧 서고書庫이고, 2층 누대가 주합루로 열람실이었다.

주합루 현판

이 주합루로 오르는 언덕 첫머리에 어수문魚水門이 서 있다. 어수문이라는 이름은 임금과 신하의 관계를 물고기와 물에 비유한 것이다. 영민한 물고기가 맑고 깊은 물을 만나면 용이 되어 하늘로 올라간다고 생각하여 붙여진 이름일 것이다.

어수문과 주합루

〈참고문헌〉


주남철, 『비원』, 대원사, 1992.
김영상, 『서울 600년』, 대학당, 1997.
홍순민, 『우리궁궐이야기』, 청년사, 1999.
장순용, 『창덕궁』, 대원사, 1997.




〈참고사이트〉


창덕궁 http://myhome.netsgo.com/cih1206/changduk/duk_frame.htm
창덕궁의 아름다움 http://my.dreamwiz.com/nemonimo/
궁궐 가는길 http://seoul.pr.co.kr
궁도우미 http://www.ocp.go.kr/l_palace/pal_cdk.html
우리궁궐지킴이 http://www.palace.or.kr/
궁궐이야기 http://myhome.naver.com/ehtrue/
아름다운 우리궁궐 들여다보기 http://home.hanmir.com/~happypalaces
전통건축이야기 http://members.tripod.lycos.co.kr/xx1xy3


제2부 재미있는 수업모형 개발

## 2. 사찰을 찾아서

유구한 역사를 거쳐온 사찰은 한국적 미학의 집적체이기도 하다. 창건할 당시의 상황은 연기설화 정도로 남아 있지만, 여러 시대의 장인의 손이 거쳐가면서 사찰의 자태는 거듭 변화를 하여왔다. 오늘날도 끊임없이 조금씩 그 양태를 바꾸어가고 있다고 보아야 할 것이다. 그런 사찰을 견학하다 보면, 거의 비슷한 종류의 편액扁額을 대하게 된다. 여기서는 이런 정형화된 현판의 의미 새김을 통하여 사찰을 이해해보려고 한다.

### 1) 당간지주幢竿支柱

절로 가는 길목에서 제일 먼저 만나는 것은 당간지주幢竿支柱이다. 곧 부처의 세계로 진입함을 알려주는 당간지주는, 깃발(幢)을 거는 막대기(竿)와 그것을 받치기 위한 돌기둥이다. '당간幢竿'이란 한자 그대로 '깃발을 거는 막대기'라는 의미이다. 또는 찰간지주刹竿支柱라고도 한다.

당간지주

### 2) 일주문一柱門

절은 부처의 세계, 불국정토를 의미하므로, 그 들어가는 문은 다름 아닌 불국정토로 들어가는 문이 된다. 그 첫 번째 관문이 일주문一柱門이다. 일주문이란 우선

내소사 일주문

기둥들이 일렬로 섰다고 해서 일주문
이라고 한다. 불교적으로는 일심一心
을 의미하고, 부처님께 귀의한다는
뜻이 담겨져 있다. 일주문은 그 안쪽

선운사 일주문 현판

을 진계, 바깥쪽을 속계라고 하여 경계가 되고 있다. 일주문에는 대체로 'ㅇㅇ
山ㅇㅇ寺'라는 현판이 달려 있고, 보통 자연목 기둥을 그대로 사용하며, 화려
한 공포지붕을 하고 있다.

### 3) 천왕문天王門

일주문을 통과하면서 마음을 청정하게 하
나로 다진 뒤에 계속 걷다 보면, 외호신外護神
을 모신 건물을 만난다. 금강력사상이 자리잡
고 있는 문은 금강문金剛門, 사천왕상四天王像
이 모셔진 문은 천왕문天王門이다. 천왕문이
란 글자 그대로 네 명의 천왕天王이 지키는
문이라는 뜻이다.

금강문 현판

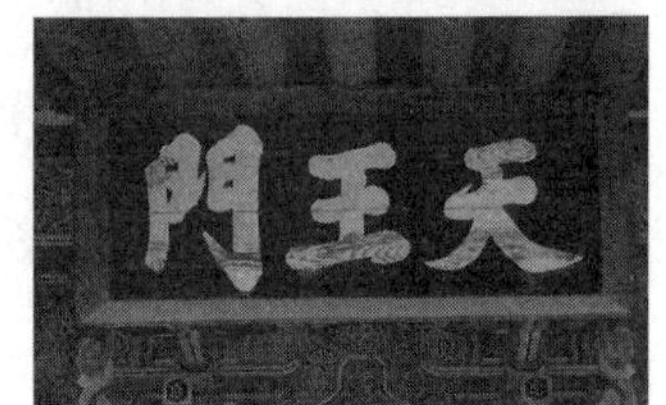

천왕문 현판

### 4) 불이문不二門

천왕문을 지나서 경내를 걷다보면 불이문
不二門을 만난다. '불이不二'란 둘이 아님을
뜻하며, 즉 더러움과 깨끗함, 선과 악, 중생과
부처, 생生과 사死, 번뇌와 깨달음 등 모든 상

불이문 현판

 제2부 재미있는 수업모형 개발

대적인 것이 둘이 아닌 경지를 의미한다. 이 불이문을 통과하여 불이의 진리로써 모든 번뇌를 벗어버리면 부처가 되고 해탈을 이룬다고 하여 해탈문解脫門이라고도 부른다. 불이문을 들어서면 부처님을 모신 법당이 보이고 그곳이 바로 불국정토이다.

### 5) 범종각梵鍾閣

범종각 현판

불이문과 동인선상에 범천梵天의 종소리가 흘러나오는 범종각이 위치한다. 범종각梵鍾閣은 말 그대로 범종이 있는 전각으로, 불이문으로 들어오는 구도자를 환영하고 그가 불이의 경지에 이르렀음을 알리는 하늘의 주악을 들려주는 곳이다.

### 6) 법당法堂

불상을 모신 전각殿閣을 법당이라고 한다. 절의 중심이 되는 곳으로 부처님의 세계를 축소하여 표현한 장소이다. 고대에는 금당金堂이라고 불렀으며, 중국이나 일본에서는 지금도 법당보다는 금당이 보편적인 명칭으로 불려지고 있다. 절 안에는 모셔진 본존불의 성격에 따라 현판을 달리하는 여러 전각들이 있게 된다.

**가. 대웅전大雄殿** : 대웅전은 항상 사찰의 중심에 위치한다. '대웅大雄'이란 부처

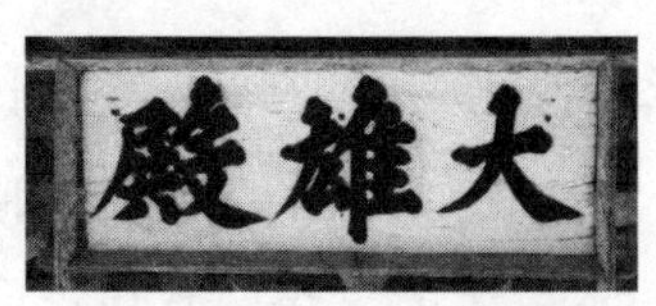

대웅전 현판

를 가리키는 말이고, 진리를 깨달아 세상에 두루 펼친 위대한 영웅이란 뜻이다. 즉 이곳에는 석가모니불釋迦牟尼佛을 본존으로 안치한다.

**나. 극락전**極樂殿 : 아미타불阿彌陀佛을 봉안한 전각이다. 아미타여래는 서방 극락세계에 살면서 중생을 위해 자비를 베푸는 부처이고, 끝없는 지혜와 무한한 생명을 지녔으므로 무량수불無量壽佛 또는 무량광불無量光佛이라고도 불린다. 따라서 극락전은 일명 무량수전無量壽殿이라 일컫기도 한다.

극락전 현판

무량수전 현판

**다. 대적광전**大寂光殿 : 화엄경을 근거로 하는 비로사나불, 일명 대일여래大日如來를 주불로 모시는 불전이다. 그러므로 화엄경에 근거한다는 뜻에서 화엄전, 화엄경의 주불이 비로사나불이라는 뜻에서 비로전毘盧殿, 그리고 화엄

대적광전 현판

경의 세계가 빛을 발하여 어둠을 쫓고 진리를 상징하는 연화장 세계, 즉 대정적의 세계라는 뜻에서 대적광전이라고도 한다.

**라. 명부전**冥府殿 : 지옥에서 고통받고 있는 중생의 구제를 위해서 영원히 부처가 되지 않는 보살인 지장보살地藏菩薩

명부전 현판



제2부  재미있는 수업모형 개발

을 주존불로 봉안한 전각이다. 많은 사람들이 죽은 후 지옥의 시련에서 구해주는 것으로 신앙되어 중국을 비롯한 우리나라, 일본 등에서 특히 민간들의 깊은 믿음을 받았다.

**마. 나한전**羅漢殿 : 석가모니의 16대 제자를 모시는 불전이며 우리나라 사찰에서 흔히 볼 수 있는 불전이다. 나한羅漢이란 부처님의 제자들 중 소승의 계위인 아라한과에 오르신 성자들을 일컫는 말이다.

나한전 현판

**바. 삼성각**三聖閣(산신각山神閣, 칠성각七星閣, 독성각獨聖閣) : 법당 뒤쪽 한편에 우리 민족 고유의 토속신들을 불교적으로 수용하여 모셔놓은 조그마한 전각이다. 재물을 주는 산신山神, 자식과 수명을 관장하는 칠성七星, 복락을 선사하는 독성獨聖은 인간의 복을 관장하는 신들로 사람들은 이곳에서 구복求福적인 기원을 하였다. 3칸일 경우에는 산신과 칠성과 독성을 함께 모신 삼성각三聖閣이 되고, 한 칸의 건물을 지어 산신, 독성, 칠성을 따로 모실 경우에는 산신각, 독성각, 칠성각이라는 독립된 이름을 붙였다.

삼성각 현판

이 밖에 산악숭배신앙을 불교에서 수용한 산령각山靈閣, 약사여래를 봉안한 전각 약사전藥師殿, 미륵불을 봉안한 전각 미륵전彌勒

약사전 현판

殿, 관음불을 봉안한 관음전觀音殿, 보현보살을 봉안한 보현전普賢殿, 문수보살을 봉안한 문수전文殊殿 등이 있다.

미륵전 현판

## 7) 탑塔

일반적으로 사찰의 법당 앞에는 부처의 진신사리眞身舍利를 안치하는 건조물인 탑塔이 있다. 원래는 부처의 사리를 넣기 위해서 돌이나 흙 등을 높게 쌓아올린 무덤을 말한다.

탑의 기원은 분명하지 않지만 분묘의 성격이 있기 때문에, 불교 이전부터 행해지고 있었던 것 같다. 탑은 단순한 무덤이 아니라 부처의 사리를 안치하는 성스러운 구조물로서 불교의 전파와 함께 각 나라에 널리 세워졌으며, 나라마다, 시대마다 그 의미나 양식이 변하였다.

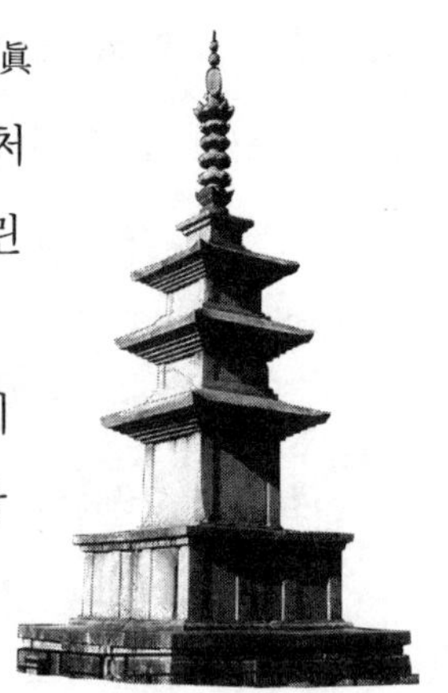

불국사 삼층석탑

탑의 종류는 만들어진 재질과 형태에 의해 분류된다. 중국에서는 벽돌로 만드는 전탑塼塔, 우리나라에는 석재로 만드는 석탑石塔, 그리고 일본은 나무로 만드는 목탑木塔이 특히 발달하여 탑의 주류를 이루었다.

## 8) 심우도尋牛圖

법당의 양 측면과 뒷면에는 보통 불교에 관한 벽화들이 장식되어 있다. 그

중에서 가장 보편적으로 그려져 있는 것이 '심우도'와 '팔상도'이다. 심우도
는 본성을 찾아 수행하는 단계를 동자童子나 스님이 소를 찾는 것에 비유해서
묘사한 불교 선종화禪宗畵이다.

| | | |
|---|---|---|
| 가. 심우尋牛 | 자신의 본성을 잊고 찾아 헤매는 모습. |  |
| 나. 견적見跡 | 본성의 발자취를 느끼기 시작하는 모습. |  |
| 다. 견우見牛 | 사물의 근원을 보기 시작하여 견성見性에 가까웠음을 뜻함. |  |
| 라. 득우得牛 | 자신의 마음에 있는 불성佛性을 꿰뚫어보는 견성의 단계. |  |
| 마. 목우牧友 | 얻은 본성을 고행과 수행으로 길들여서 삼독의 때를 지우는 단계. |  |
| 바. 기우귀가 騎牛歸家 | 아무런 장애가 없는 자유로운 무애의 단계. |  |
| 사. 망우재인 忘牛在人 | 고향에 돌아온 후에는 모두 잊는 단계. |  |
| 아. 인우구망 人牛俱忘 | 소도 사람도 실체가 없는 모두 공空임을 깨닫는 경지. |  |
| 자. 반본환원 返本還源 | 있는 그대로의 세계를 깨닫는 참된 경지. |  |
| 차. 입전수수 入廛垂手 | 중생제도를 위해 속세로 나아감. |  |

<참고문헌>

「조선시대 사찰건축의 전각구성과 배치형식 연구」, 김봉렬, 서울대학교 박사학위논문,
　　　1989.
「조선시대 사찰배치의 서사구조」, 양상현, 서울대학교 박사학위논문, 1999.
「고려시대 사찰건축의 공간구성에 관한 연구」, 이정국, 한양대학교 논문집, 1997.


<참고사이트>

사찰에 관한 명상 http://net-in.co.kr/blackstar/
불국사 http://www.bulguksa.or.kr/

## 3. 전시회 패널 읽기

여기서는 박물관 및 전시회에 준비되어 있는 패널 속의 한자어를 읽어보려고 한다. 짤막한 내용 속에 많은 정보를 담고 있는 패널을 이해하게 되면, 해당 문화재에 대해 더욱 깊은 감동을 갖게 될 것이다.

전통과의 만남은 유적을 견학하며 같은 공간에서 시간의 추이를 되새겨보는 방법과, 남겨진 유물을 통하여 같은 기물에서 공간을 초월한 정감을 공유히는 방법이 있다. 다행히 근래에 들어서는 내실 있는 전시회가 자주 기획되어 유물감상에 좋은 환경이 형성되고 있다.

전시회를 감상하며 사다놓은 도록圖錄 중, 1996년 12월 호암미술관에서 있었던 몽유도원도와 조선전기국보전-위대한 문화유산을 찾아서(Ⅱ)의 도록은 내가 가장 아끼는 것이다. 이번에는 이 전시회의 도록을 넘기며 여행을 해보자.

### 1) 몽유도원도夢遊桃園圖

현존하는 조선시대 산수화山水畵 가운데 가장 오래된 작품이다. 다음은 이 그림에 부착되어 있던 패널의 내용이다.

패널은 이처럼 간단명료하게 되어 있지만, 많은 정보를 담고 있다. 제목과 작자, 생산연도, 작품의 상태, 그리고 현재 소장처를 보여준다.

'몽유도원'에 관한 설명을 듣지 않고라도 이 그림을 직접 대하면, 누구나 산수화 한가운데 귀엽게 물들어 있는 아련한 분홍빛에서 눈길을 옮길 수가 없다. 다른 산수화에서는 흔히 접할 수 없는 분위기의 분홍빛이기 때문이다. 안평대군의 발문跋文에 의하면 '몽유도원도夢遊桃園圖'는 안평대군이 꿈속에 복숭아꽃 동산에서 노닐었는데, 그 꿈속의 광경을 안견安堅에게 설명해주고 그리게 하니, 3일 만에 그림을 완성하여 탄생되었다고 한다.

안평대군은 아마도 도잠陶潛의 「도화원기桃花源記」에 유래하는 '무릉도원武陵桃源'에서 한바탕 꿈을 꾸었던 것이리라. 도화원기의 줄거리는 크게 네 부분으로 나뉘어진다.

1) 어부인 무릉 사람이 고기잡이를 하다가 길을 잃고 홀연히 도화림桃花林에 도달한다.

2) 숲이 끝나는 곳에 산이 있고, 산의 작은 입구로 들어가니 갑자기 윤택하고 평화로와 보이는 마을이 나타난다.

3) 그곳 사람들에게 어부는 융숭한 대접을 받고 며칠을 지내고 다시 세상으로 돌아온다.

4) 돌아와 자신이 격은 사실을 기록하여 태수에게 보고하니, 이후 많은 사



제2부 재미있는 수업모형 개발

람이 그 이상향을 찾아 길을 떠났으나 끝내 성공하지 못하였다.

이상향을 찾는 인간의 욕망을 엿볼 수 있는 내용이다. 그런데 안견의 그림은 줄거리의 1)의 도입 부분을 네 무더기의 경군景群으로 나누어 형상화하였다. 그 중 네 번째가 그림의 핵심인 도원의 경치를 보여주고 있다.

### 2) 고사관수도高士觀水圖

高士觀水圖
姜希顔, 朝鮮 15世紀, 종이 · 水墨, 23.5×15.7㎝, 國立中央博物館 所藏.

조선 초기 세종대에 안견과 함께 쌍벽을 이루었던 화가 강희안의 작품 「고사관수도」를 설명하는 패널이다. 패널의 내용은 제목만 빼고는 앞의 패널과 거의 비슷한 형식이다. 여기서 고사高士의 사전풀이는 '인격이 높고 성품이 깨끗한 선비', 특히 산속에 숨어살며 세속에 물들지 않은 덕망 있는 선비를 말한다. 그림에서 보여지는 정경처럼 학식과 인품이 고매한 선비가 여유롭게 돌에 몸을 기대고 물을 감상하는 그림이다.

### 3) 분청사기상감모란문사이호粉靑沙器象嵌牡丹文四耳壺



위의 패널을 다시 세분하여 읽어보면 분청사기粉靑沙器, 상감象嵌, 모란문(牡丹文), 사이호四耳壺가 된다.

'분청사기'는 바탕흙(胎土)으로 형태를 만든 후, 백토를 입히고 이 백토 면에 그리거나 새기거나 긁어서 여러 가지 방법으로 문양을 나타낸 다음 유약을 입히는 방법으로 제작하는 도자기이다. '상감'이란 분청사기의 분장과 무늬를 나타내는 7가지 기법 중의 하나이다. 표면을 선이나 면으로 판 후 백토나 자토(赭土)를 감입嵌入해서 무늬를 나타내는 기법이다. '모란문'은 상감기법으로 그려 넣은 문양의 내용이고, '사이호'란 네 귀퉁이에 끈을 넣을 수 있는 고리가 달려 있는 항아리라는 뜻이다.

분청사기의 특징은 청자나 백자에서는 볼 수 없는 자유분방하고 활력이 넘치는 실용적인 형태와 다양한 분장기법粉粧技法, 그리고 의미와 특성을 살리면서도 때로는 대담하게 생략·변형시켜 재구성한 무늬라 할 수 있다.

이렇듯 패널은 정형화된 내용으로 구성되었다. 패널에 사용되는 어휘를 몇 개만 알고 있으면 거의 모든 작품의 패널을 어려움 없이 읽고 작품을 감상할 수 있게 된다. 그러면 잠시 여기서 패널 읽는 연습을 해보도록 하자.

粉靑沙器象印繩簾文甁
朝鮮, 15世紀 後半, 高 32.6, 口徑7.0, 底徑7.5cm, 湖岩美術館 所藏.

### 4) 청화백자매죽문호靑華白磁梅竹文壺

靑華白磁梅竹文壺
朝鮮, 15世紀, 高 41.0, 口徑15.7, 底徑18.2cm, 國寶 219號, 湖岩美術館 所藏.

위의 패널은 청화백자靑華白磁, 매죽문梅竹文, 호壺가 된다. '청화백자'란, 백토로 기형器型을 만들고 그 위에 회청回靑 또는 토청土靑이라 불리는 코발트 안료로 무늬를 그린 다음, 그 위에 순백의 유약을 씌워서 맑고 고운 푸른색의 무늬가 생기게 만든 자기이다. '매죽문梅竹文'은 매화와 대나무를 그린 무늬이다.

조선전기의 백자문양에는 왕가王家의 상징인 용이나, 선비들의 상징인 매화, 대나무, 소나무 등이 많이 등장하고, 들국화, 포도, 곤충, 새 등 한국적 정취가 짙은 서정적 문양도 나타난다. 초기에는 복잡한 구성의 다분히 중국적인 문양이 나오지만, 차츰 구성이 간략하게 되고 비어 있는 공간이 넓어지게 된다. 이러한 문양의 변화를 통하여 외래문화의 수용과 한국적인 변용의 과정을 살펴볼 수 있다.

### 5) 백자철화수뉴문병白磁鐵畵垂紐文瓶

> 白磁鐵畵垂紐文瓶
> 朝鮮, 15-16世紀, 高 31.4, 口徑7.0, 底徑10.6cm, 寶物1060號,
> 國立中央博物館 所藏.

위의 패널을 끊어 읽으면, 백자白磁 철화鐵畵 수뉴문垂紐文 병瓶이 된다. '백자' 란 순백색의 바탕흙(胎土) 위에 투명한 유약釉藥을 씌워서 번조燔造한 자기이다. '철화' 란 백자에 다갈색, 흑갈색 계통의 무늬가 나타나도록 하는 철분안료이다. '수뉴문' 은 산화철안료酸化鐵顔料로 그린 늘어진 끈 무늬이다. '병' 은 도자기의 모양새 및 용도를 나타낸다. 즉 흰 도자기에 철분안료로 끈 무늬를 그린 병이란 것이다.

〈참고문헌〉


이동주, 『한국회화사』, 서문당, 1972.
안회준, 『한국회화사』, 일지사, 1980.
오주석, 『옛 그림 읽기의 즐거움』, 솔, 1999.
원일안, 「조선조 도자기에 나타난 표현기법에 관한 연구」, 삼척대학교논문집, Vol.26
        No.1, 1993.
정재규, 『이조분청사기문양의 추상성 연구』, 연세대학교 석사학위논문, 1977.



〈참고사이트〉


한국의 도자기 http://www.koreafolkart.com/

## 4. 유적지 안내판의 건축양식

지방자치제가 실시되면서 각 지역사회는 그동안 잊혀졌던 옛 선인의 자취를 발굴 복원 정비하는 사업이 한창이다. 그런 가운데 페인트가 떨어져 나가고 글자가 깨져 읽을 수 없었던 남루한 안내판들도 새 단장을 하였고, 내역도 몰랐던 유적에는 새로운 안내판이 설치되었다.

그런데 관에서 설치한 이런 종류의 안내판은 일정한 양식이 있다. 유홍준 씨도 『문화유산답사기』에서 말한 것처럼 고건축의 전문적인 용어로 유적을 설명하고 있는 것이다. 여기에 어쩔 수 없는 필요에서 우리는 이 안내판을 읽기 위한 사전준비가 필요하게 된다.

예를 들면, 화석정花石亭의 안내판에는 맨 마지막 한 줄에 다음처럼 적혀 있다.

> 건축양식은 팔작지붕 겹처마에 초익공 형태로 조선시대 양식을 따랐다.

이 문장을 읽고 '팔작지붕'은 지붕양식이고, '겹처마'는 처마의 형식이라는 것은 알 수 있지만, '초익공'이 처마를 바치는 공포 중의 하나라는 것은 알고 있기 어렵다.

또 다른 예를 들어보자. 자운서원紫雲書院을 설명하는 안내판에서의 인용이다.

> 건물의 구조는 익공계翼工系 형식으로 처리되었고 지붕은 합각이다. 삼문은 양 측면을 박공으로 바감한 솟을대문 모양이다.

우리는 전통건축용어 중 적어도 문화재 설명의 안내판에 등장하는 용어 정도는 알아둘 필요성을 절감하게 된다.

우선 지붕에 관한 용어를 알아보자.

### 1) 맞배지붕

가장 간단한 지붕형식이며, 지붕 면이 양면으로 경사를 지어 책을 반쯤 펴놓은 八자형으로 되었다. 정면에서 보면 장방형의 지붕 면이 보이며, 측면에서는 지붕 면 테두리(내림마루)가 보일 뿐이다. 맞배지붕은 측면 가구架構가 노출되므로 측면관側面觀이 중요하게 여겨졌다. 이는 주로 주심포 집과 고려 이전에 많이 사용되었고, 상류주택의 행랑채와 서민주택의 몸채에 이용되었다.

### 2) 우진각隅-閣지붕

네 면에 모두 지붕 면이 만들어진 형태. 전후에서 볼 때 사다리꼴 모양이고 양 측면에서 볼 때는 삼각형의 지붕형태를 가지고 있다. 용마루와 추녀마루만 있고 내림마루가 없는 지붕으로, 원초적인 형태이다.

우진각지붕은 성문城門이나 누문樓門에 많이 사용하여 왔는데, 그 대표적인 예로는 서울 남대문(숭례문)·광화문 등이 있다. 또한 궁전이나 정원 등에서 소규모의 정자亭子 건축에 많이 사용되는데, 실례로는 경복궁 내의 향원정이 있다.

### 3) 팔작八作지붕

기와지붕 중에서 가장 아름다운 구성미를 지닌 지붕구조이다. 우진각지붕

위에 맞배지붕을 올린 것과 같은 형태의 지붕. 측면에도 지붕이 만들어지기는 하지만 우진각지붕처럼 삼각형 끝점까지 기와가 올라가는 것이 아니라 작은 박공[1] 부분이 만들어지는 지붕이다. 전·후면에서 보면 갓을 쓴 것과 같은 형태이고 측면에서는 사다리꼴 위에 맞배지붕의 측면 박공을 올려놓은 것과 같은 형태이다. 주로 다포집에서 많이 사용되었다. 용마루[2]와 내림마루[3], 추녀마루[4]가 모두 갖추어져 화려하고 장식적인 지붕이다. 현존하는 중요 법당의 대부분은 팔작기와지붕 구조이다.

다음은 한국·일본·중국 등지의 전통 목조건축에서 처마 끝의 하중을 받치기 위해 기둥머리 같은 데 짜맞추어 댄 나무 부재部材인 공포栱包의 배치방법에 따른 분류이다.

### 1) 주심포柱心包 집

주심포식 공포는 기둥 즉 주심柱心 위에만 공포가 있는 방식이다. 주심포 양식은 원래 중국 화남지방에서 성행하던 것으로, 한국과 교류하는 과정에서 전해져 재래의 목조건축에 이용되면서 점차 본고장인 화남지방의 주심포 집과는 다른 양식으로 확립되어 갔다고 한다.

한국 주심포 양식의 가장 오래된 건물이 부석사 무량수전無量壽殿이다. 부

---

1) 박공 : 맞배지붕이나 팔작지붕의 합각부분에 '사람 인(人)' 자 모양으로 걸린 판재. 도리의 말구에 부착하여 도리를 가려주고 목기연이 올라가는 바탕이 된다.
2) 용마루 : 앞지붕 면과 뒷지붕 면이 서로 만나게 되는, 지붕에서 가장 높은 부분에 생기는 지붕마루.
3) 내림마루 : 팔작지붕의 박공이 걸리는 지붕의 양쪽 끝에 생기는 지붕마루.
4) 추녀마루 : 건물의 모서리에 45도 방향으로 추녀 위에 만들어지는 지붕마루. 추녀가 없는 맞배지붕에는 존재하지 않는다.

 제2부 재미있는 수업모형 개발

석사 무량수전이 한 조형祖形이 되어 이 계통의 목조건축이 조선 전기에 가장 성행하였으며, 중기와 후기에도 한국 법당法堂 건축에 사용되어 왔다.

### 2) 다포식多包式 집

다포식은 공포를 기둥 위는 물론이고, 기둥과 기둥 사이 간살이에도 일정한 간격을 두고 공포를 배치하는 방식이다. 포가 많다고 해서 다포라고 부른다.

원元나라가 중국 동북지방에서 성행하던 두공枓?이 많고 장중하고 위풍 있는 옛 북조北朝 계통의 목조건축 양식을 중원中原에 이식시킨 것으로, 고려와 원의 교류과정에서 한국에 전해졌다.

조선 전기에는 왕궁, 사찰의 주요 법당 등에 부분적으로 채용되었는데, 매우 성행하여 말기에는 지방의 조그마한 비각에도 채용되었다.

### 3) 익공식翼工式 집

주심포 형식 중에서 장식적인 효과를 내기 위하여 기둥 위에 새 날개처럼 뻗어나온 첨차식檐遮式 장식을 얹은 양식이다. 익공식은 주심포와 같이 기둥 위에만 익공을 얹었으나 세부기법은 다포식과 흡사하다.

익공집의 근원은 고려시대로 추측되나 건축수법과 외형은 조선 초기에 체계화된 것으로 보인다. 조선시대 대규모 중요 건축은 다포집 양식이었고, 2차적으로 중요한 건축은 주심포집 양식을 사용한 것이 일반적이었으나, 그 이외에 부차적인 건축에는 전반적으로 익공집 양식이 사용되었다.

위의 안내판에 보이는 '초익공' 이란 익공이라는 부재가 1개인 경우이다. '이익공' 이라면, 익공이란 부재가 두 개인 경우이다.

다음에는 전통건축의 구조 중 주요 부분에 대하여 알아보자.

## 1) 가구架構

집을 만드는 뼈대의 얽기이다. 가구에서 가장 중요한 구조부재가 되는 것이 기둥과 보, 도리 등이다. 이런 부재가 어떤 형식을 갖느냐 하는 것이 가구법이다. 정면 칸수와 측면의 단면구조를 말하는데, 3량, 5량, 7량, 9량집으로 구분한다.

3량집은 앞뒤 기둥에 주심도리를 얹고 보를 건너지른 다음에 보 중앙에 대공을 세워 종도리를 올리고 양쪽으로 서까래를 얹은 집이다. 5량집은 일반 한옥에서 가장 많이 사용하는 형식으로 주심도리와 종도리 사이에 중도리가 하나 더 걸리는 구조이다. 7량집은 사찰이나 궁궐 등의 큰 건물에서 주로 이용된 가구법이다.

## 2) 기둥

건축공간을 형성하는 기본 뼈대 중의 하나로서 지붕·바닥·보 등 상부의 하중을 지탱하는 수직재垂直材이다. 한국 목조건축의 기둥은 기둥머리·기둥몸·기둥뿌리의 크기가 동일한 원통기둥, 기둥몸이 가장 큰 배흘림기둥과, 기둥머리보다 기둥뿌리의 지름을 크게 한 민흘림기둥의 3가지 모양이 있다.

## 3) 보

보통 건물의 앞뒤 기둥을 연결하는 수평구조부재이다. 서까래와 도리를 타고 내려온 지붕의 하중이 최종적으로 보를 통해 기둥에 전달된다. 수직구조재로 가장 중요한 것이 기둥이라면 수평구조재로 가장 중요한 것이 바로 보이다.

## 4) 도리

구조부재 중 가장 위에 놓이는 부재로서 서까래를 받는다. 가구고조를 표현하는 기준이 되며 도리의 높낮이에 따라 지붕물매가 결정된다.


### 5) 천장天障

천정天井이라고도 하며, 천장의 양식은 건축의 내부에서 자주 거론되는 것
이다.

(1)**연등천장** : 천장을 만들지 않고 서까래가 그냥 노출돼 보이도록 한 것. 가
구부재들이 아름다워 천장으로 가리지 않아도 충분한 고려시대 주심포
건물에서 많이 사용되었다.

(2)**우물천장**(순각반자) : 살림집보다 궁궐이나 사찰 등에서 주로 볼 수 있는
천장. 말 그대로 '우물 정(井)' 자처럼 생겼다.


### 6) 탑


우리는 수많은 석탑 앞에 놓여 있는 탑신塔身을 설명하는 말에 당혹감을 느
낀 적이 있었을 것이다. 그것을 하나하나 살펴보기로 한다.


(1) 상륜부(相輪部), 탑두부(塔頭部) : 맨 꼭대기 지붕 돌 위의 금속이나 돌로
만든 장식이다.

보주(寶珠) : 맨 꼭대기에 있는 구슬 모양으로 만든 장식.

수연(水烟) : 보륜 꼭대기에 얹는 불꽃 모양의 장식.

보개(寶蓋) : 보륜과 수연 사이에 있는 덮개 모양의 장식.

보륜(寶輪) : 보개 밑에 있는 청동으로 만든 아홉 층의 기둥머리 장식.

앙화(仰花) : 복발 위에 꽃잎을 위로 향하여 벌려놓은 연꽃 모양의 장식.

복발(覆鉢) : 노반 위에 있는 사발을 엎어놓은 모양의 장식.

노반(露盤) : 맨 꼭대기 지붕 바로 위에 놓여 상륜부를 받치는 부재.

(2) 탑신부(塔身部) : 기단부 위에 있는 탑의 몸체가 되는 부분으로 옥개석·
낙수면·우주 등으로 이루어진다.

옥개석(屋蓋石) : 지붕돌. 탑신塔身을 지붕처럼 덮는 돌.

낙수면(落水面) : 지붕돌 위에 빗물이 흘러내리는 면.

우주(隅柱) : 귀기둥. 탑신의 귀퉁이나 구석에 세운 기둥.

(3) 기단부(基壇部) : 터를 다진 후 터보다 한층 높게 쌓은 단으로 탑에서는
지반에서부터 옥신굄까지이다.

상대갑석(上臺甲石) : 상대중석 위에 있는 몸돌을 받치는 크고 넓적한 돌.

갑석부연(甲石副椽) : 계단 모양으로 갑석을 받치고 있는 돌.

상대중석(上臺中石) : 상대갑석과 하대갑석 사이에 세워진 돌.

하대갑석(上臺甲石) : 상대중석을 받치고 있는 돌.

하대저석(下臺甲石) : 지대석 위에 있는 탱주와 우주를 받치는 돌.

갑석(甲石) : 돌 위에 뚜껑처럼 덮어놓은 납작한 돌.

탱주(撑柱) : 버팀기둥. 기단의 면석 사이나 면석의 귀퉁이에 세운 기둥.

지대석(地臺石) : 지댓돌. 탑을 세우기 위하여 잡은 터에 쌓은 돌.

면석(面石) : 기단의 대석과 갑석 사이를 막아 댄 넓은 돌.

<참고문헌>

문화재관리국,『고건축용어해설』, 문화재관리국, 1970.
국립문화재연구소,『한국의 고건축』, 국립문화재연구소, 1994.


<참고사이트>

고건축 용어 http://www.archimuseum.com/inform/word/html/word.html
한국고건축박물관 http://www.archimuseum.com/index1.html
한국전통건축 http://www.a21.co.kr/goarch/

# 한자문화권 속의 한문수업

## 1. 한자를 알면 의사소통이 돼요

영어를 공부하면서 출구가 보이지 않는 굴속을 헤매는 느낌을 받다가, 일본어 공부로 전향을 하여보았다. 전공이 한문교육인 덕분에 처음에는 일본어와 우리말은 어순이 같아서 마치 땅 짚고 헤엄치는 기분이었다. 곧 영어에서 찾지 못하던 출구를 찾을 듯한 예감도 들었다.

그 후 일본 현지에서 유학생활을 보내면서 나름대로 의사소통이 가능하고 강의수강과 세미나 발표에 곤란을 겪지 않을 정도로 일본어를 습득하게 되었다. 그러면서도 내심은 산뜻하지 않은 점이 있었다. 즉 동음이자를 정확하게 표기하는 한자쓰기의 문제이다.

일본인들은 국어의 한 과정으로 어휘의 일본어 음으로 알게 되면, 그에 해당하는 한자쓰기를 체계적으로 학습한다. 이런 과정이 수도 없이 되풀이되면서 빠르고 정확하게 동음이자를 실수 없이 사용하고 있다.

그 즈음 평소에 쓰는 한글문장에서 한자어의 경우는 가능하면 한자로 표기하는 연습을 한다면, 일본어 학습에 많은 도움이 되겠구나 하는 점을 뒤늦게



제2부  재미있는 수업모형 개발

깨달았다. 이런 뒤늦은 깨달음이 다시 중국어를 공부하면서는 더욱 뼈에 사무치게 느끼게 되었다.

대만사범대학에 어학연수를 가서 영국인, 일본인, 캐나다 거주의 화교, 그리고 한국인으로 구성된 반에서 수업을 받은 적이 있다. 한자를 알고 있는 나와 일본인이 반의 학습을 주도하는 듯하였지만, 문장표현의 적절함이라는 면에서는 단연코 영국인과 화교학생에게 뒤떨어 졌다. 선생님의 말씀이 일본인과 한국인은 단어는 많이 알지만, 어순이 정확하지 않아 표현이 어색하다는 것이다. 그 버릇은 여전히 고쳐지지 않아 지금도 어린아이 수준의 중국어에서 벗어나질 못하고 있다.

하지만, 영어에 들인 노력에 비하면 일본어와 중국어의 경우는 경제성이 높은 어학공부였다고 생각한다. 투자한 시간과 노력에 비하면 얻은 수확도 크다. 즉 현지에 가서 직접 사용하면서 뿌듯한 성취감을 얻을 수 있었다.

그 이유는 여러 가지이겠지만, 본 강의에서 말하고 싶은 것은 '한자' 의 힘이라는 것이다. 유학시절 일본근세사를 전공하는 독일인 친구가 있었는데, 그 친구의 어머니는 영국인이고, 아버지는 독일인이라고 한다. 그 친구는 집에서는 영어를 사용하고 집 밖에서는 독일어를 쓰고, 다시 일본유학 와서는 일본어를 사용하는데, 이탈리아어와 스페인어 그리고 불어도 느린 속도로 말하고 들을 줄 알았다. 놀라는 나에게 그 친구는 자신의 언어감각이 뛰어난 것이 아니라, 라틴어가 베이스로 된 언어군言語群이기 때문에 가능하다고 설명하였다.

이것은 우리에게도 마찬가지다. 한자가 베이스를 이룬 한국어, 일본어 그리고 중국어의 경우는 조금만 노력하면 부족한 대로 의사소통이 가능하다. 흔히 우리 국어사전의 명사 단어 중 80%가 한자어라고 하지만, 현대 우리의 언어생활에는 한자어뿐만 아니라 다른 외래어도 상당히 많은 수를 점유하기 때문에 약 70% 정도로 보는 것이 타당할 것이다. 그것은 이전에 한자를 사용하던 베트남의 경우도 해당된다.

필자는 이렇게 한자가 언어생활의 기초를 이루고 있는 지역 – '한자사용권'을 곧바로 '한자문화권' [1]이라고 지칭할 수 있는지에 대해서는 별고로 미루고, 여기서는 '한자' 학습이 이웃나라와의 의사소통에 얼마나 도움이 되는가를 생각해본다.

이따금 한·중·일 학회에 참가해보면 중국어와 일본어 회화가 자유롭지 않은 연구자들은 필담筆談으로 의사소통을 하는 경우가 있다. 그것은 한자실력이 상당히 바탕이 되어야 한다는 것이 전제조건이지만, 간단한 일상용 한자로도 가능하다. 물론 구어口語로 의사소통을 하는 것보다는 시간도 많이 걸리고 필기도구를 사용할 안정된 분위기도 필요하지만, 그 또한 의사소통의 한 방법으로 예전의 우리 조상 때부터 즐겨 사용되던 방법이기도 하다. 조선시대 북학파의 실학자인 홍대용, 박지원 등 역관 출신이 아닌 대부분의 조선인 여행객들이 중국을 여행할 때 사용하던 방법이며, 일본통신사들이 일본의 여기저기를 주유할 때 사용하던 방법 또한 이것이다.

현대는 물론 세계공용어라 일컬어지는 영어의 도움도 받을 수 있지만, 중국과 일본의 경우는 영어가 의외로 도움이 되지 않고 있다. 한자표기를 조금은 부정확하고 부족하게 표현하여도 영어보다 의사소통이 쉽게 된다.

이쯤에서 예를 들어 확인하여보자.


韓) 내 姓名은 ○○○이고, 現在 中學校 教師입니다.

日) 私の名前は○○○で, 現在, 中学校の教師です.

---

1) 한문이 중세 공동문어의 역할을 하고 그에 따라 한문문명권이 성립되었다고 본다 (조동일, 『문명권의 동질성과 이질성』, 1999. 4, 지식산업사).



제2부  재미있는 수업모형 개발

中) 我的名字是○○○, 现在, 中学的教师.


이렇게 그 나라의 문법에 맞게 그 나라의 어휘를 사용하면 말할 나위 없이 좋겠지만 그렇지 않아도 '姓名', '現在' '中學校' '敎師' 라는 어휘를 한자로 표기할 수만 있다면 간단한 자기소개는 어려울 것이 없다. 만일 이런 한자어를 나열만 하여도 상대방은 나의 이름과 직업을 짐작할 것이다.

여기서 보다 의사소통을 수월히 하기 위해서는 몇 가지의 기본지식을 갖추는 것이 좋다.

일본이 목적지면, 종결어의 ~です(입니다)와, 조사의 ~は(~은, 는), ~の(~의, ~의 것), を(~을, 를), ~か(~까, 의문), と(~와, 과), で(~에서, 장소) , へ(~로, 방향), から(~에서, ~부터), まで(~까지) 정도를 알고, 한자어에 연결하여 우리말 사용하듯 표현하면 훨씬 소통이 수월할 것이다.

간단한 조사와 종결형 표현 몇 가지를 알면, 위의 문장에서의 일본어 조사와 종결어미도 이해될 것이다. 여기서 다급한 사정이 생겼을 때를 상상하여 한자어 표기를 해보자. 여행지에서 제일 자주 생겨나는 일 중에 화장실을 찾는 경우이다.


韓) 罪悚하지만, 化粧室이 어디입니까?
日) すみませんが、お手洗いは何処ですか。
中) 对不起, 洗手间在哪儿?


이렇게 생활용어 등은 3국이 각각 서로 다른 어휘를 사용하지만, 그 중에서 '化粧室' 또는 '便所' 라는 한자어는 삼국에서 모두 의미가 통한다. '便所' 라는 단어를 현재 회화에서 기피하는 것조차 삼국이 공통이다. 이렇게 필요한 단어를 한자로 표기할 수 있으면, 상당히 큰 힘이 됨을 알 수 있다.

여기서 입장이 바뀌어 일본인이나 중국인이 한국에 와서 필담으로 의사소통을 원하다고 하더라도 마찬가지다. 이 경우는 우리가 한자로 표기하는 것보다, 한자를 늘상 사용하는 사람들이라 어려움은 반감하리라 생각된다. 하지만, 써서 보여주는 한자를 전혀 못 읽을 경우는 문제가 생긴다. 화장실을 便所로 표기하지 않고, 자신들의 일상어로 표기하였을 경우 눈치껏 알아보는 것이 중요하다. 만약을 대비하여 'お手洗い · 洗手間' 정도는 알아두는 것이 좋을 듯하다.


그럼 여기서 연습문제로 일본의 거리에서 "동경역까지의 약도를 부탁합니다"를 한자로 표기해보자. "東京駅までの略図を付託합니다"라고 하였다면 거의 100% 통한다. 일본어적인 표현으로 바꾸면, "東京驛までの略図をお願いします"가 된다. 여기서 한글문장의 어휘를 한자표기하면 상당히 의사소통에 도움이 됨을 알 수 있다.

다음은 중학교 1학년 한문교과서에 인용한 한자어들이다.

心身, 手足, 耳目口鼻(중앙 1-42)

至誠, 感天, 校訓, 勇氣, 創意 師弟間, 尊敬(중앙 1-65)

友好, 兄弟, 森林, 光明(박영 1-20)

人間, 社會的, 經濟, 政治, 先公後私, 共同體社會(박영 1-78)


위의 예문의 한자어처럼 표기한다면, 삼국에서는 거의 통하고 있다. 이처럼, 중학교 수준의 한자어만 제대로 익혀 표기가 가능하면 의사소통을 하는 데는 상당한 도움을 받는다.

 제2부 재미있는 수업모형 개발

일본어에는 한자읽기가 두 종류 있다. 하나는 한자를 음독音讀하는 것이고, 다른 하나는 훈독하는 것이다. 예를 들면, '私'를 자신이라는 의미로 쓸 때는 '와타시'라고 발음하여 훈독訓讀한다. 그런데, 한자어 속의 한 글자 즉, '公私'의 경우는 '시'라고 발음하여 음독한다. 이 경우, 훈독은 일본어 고유의 단어에 의미상 맞는 한자를 끌어다 붙인 것이지만, 음독의 경우는 한자가 도래되었을 때의 중국어의 발음을 그대로 사용한 것이다. 따라서 일본어의 한자를 공부할 때는 '훈독은 외우고 음독은 구조적으로 이해'하는 것이 일본어 한자 정복의 지름길이다.

우리말의 한자어를 많이 알고 있으면 일본어 한자음이나 중국어 발음에 상당한 도움을 받는다. 예를 들어보자.

| 漢字 | 一 | 二 | 三 | 四 | 五 | 六 | 七 | 八 | 九 | 十 | |
|---|---|---|---|---|---|---|---|---|---|---|---|
| 韓) | 일 | 이 | 삼 | 사 | 오 | 륙 | 칠 | 팔 | 구 | 십 | (唐音) |
| 日) | 이치 | 니 | 상 | 시 | 고 | 로구 | 시치 | 하치 | 큐 | 쥬 | (吳音) |
| 中) | 이 | 알 | 산 | 시 | 우 | 리우 | 치 | 빠 | 지우 | 스 | (現在) |

같은 한자이지만 시대에 따라 독음이 변한 결과가 오늘날의 한국어, 일본어, 중국어의 한자음인 것이다. 여기에는 상당한 규칙이 발견되기 때문에 한자의 한글 음을 알고 있으면, 그 나라 말의 발음이 예측된다. 물론 예측에 어긋나는 경우도 있지만, 듣기를 할 경우에는 말할 나위 없이 고맙다는 생각이 든다.

예를 들면, 우리말의 'ㅎ' 발음은 일본어의 'が行'으로 발음되는 경우가 많다. '학교學校'는 '각꼬(がっこう)'라고 하고, '한국韓國'은 '칸꼬구', '홍수洪水'는 '코즈이'라고 발음한다.

중국어의 경우는 우리말과 같은 발음은 성조는 달라도 같은 병음일 경우가 많다.

심深은 '선'이라고 발음하면서, 우리말의 '신'과 '심'의 음의 한자(身, 伸, 神, 甚, 申, 審, 腎 등)은 모두 동음으로 발음한다.

이런 규칙은 중국어와 일본어의 발음을 공부하다 보면 저절로 터득하게 된다. 이것은 우리 한국어가 한자사용권의 언어이기 때문에 받는 보너스가 아니겠는가? 영어에서는 얻어지지 않는 무임승차 부분이라고 생각된다.

한자만 제대로 공부하면 우리는 중국인이나 일본인과는 필담을 통해서도 의사를 소통시킬 수 있는 장점을 보유하고 있다. 이런 조건을 십분 활용하면서 중국, 일본 등 이웃나라와의 교류를 확장하고 심화시켜나가면 좋을 듯하다.

〈참고사이트〉

이한섭 교수의 일본어교실, http://nihon.korea.ac.kr/nihongo/main.html
형선생중국어교실, http://chinesestudy.com
李桓儀, 우리 後孫을 漢字文化圈의 孤兒로 만들지 말자, http://www.hanja-edu.com

 제2부 재미있는 수업모형 개발

## 2. 삼국의 연하장과 간판 읽기

우리나라에서 외국인을 만날 확률이 제일 높은 곳은 경복궁 뜰과 이태원 그리고, 남대문시장의 순서가 아닐까? 경복궁에 연결되는 민속박물관 또한 외국인이 항상 내왕하는 곳이다. 예전에는 관광객 하면, '미국사람'과 '일본인'을 떠올리던 시절이 있었으나, 지금은 중국어를 사용하는 관광객을 어느 곳에서나 만나게 된다.

중국인들의 경제성장이 오늘의 한국관광계의 현실을 이루어낸 것이다. 그러나 이런 중국인들에 대한 우리의 준비는 너무나 초보단계이다. 한 예를 들어보자. 민속박물관에 자료를 구하러 일요일 오전에 갔는데, 박물관 앞뜰에는 중국인 단체관광객이 연신 플레쉬를 터트리며 사진 찍기에 열중하고 있었다. 박물관에 전시품을 설명하는 패널도 예전에는 한국어, 영어, 일본어 정도였으나, 지금은 중국어도 삽입되었다. 하지만 중국어 부분은 상당히 간략하게 번역되어 의미전달이 제대로 될지 의심스러웠다.

그런데 박물관 입구의 기념품을 파는 곳에 가니, 우리 역사와 민속을 설명하는 영어자료는 상당히 갖추어져 있지만, 중국어자료는 너무 빈약하였다. 박물관 도록圖錄마저도 중국어로는 준비되어 있지 않은 형편이다. 상점 주인의 대답은 수요가 없어서 만들어지지 않는 듯하다는 것이다.

요즘은 지하철의 안내방송에 중국어가 나오고, 또 서울을 비롯해 지방도시의 도로안내판에 한자가 병기되어 있다. 시내버스는 출발지와 종점의 지명에 한자가 들어간 스티커를 전면 후면에 부착하고 있다. 모두 한자를 사용하는 관광객에 대한 배려라고 하겠다.

문자생활에 한자를 사용하는 사람이 우리나라에 빈번하게 왕래하면 할수록, 근년에 자취를 감추어버린 한자간판도 좀더 모습을 드러내리라 생각한다.

현재 이러한 것에 대한 준비는 국가연구기관에서도 한창 진행중이다.

국어연구원이 오래 전부터 한자표준화 작업을 하고 있다. 국어연구원은 지난 1991년에 『우리나라 한자의 약체 조사』, 1992년에는 『동양 삼국의 한자 약체자 비교 연구』를 펴냈다. 남기심 국립국어연구원장은 국립국어연구원이 1995년부터 "한자문화권 안의 한자표준화 사업의 주무기관"임을 밝히고 있다(조선일보, 2001. 6. 28.).

이런 연구는 현행 사용하는 한자가 각각 나라마다 조금씩 다른 간체자나 약체자를 사용하고 있기 때문이다. 이것에 대해서는 다음에 설명하기로 한다. 여기서는 우리의 실생활에서의 한자사용 예를 살펴보려고 한다.

우선 연하장을 살펴보자. 연하장年賀狀은 한자 그대로 새해를 맞이하여 그 기쁨을 직접 인사드리지 못함을 대신하여 서면으로 인사를 하는 양식이다. 우리나라에서는 해방 이후 기독교의 눈부신 성장에 밀려 크리스마스카드에게 우위를 빼앗긴 실정이다. 의식이 바뀌면 생활패턴이 바뀐다는 이야기를 실감하게 하는 장면이다. 하지만, 중국과 일본에서는 여전히 연하장이 새해인사의 대표자리를 유지하고 있다.

따라서 우리나라에서는 크리스마스에 맞추어 성탄의 축하와 새해인사를 겸하는 카드를 보내지만, 일본에서는 1월 1일 아침에 우체통을 열면 적게는 몇십 장, 보통은 2·3백 장의 연하장을 받는다. 그 숫자는 자신이 보낸 연하장 숫자와 거의 비슷한데, 만일 본인이 보내지 않았는데 상대방에게 받았을 경우는 지체하지 않고 곧 답신의 연하장을 보낸다. 자신이 알고 있는 지인知人에게는 모두 보낸다고 하여도 과언이 아니다. 중국은 음력 정월의 구정을 앞두고 연하장을 보내고 있다.

우리의 경우 연하장에 보통 '근하신년謹賀新年'의 표제어가 적힌 겉장과, 정형화된 문구가 적혀 있는 속지로 구성된다. 그 속지의 문구에는 대략 다음

 제2부  재미있는 수업모형 개발

과 같은 내용이 담겨져 있다.


　　지난해 보살펴주신 厚意에 깊이 感謝드리며 새해를 맞이하여 幸運이
함께하시기를 祈願합니다.


　　이 외에 표지의 정형적 표현으로 등장하는 한자어로는 "賀正, 恭賀新禧"
등이 있고, 아울러 "새해 福 많이 받으세요"를 친필로 적는 경우가 많다.
　　다음은 일본의 연하장이다.

謹賀新年<br>
新春を迎えご多幸をお祈り申し上げます.<br>
旧年中は格別のご厚情を賜りありがとうございました.<br>
本年もなにどぞご指導, ご支援をいただけますよう<br>
心よりお願い申し上げます.<br>
平成十四年　元旦

　　일본어를 모른다 하여도 한자어를 알면 상대방이 어떤 메시지를 전하고자
하는지를 알 수 있다. 연하장은 새해 첫인사라는 의미에서 최상급의 경어체를
사용하기 때문에 일본어를 배운 사람에게도 부분적으로는 익숙하지 않은 표현
이 들어 있다. 위의 연하장을 번역하기 위한 준비로 한자어휘에 주목해보자.


　　謹賀新年, 新春 迎 多幸 祈 舊年中 格別 厚情 賜 本年 指導 支援 心
願 平成十四年　元旦


　　한자어만 연결하여 작문을 하면 다음과 같다.

"謹賀新年, 새봄을 맞이하여 행운이 많기를 기원합니다, 작년에는 각별한 厚情을 내려주셨는데, 올해도 지도와 지원 있으시길 마음으로부터 기원합니다. 2001년 설날 아침."

앞에서 본 우리나라의 정형어구와 크게 다르지 않지만, 올해의 원만한 인간관계를 제의하는 점은 주목을 요한다.

아울러 일본의 연하장에 자주 등장하는 정형구로는 '賀正, 恭賀新禧, 頌春, 迎春' 등의 한자어 또는 일본식 고유표현으로

あけましておめでとうございます (새해의 날이 밝음을 축하드립니다)
新年おめでとうございます (새해를 축하드립니다)
謹んで新春のお慶びを申し上げます (삼가 새봄의 기쁨을 말씀드립니다)

등을 많이 사용하고 있다. 그리고 우리의 "새해 복 많이 받으세요"에 해당하는 상투적인 인사말로 "今年も よろしくお願いします"라는 표현을 즐겨 사용한다.

다음에는 중국의 연하장 예를 보자.

祝
新年快乐, 学业进步

또는,

新禧愉快, 阖府安好

또는,

恭贺新禧, 万事如意

라는 표현 등을 사용하고 있다. 짤막한 4자성어에 함축된 축하의 마음은 위의 한국이나 일본과 다르지 않다.

이상에서 연하장 하나에 있어서도 한국과 일본은 중국의 간략한 표현의 정형구를 공용共用하면서도 나름대로의 정서에 맞는 어구를 선택하여 정형화하였음을 알 수 있다.

선택된 한자어의 의미를 새겨보면 각 민족의 기상을 알아볼 수 있는 좋은 자료가 된다. 중국인의 활발한 사교적 기질이나, 한국인의 난세를 극복하고자 하는 희망성, 그리고 일본인의 자연에의 순응성 또는 회피성 등이 연상된다. 여러분은 어떤 점이 떠오르십니까?

다음에는 각 나라의 한자표기 간판을 살펴보자.

동남아시아의 여러 나라를 방문하고 온 사람의 말에 말레이시아, 태국, 필리핀, 인도네시아, 싱가포르 등은 중국과 관계가 없는데 왜 한자간판이 많으냐고 의아해 한다. 이유는 한자를 사용하는 화교들이 그 나라의 경제권을 장악하고 있기 때문이다. 그들 나라에서는 자국의 고유문자를 갖고 있으면서도 간판이나 출판, 언론매체의 표기에는 한자를 병용하는 경우가 많다. 중국영토권인 홍콩, 타이완, 마카오 등지에서 한자를 전용하는 것은 말할 나위도 없다. 또 세계 각국에 한국을 제외하고 차이나타운이 없는 곳은 없다.

일본 동경의 나리다成田 공항에 내리면, 공항 내에 표기된 안내표시나 지시사항은 물론 시내에 들어가는 도로표지판, 간판, 네온사인, 광고문 등이 모두 한자이다.

우리나라도 앞에서 말한 것처럼 요즘 한자병기가 늘어나는 추세이고, 일식집과 중국음식점들은 한자표기를 많이 하고 있다.

그 중에서 몇 가지를 예로 들어보자. ‘あたみ’ 라는 상호의 일식집이 눈에 많이 띤다. ‘熱海’ 라는 한자표현의 일본지명이다. 동경에서 가깝고 오래된 온천지역이고, 물론 태평양 연안이기 때문에 회도 유명하다. 그런 복합적인 의미에서 일식집의 상호로 등장하였겠지만, 한글로 ‘아다미’ 라고만 쓰기보다는, ‘熱海’ 와 함께 병기하는 것이 왠지 그 이미지가 전달해오지 않을까 한다.

또 중저가 횟집에 ‘다다미’ 라고 상호를 붙힌 것이 있는데, たたみ(疊)는 일본 고유의 건축자재 중 바닥재를 말한다. 일식집 옥호屋号로 왜 장판이란 뜻의 다다미가 사용되는지 알 수 없는 일이다. 그것에 비해 ‘東京’ 이라던가 ‘新宿’ 이란 지명의 한자표기 옥호는 나름대로 이해하기가 수월하다. 우리도 개성 출신의 사람이 개성옥, 개성집이라는 옥호를 붙이듯, 토쿄, 신쮸쿠에 거주하였던 사람인가 하는 상상을 하며 바라볼 수 있다.

다음은 중국 여행중 인상 깊었던 간판을 몇 개 들어보자. 차를 파는 상점 앞에 놓여 있던 ‘茶叶土产’ 이란 휘장이다. 번자로 고쳐 쓰면 ‘茶葉土産’ 으로, 토산품 차라는 뜻이다. 중국인들의 조어력을 한눈에 볼 수 있는 간판이 아닐까? 또 백두산을 여행하면, 백두산 천지 가장 가까운 관광지에 자리잡은 호텔 중 ‘白山酒店’ 이라는 간판이 있다. 주점酒店은 술집이 아니라 호텔을 의미한다. 예전의 우리에게도 있던 ‘주막酒幕’ 과 동의어군同意語群으로 생각되었다. 중국어 간판의 4자 어휘는 중국 민족의 합리성을 추구하는 민족성을 엿볼 수 있는 좋은 예라고 생각된다.

 제2부 재미있는 수업모형 개발

그런데 여기서 문제가 되는 것은 역시 중국어의 간체자이다. 이 간체자를 친숙하게 되는 것이 중국어 사용자와 의사소통하는 지름길이라고 본다.

## 3. 삼국의 속담과 격언에 나타난 한자어

한자는 중국을 비롯하여 조선반도, 그리고 일본열도의 전통사회에서 공통문어文語로 자리 매김된다. 이에 한자를 사용하여 문자생활을 하였던 중국, 조선, 일본을 흔히 한자문화권(동아시아 문화권, 유교문화권)이라고 지칭하여왔다.

하지만, 해방이 후 공통문어를 공유하였던 동아시아 문화권 중에서, 한국은 국어전용의 어문정책의 시행 속에서 한자는 쇠락 일변도를 걸어오게 되었다. 해방된 지 반세기가 흘러간 이즈음의 거리의 간판을 둘러보면 한자가 있었던 자리에 영자英字가 대치되어 있거나, 의미가 불분명한 외래어가 범람한다. 이러한 세태의 변화를 언어의 생명력에 연결하여 운운하는 것은 너무 가볍다는 생각이 든다.

문자의 생명력은 현재 창작에 사용되고 있는가 아닌가를 살피는 것도 중요하지만, 언어사용 주체의 사고구조에 있어서 보다 기초적으로 기반이 되고 있는 것이 무엇인가를 분석할 필요성도 있다. 그런 차원에서 우리 문화 속의 한자를 되살려보고, 나아가 중국과 일본의 경우도 짚어보고자 한다.

속담은 인간의 생활체험에서 만들어져, 널리 세인世人에게 지지를 받고, 또 장기간 세상에 전하여져 온 것이다. 수많은 말이 만들어졌다가 자취도 없이 사라지고 있지만, 속담은 지금도 우리들의 생활 속에 살아 움직이고 있다. 우리들 인간의 희로애락의 장면장면에는 항상 속담이 곁들여져 있다.

그런데 한·중·일 삼국의 속담을 짚어보다 보면, 의외로 같은 한자어가 공통으로 사용되고 있음을 본다. 그 원인은 긴 세월 동안 공통문어를 사용하여 삶을 영위하면서 생긴 토양을 공유하고 있기 때문이리라. 여기서 비록 현대회화는 미숙하더라도 한·중·일 삼국의 속담의 세계를 통하여 마음의 소통이 가능하게 된다. 마음의 소통이 가능하게 되면, 그 다음 언어적 소통은 자연히 따르게 되어 있지 않을까?

<표1> 속담과 한자어

| 한국어 | 일본어 | 중국어 | 풀이 |
|---|---|---|---|
| 비 온 뒤에 죽순 돋듯 한다(雨後竹筍) | 雨後(うご)の筍(たけのこ) | 雨后春筍(yuhou chun sun) | 새로운 사물이 발랄하게 용솟음쳐 나옴 |
| 윗물이 맑아야 아랫물도 맑다(源淸則流淸) 윗물이 흐리면 아랫물도 흐리다(上濁下不淨) | 上(かみ)淸(きよ)ければ, 下(しも)濁(にご)らず | 上行下效(shang xing xia xiao) | 윗사람이 하는 대로 아랫사람이 본받는다 |
| 돌다리도 두드려보고 건너라 | 石橋(いしばし)も叩(たた)いて渡(わた)れ | 前脚踏穩 再移后脚(qianjiao tawen zaiyihoujiao) | 무슨 일이나 조심성 있게 해야 한다는 뜻 |
| 나무만 보고 숲을 못 본다 | 木(き)を見(み)て森(もり)を見ず | 見樹不見林 | 부분만 보고 전체는 보지 못한다 |
| 쇠귀에 경 읽기다(牛耳讀經) | 馬(うま)の耳(みみ)に念佛(ねんぶつ) | 牛耳讀經(niu er du jing). | 우둔한 사람에게는 아무리 가르쳐주어도 알아듣지 못한다 |
| 삼십육계에 줄행랑이 상책이다(三十六計 走爲上策) | 三十六計(さんじゅうろっけい)逃(に)げるに如(しか)ず,逃げるが勝ち,逃げるが一の手 | 三十六策(sanshiliuce) 走爲上計(zouweishangji) | 여러 가지 방법 중, 도망해야 될 때는 몸을 피하여 안전을 도모하여야 한다는 뜻 |
| 비온 뒤에 땅이 굳어진다 | 雨(あめ)降(ふ)って地(じ)固(かた)まる | 雨后地實(yuhoudishi) | 사람도 한번 시련을 겪어야 한다는 뜻 |
| 급하면 돌아가랬다 | 急(いそ)がば回(まわ)れ | 欲速則不達(yu su ze bu da), 寧走十步遠 不走一步險 | 한없이 기다리는 것보다는 고되더라도 돌아 가는 것이 급한 때는 낫다 |
| 원수는 외나무다리에서 만난다(獨木橋冤家遭) | 仇(かたき)は一本橋で出逢(であ)う | 獨木橋冤家遭 | 원수 진 사람끼리는 피하지 못할 장소에서 만나 화를 면하지 못하게 된다는 뜻 |



제2부 재미있는 수업모형 개발

| 세 살 버릇이 여든까지 간다(三世之習 至于八十) | 三(み)つ子(こ)の魂(たましい)百(ひゃく)まで,/三(み)つ子(こ)の魂(たましい)八十(はちじゅう)まで | 三歳定八十(sansuidingbashi), 三歳定終身 | 한번 든 버릇은 고치기가 매우 어렵다는 뜻 |

〈표1〉에 보이는 속담의 예는 생활 속에서 나온 지혜에 해당한다. 세 나라의 언어생활에서 각각 생성되어 관습적으로 굳어진 표현들 중 공통적인 것을 찾아본 것이다. 한·중·일 세 나라의 속담사전을 살펴보면, 이러한 관용적인 표현 이에두 아래의 〈표2〉와 〈표3〉에 보이는 것과 같은 공통점이 발견된다.

〈표2〉 삼국의 사자성어

| 한국어 | 일본어 | 중국어 |
|---|---|---|
| 인과응보(因果應報) | 因果應報(いんがおうほう) | 因果應報 |
| 옛것을 알아야 새것을 안다(溫故知新) | 溫故知新(おんこちしん) | 溫故知新 |
| 개와 원숭이 사이다(犬猿之間) | 犬(いぬ)と猿(さる) | 狗和猿兒(gou he yuanr) |
| 이심전심(以心傳心) | 以心傳心(いしんでんしん) | 以心傳心 |
| 내 논에 물대기(我田引水) | 我田引水(がでんいんすい) | 我田引水 |
| 한우충동(汗牛充棟) | 汗牛充棟(かんぎゅうじゅうとう) | 汗牛充棟 |
| 구우일모(九牛一毛) | 九牛(きゅうぎゅう)の一毛(いちもう) | 九牛一毛(jiu niu h, yi mao) |
| 구사일생(九死一生) | 九死(きゅうし)に一生(いっしょう)を得(う)る | 十死一生/九死一生(jiu si yi seng), 一生九死, 死里逃生 |
| 어부지리(漁父之利) | 漁父(ぎょふ)の利(り) | 漁父之利(yu fu zhi li), 漁人得利, 漁翁得利 |
| 연목구어(緣木求魚) | 木(き)に緣(よ)りて魚(うお)を求(もと)む | 緣木求魚 |

사자성어의 경우는 한국과 중국은 한자 그대로 사용하고 있다. 반면에 일본의 경우는 위의 표에서 보는 것처럼 일본식의 한문읽기인 훈독(가기구타시)을 하고 있는 경우도 많다. 이는 어려운 한자어를 나름대로 쉽게 생활에 적용하기 위한 노력이었다고 생각된다.

<표3> 고전에서 온 속담·격언

| 한국어 | 일본어 | 중국어 | 해설 |
|---|---|---|---|
| 窮하면 通한다 | 窮すれば通ず | 窮則變, 變則通. 窮極智生 / 車到山前必有路 | 사람은 궁지에 몰리게 되면 이것을 탈피하기 위하여 온갖 지혜와 노력을 짜내기 때문에 모면하게 될 수 있다는 말 / 『易經』 |
| 衣食이 豊足해야 禮節도 차리게 된다(衣食足而知禮節) | 衣食(いしょく)足(た)りて禮節(れいせつ)を知る | 衣食足則知榮辱 | 생활이 넉넉하지 않고서는 예절도 차릴 수 없다는 뜻 / 『管子』 |
| 자라 보고 놀란 가슴 솥뚜껑 보고도 놀란다 / 더운 국에 혼나더니 냉국 들고 분다 | 羹(あつもの)に懲(こ)りて膾(なます)を吹(ふ)く | 懲羹吹齏 | 무엇에 한번 몹시 놀란 사람은 그와 유사한 것만 보아도 겁을 낸다는 뜻 / 『唐書』『楚辭』 |
| 가혹한 정치는 범보다도 사납다(苛政猛于虎) | 苛政(かせい)は虎(とら)よりも猛(たけ)し | 苛政猛于虎 | 국민들은 가혹한 정치를 가장 무서워한다는 뜻 / 『禮記』 |
| 아침에 진리를 깨달으면 저녁에 죽어도 좋다(朝聞道夕死可矣) | 朝(あさ)に道(みち)を聞(き)けば夕(ゆうべ)に死(し)すとも可(か)なり | 朝聞夕死(zhao wen xi si) | 사람은 진리를 깨닫게 되는 것보다 더 바랄 것은 없다는 뜻 / 『論語』 |
| 원숭이도 나무에서 떨어질 때가 있다(蹶失木枝) | 猿(さる)も木(き)から落(おち)る | 猴子有時也從樹上掉下來/ 智者千慮 必有一失 | 『淮南子』 |
| 원숭이는 가르치지 않아도 나무에 잘 오른다 | 猿(さる)に木(き)登(のぼ)り | 毋教猱升木 | 가르칠 필요가 없는 것을 가르치듯이 헛된 일을 하지 말라는 뜻 / 『詩經』 |

| 하나만 알고 둘은 모른다 | 一を知りて二を知らず | 知其一 不知其二 | 소견이 좁아 작은 것만 알고 큰 것은 모른다는 뜻 /『莊子』 |
| 하나를 들으면 열을 안다 | 一を聞いて十を知る | 聞一知十 | 매우 영리한 사람이라는 뜻 /『論語』 |
| 세 사람만 우겨대면 없는 호랑이도 만들어 낸다 | 市に虎あり/三人虎を成す | 三人成虎 | 세 사람만 같은 말을 하면 거짓말도 믿게 된다는 뜻 /『戰國策』 |

〈표3〉은 중국의 고전에 전거를 둔 속담과 격언의 예이다. 이 경우는 원전의 한문을 한국과 중국은 풀어서 생활에 적용하였음을 알 수 있다. 이도 어려운 한문문장을 일상적인 생활에 적절히 활용하기 위한 방법이었을 것이다. 어려운 고전에서 나온 말이지만 일상적 생활의 상황을 표현하는 말로 사용되면서 거의 모국어와 같은 수준의 친근함으로 언어생활에서 사용되고 있는 것이다.

이처럼 삼국의 언어생활은 공통의 한자어가 베이스를 이루고 있으므로 조금만 관심을 기울이면 서로를 이해하는 데 도움이 될 것이다.


〈참고문헌〉

송재선 엮음, 『우리말 속담 큰사전』, 서문당, 1983.
김진용 외 3인, 『한어성구사전』, 연변인민출판사, 1986.
折井英治 편, 『こよわざ辭典』, 集英社, 1962.
藤堂明保 등 共編, 『日中辭典』, 小學館, 1987.
康寔鎭 등 共編, 『한중사전』, 진명출판사, 1998.

## 4. 같은 한자漢字 다른 표기表記
### - 중국의 간체자, 일본의 약자에 관하여

한·중·일이 한자문화권임에도 불구하고, 우리가 현재의 중국을 이해하기 위해서는 좀더 수고를 하여야 하는 입장이다. 한자를 상당히 알고 사용하는 한국인이라도 중국 현지에 가서 걸려 있는 간판을 읽기는 수월하지 않다. 이유는 간체자簡體字 때문이다.

오늘날 중국 대륙에서 국가공인의 정규문자로서 사용되는 것은 '간화한자簡化漢字' 또는 '간체자簡體字(잰티즈)' 라고 하는 간략화된 한자이다. 이에 대해서 전통적인 자체字體의 한자, 즉 우리가 말하는 정자正字는 '번체자繁體字(판티즈)' 라고 한다. 간체자는 중국대륙과 싱가포르에서 사용되고 있고, 번체자는 대만·홍콩·우리나라에서 사용되고 있다.

일본은 약자체를 사용하고 있어 조금은 낯설어 보이지만, 중국만큼의 혼란은 느끼지 않게 된다. 일본에서는 1946년 상용한자 1,850자를 제정하면서 대폭적으로 약자를 채택하는 한편 상용한자 자체표字體表가 제정되었다.

한국은 아직 국가적으로 제정된 약자는 없으며 다만 자전字典에 있는 약자와 일본에서 쓰이는 약자의 일부가 그대로 혼용된다. 여기서 우리는 한·중·일에 통하는 한자이해를 하기 위해서는 조금 불편하더라도 중국의 간체자 조성원리와 일본의 약자를 정리할 필요성을 느낀다.

잠깐 중국 어문정책을 일별하자. 두드러지는 한 가지 흐름은, 한자 대신 표음문자를 쓰려는 움직임이다. 1918년 '주음자모注音字母' 가 공포되고, 26년 '국어 로마자' 가 제정되었으며, 31년 구추백瞿秋白·오옥장吳玉章 등이 '라틴화化 신문자新文字' 를 제창하였다. 58년에는 중국의 문자개혁위원회가 '한어병음방안漢語拼音方案' 을 제정하였다. 그렇다고 한자가 폐지되는 것은 아니고, 병음은 한자의 주음注音으로서 활용되면서 공통어의 보급과 교육추진에 이바지하고, 또 전보·신호·과학약어의 제정 등에 이용하게 되었다.

또 한 가지 확연한 흐름은, 한자의 자획을 줄이는 간략화 운동이다. 중국인들은 그들의 문자를 개혁하려고 노력하여왔다. 일찍이 1892년 노공장의 『중국제일쾌절음신자中國第一快切音新字』, 1900년 왕조王照의 『관활합성자모官活合成字母』, 1907년 노내선勞乃宣의 『간자전보簡字全譜』 등과 같은 정자正字를 간략화하려는 시도가 있었다.

이러한 운직임은 중화민국이 수립된 후 뜻 있는 학자들의 관심대상이 되었다. 민국民國 11년(1922) 중화민국교육부의 국어통일준비회 제4차 대회에서 전현동錢玄同이 '감생한자필획안減省漢字筆劃案'을 제출하자 한자간화위원회를 두게 되었고, 그 후 1934년 대중어운동과 함께 실행에 옮겨져 다음해인 1935년 8월 중국의 국민정부는 약자 324자를 정식으로 승인하였는데, 이것은 종전부터 민간에 널리 쓰이던 1,200자 중에서 제1회분으로 선정한 것이다.

이러한 흐름은 중화인민공화국中華人民共和國 정부가 수립되고 나서 더욱 활발하게 추진되었다. 52년 6월에 상용자 2,000자를 정부가 발표하여 학습의 기준으로 삼았고, 뒤이어 1955년에 정부 직속의 중국문자개혁위원회에 의해 이 상용자에 대한 약자표略字表(簡化表)인 '제1차 이체자異體字 정리표'가 제정되어 '리裏'와 '리裡' 처럼, 똑같은 의미를 나타내는 글자임에도 불구하고, 쓰는 방식이 몇 가지씩 있는 810자의 자체字體를 통일하고자 하였다. 그 후, 같은 해 '한자간화방안초안漢字簡化方案草案'을 발표하여 널리 일반에게 의견을 물었다. 그 초안의 내용은 크게 세 부분으로 나뉘어진다.


1) 798개의 한자간화표초안 : 필획의 간략화로서 자획이 복잡한 한자 중에서 798개자를 골라 획수를 줄인다는 것

2) 폐지될 약 400개의 이체자 표 초안 : 자수字數의 간소화로 자음字音과 자의字意가 완전히 같으면서 쓰는 법이 다른 이체자異體字 중에서 400자를 폐기한다는 것

3) 한자 편방偏旁 수사手寫 간화표 초안 : 쓰는 법의 간략화로서 편偏과 방旁을 행초서체行草書體로 고치는 기준을 제시한 것. 한자의 주요한 변방 251종의 필사체를 제시.

필획의 간략화 방법은 다음의 여덟 가지가 있다.

㉮ 일반적으로 많이 통용되는 **속자를 채용**한 것 : 時(时), 對(对), 權(权), 頭(头), 當(当), 辦(办)

㉯ 원자原字의 특징을 채용한 것 : 飛(飞), 滅(灭), 開(开), 從(从), 鄕(乡), 麗(丽)

㉰ 일반적으로 널리 사용하는 **초서체를 채용**하여 해서체화한 것 : 東(东), 樂(乐), 書(书), 爲(为), 發/髮(发), 長(长)

㉱ 자음字音이 같은 **동음자**를 골라서 대용하는 것 : 僕(仆), 術(术), 裏(里), 乾(干), 瞭(了), 穀(谷), 醜(丑)

㉲ 원자原字의 성방聲旁을 간략화한 글자(형성문자 원리 채용) : 億(亿), 藝(艺), 機(机), 遠(远), 燈(灯), 郵(邮), 態(态)

㉳ 종래에 사용하지 않던 소수의 고자古字를 채용한 것(회의문자 원리 채용) : 塵(尘), 網(网), 陰(阴), 陽(阳), 淚(泪), 筆(笔)

㉴ 고자古字의 원자原字를 채용한 것(복잡한 편방(偏旁)을 단순화) : 電(电), 難(难), 齒(齿), 轟(轰), 堯(尧)

㉵ 일반적으로 널리 통용되는 고자를 채용한 것 : 萬(万), 衆(众), 異(异), 個(个), 禮(礼)

이것을 초안이라고 한 이유는 일정기간 동안 여러 분야의 비판과 토론을 거친 후 정식으로 결정하려는 의도에서였으나, 이 초안은 그 뒤 1955년 10월의 전국문자개혁회의에서 수정하여 최종적인 안案으로 정해졌으며, 1956년 1월 28일 국무원총회 제23회 회의에서 '한자간화방안'으로 채택 공포되었다.

그 후 1964년에는 '간화자총표簡化字總表'(제2판)가 나와 간화편방簡化偏旁의 사용범위 등을 상세하게 정하고, 상용간체자로서 2,238자(변방偏旁으로도 사용되는 132자 포함)가 정해지게 되었다. 현대 중국에서 사용되는 한자는 6,300자에 이르며, 우리나라나 일본에서 주로 쓰는 한자의 약 2배이다. 복잡함을 피하기 위해 제정된 간화자는 2,000자를 넘으며, 이는 우리의 상용한자 수와 거의 비슷하다. 획수의 간략화와 같은 발음을 지니면서 모양이 다른 한자를 정리 종합한 결과, 우리가 써오는 해서와는 전혀 다른 모양으로 된 문자도 적지 않다.

그러나 이런 한자의 간략화에 의해 고대의 책이나 비석에 남아 있는 문자를 독해하는 능력이 저하되어 하나의 사회문제도 되고 있다. 낯설고 생소한 간체자가 마구 쏟아져 나오자, 중국인들조차도 책상머리에 한자 간체자표를 붙여 두고 필요할 때 수시로 보아야 했다고 한다. 따라서 필사체에도 적지 않은 혼란이 있었던 것은 기정사실이다. 당국은 획수를 줄이고 자수字數를 줄이면 익히기 쉬워질 것이라고 생각했지만, 필획은 줄이면 줄일수록 자형이 우스워지고, 자수는 줄이면 줄일수록 자의字意가 모호해졌다.

하지만 정부당국은 "글자는 끝없이 발전하는 것으로 모든 문자로서의 부호는 복잡하고 어려운 것으로부터 간략하고 쉬운 쪽으로 발전한다"고 주장하였다.

1970년대 중반부터 대륙에서는 '관제官製' 간체자 이외에도 일반 대중이 제멋대로 만든 '사제私製' 간체자가 많이 통용되었다. 중국의 문자개혁출판사가 역은 『한자의 정리와 간략화』에 의하면, "우리나라가 완전히 표음문자를 쓰기 전까지는 한자의 간략화와 자수를 간소화하는 사업은 여전히 계속 추진돼야 한다. 지금 일반노동자 농민 및 병사들 대중이 모毛의 지도 하에 획수가 복잡하고 구조가 불합리한 많은 한자를 개혁하여 대량의 간략화된 글자를 창조해냈다. 이것은 문자개혁 사업에 대해 유리한 조건을 창출해냈다"고 했다.

이상과 같은 한자간략화 과정에 의해 대중들은 좀더 쉽게 한자를 익힐 수 있었지만, 그에 못지않은 문제점도 노출되었다. 그 중 가장 큰 손실은 수천 년간 계승해온 문화유산과의 단절이다. 간체자로 쓴 고전도 일부 있기는 하나, 그 많은 고전들을 모두 간체자와 동음자로 바꾸어 쓸 수도 없기 때문이다. 중국의 젊은이들은 번체자인 원자原字를 보고 이해 못하는 세대가 날로 늘어나고 있으니, 그 방대한 수량의 고전들은 사문서화死文書化될 수도 있다. 이러한 폐단에 대해 지식인들 중에는 문자개혁을 비판하는 사람도 적지 않다.

하지만 지금 중국대륙에서 출판되는 인쇄물이라든가, 문서왕래에 있어서 모두 이 간체자를 사용하고 있는 현실이다. 따라서 중국을 이해하기 위해서는 간체자를 익혀두어야 할 것이다.

간체자를 다음처럼 분류하여 익히는 방법도 있다.

① 원자原字의 왼쪽을 간략화한 것 : 亂(乱), 辭(辞), 骯(肮)

② 원자의 오른쪽을 간략화한 것 : 灑(洒), 曬(晒), 礙(碍)

③ 원자의 왼쪽을 생략한 것 : 條(条), 務(务)

④ 원자의 오른쪽을 생략한 것 : 號(号), 縣(县)

⑤ 원자의 중심을 생략한 것 : 奪(夺), 奮(奋), 愛(爱)

⑥ 원자의 상부를 생략한 것 : 雲(云), 電(电)

⑦ 원자의 하부를 생략한 것 : 醫(医), 聲(声)

 제2부  재미있는 수업모형 개발

⑧ 원자의 형形 부분을 사용한 것 : 氣(気), 虧(亏)

⑨ 원자의 성聲 부분을 사용한 것 : 裡/裏(里), 麵(面)

⑩ 쓰는 방법이 비슷한 것으로 간략화한 것 : 喬(乔), 齊(斉)


　다음은 일본의 약자를 정리해보자. 현대 일본어에서는 신자체新字體가 다수 포함된 현대표기가 기준으로 되어 있어서 신자체에 어긋나는 것은 틀린 것(誤り)으로 보고 한자에 있어서도 획수가 간략화된 약자체가 상용한자 제정 이래 정자로 받아들여지고 있다. 그러나 구표기舊表記 시대에 기록된 문헌들이 그대로 남아 있을 뿐 아니라 구표기를 고집하는 경우도 있고 학자나 저자에 따라서는 구표기와 신표기의 혼용을 하는 경우도 있어서 실제로는 현대표기만 습득하는 것으로는 불완전하다고 볼 수도 있다. 특히 한국인 학습자에게 있어서는 일본어 한자의 약자는 쓰기는 안 되어도 읽기는 습득해야만 일본어의 독해나 이해가 가능할 것으로 생각된다. 일본어 상용한자는 모두 1,945자이다. 그 중 약자체는 다음의 약자–정자 대조표에서 보이는 것처럼 372자이다.

| あ | あく | あつ | い | い | い | いち | いつ | いん | えい | えい | えい | えき | えつ | えん | えん |
|---|---|---|---|---|---|---|---|---|---|---|---|---|---|---|---|
| 亜 | 悪 | 圧 | 囲 | 医 | 為 | 壱 | 逸 | 隠 | 栄 | 営 | 衛 | 駅 | 謁 | 円 | 塩 |
| 亞 | 惡 | 壓 | 圍 | 醫 | 爲 | 壹 | 逸 | 隱 | 榮 | 營 | 衞 | 驛 | 謁 | 圓 | 鹽 |

| えん | おう | おう | おう | おう | おう | おう | おん | おん | か | か | か | が | かい | かい | かい |
|---|---|---|---|---|---|---|---|---|---|---|---|---|---|---|---|
| 縁 | 応 | 欧 | 殴 | 桜 | 奥 | 横 | 温 | 穏 | 仮 | 価 | 禍 | 画 | 会 | 悔 | 海 |
| 緣 | 應 | 歐 | 毆 | 櫻 | 奧 | 橫 | 溫 | 穩 | 假 | 價 | 禍 | 畫 | 會 | 悔 | 海 |

| かい | かい | かい | がい | がい | かく | かく | かく | がく | がく | がく | かつ | かつ | かつ | かん | かん |
|---|---|---|---|---|---|---|---|---|---|---|---|---|---|---|---|
| 絵 | 壊 | 懐 | 慨 | 概 | 拡 | 殻 | 覚 | 学 | 岳 | 楽 | 喝 | 渇 | 褐 | 缶 | 巻 |
| 繪 | 壞 | 懷 | 慨 | 概 | 擴 | 殼 | 覺 | 學 | 嶽 | 樂 | 喝 | 渴 | 褐 | 罐 | 卷 |

| かん | かん | かん | かん | かん | かん | かん | き | き | き | き | き | き | ぎ | ぎ | きゅう |
|---|---|---|---|---|---|---|---|---|---|---|---|---|---|---|---|
| 陥 | 勧 | 寛 | 漢 | 関 | 歓 | 観 | 気 | 祈 | 既 | 帰 | 器 | 偽 | 戯 | 犠 | 旧 |
| 陷 | 勸 | 寬 | 漢 | 關 | 歡 | 觀 | 氣 | 祈 | 既 | 歸 | 器 | 僞 | 戲 | 犧 | 舊 |

| きょ | きょ | きょ | きょう | きょう | きょう | きょう | きょう | ぎょう | きん | きん | く | く | くん | くん | けい |
|---|---|---|---|---|---|---|---|---|---|---|---|---|---|---|---|
| 拠 | 挙 | 虚 | 峡 | 挟 | 狭 | 郷 | 響 | 暁 | 勤 | 謹 | 区 | 駆 | 勲 | 薫 | 径 |
| 據 | 擧 | 虛 | 峽 | 挾 | 狹 | 鄉 | 響 | 曉 | 勤 | 謹 | 區 | 驅 | 勳 | 薰 | 徑 |

| けい | けい | けい | けい | けい | けい | けい | けい | けい | げい | げき | けつ | けん | けん | けん | けん |
|---|---|---|---|---|---|---|---|---|---|---|---|---|---|---|---|
| 茎 | 恵 | 掲 | 渓 | 経 | 蛍 | 軽 | 継 | 鶏 | 芸 | 撃 | 欠 | 研 | 県 | 倹 | 剣 |
| 莖 | 惠 | 揭 | 溪 | 經 | 螢 | 輕 | 繼 | 鷄 | 藝 | 擊 | 缺 | 研 | 縣 | 儉 | 劍 |

| けん | けん | けん | けん | けん | けん | けん | げん | こう | こう | こう | こう | こう | ごう | こく | こく |
|---|---|---|---|---|---|---|---|---|---|---|---|---|---|---|---|
| 険 | 圏 | 検 | 献 | 権 | 顕 | 験 | 厳 | 広 | 効 | 恒 | 黄 | 鉱 | 号 | 国 | 黒 |
| 險 | 圈 | 檢 | 獻 | 權 | 顯 | 驗 | 嚴 | 廣 | 效 | 恆 | 黃 | 鑛 | 號 | 國 | 黑 |

| こく | さい | さい | さい | さい | ざい | さつ | さつ | ざつ | さん | さん | さん | さん | さん | ざん | し |
|---|---|---|---|---|---|---|---|---|---|---|---|---|---|---|---|
| 穀 | 砕 | 済 | 斎 | 歳 | 剤 | 冊 | 殺 | 雑 | 参 | 桟 | 蚕 | 惨 | 賛 | 残 | 糸 |
| 穀 | 碎 | 濟 | 齋 | 歲 | 劑 | 冊 | 殺 | 雜 | 參 | 棧 | 蠶 | 慘 | 贊 | 殘 | 絲 |

| し | し | し | じ | じ | しつ | じつ | しゃ | しゃ | しゃ | しゃ | しゃ | しゃ | しゃく | しゃく | じゅ |
|---|---|---|---|---|---|---|---|---|---|---|---|---|---|---|---|
| 祉 | 視 | 歯 | 児 | 辞 | 湿 | 実 | 写 | 社 | 舎 | 者 | 捨 | 煮 | 釈 | 爵 | 寿 |
| 祉 | 視 | 齒 | 兒 | 辭 | 濕 | 實 | 寫 | 社 | 舍 | 者 | 捨 | 煮 | 釋 | 爵 | 壽 |

| しゅう | しゅう | じゅう | じゅう | じゅう | じゅう | しゅく | しゅく | しょ | しょ | しょ | しょ | しょ | じょ | しょう | しょう |
|---|---|---|---|---|---|---|---|---|---|---|---|---|---|---|---|
| 収 | 臭 | 従 | 渋 | 獣 | 縦 | 祝 | 粛 | 処 | 暑 | 署 | 緒 | 諸 | 叙 | 将 | 祥 |
| 收 | 臭 | 從 | 澁 | 獸 | 縱 | 祝 | 肅 | 處 | 暑 | 署 | 緒 | 諸 | 敍 | 將 | 祥 |

| しょう | しょう | しょう | しょう | しょう | しょう | じょう | じょう | じょう | じょう | じょう | じょう | じょう | じょう | じょう | じょう |
|---|---|---|---|---|---|---|---|---|---|---|---|---|---|---|---|
| 称 | 渉 | 焼 | 装 | 証 | 奨 | 条 | 状 | 乗 | 浄 | 剰 | 畳 | 縄 | 壊 | 嬢 | 譲 |
| 稱 | 涉 | 燒 | 裝 | 證 | 獎 | 條 | 狀 | 乘 | 淨 | 剩 | 疊 | 繩 | 壞 | 孃 | 讓 |

| じょう | しょく | しょく | しん | しん | しん | しん | じん | ず | すい | すい | すい | ずい | ずい | すう | すう |
|---|---|---|---|---|---|---|---|---|---|---|---|---|---|---|---|
| 醸 | 触 | 嘱 | 神 | 真 | 寝 | 慎 | 尽 | 図 | 粋 | 酔 | 穂 | 随 | 髄 | 枢 | 数 |
| 釀 | 觸 | 囑 | 神 | 眞 | 寢 | 愼 | 盡 | 圖 | 粹 | 醉 | 穗 | 隨 | 髓 | 樞 | 數 |

| せ | せい | せい | せい | せい | せつ | せつ | せつ | せん | せん | せん | せん | せん | せん | せん | ぜん |
|---|---|---|---|---|---|---|---|---|---|---|---|---|---|---|---|
| 瀬 | 声 | 斉 | 婿 | 静 | 窃 | 摂 | 節 | 専 | 浅 | 戦 | 践 | 銭 | 潜 | 繊 | 禅 |
| 瀨 | 聲 | 齊 | 壻 | 靜 | 竊 | 攝 | 節 | 專 | 淺 | 戰 | 踐 | 錢 | 潛 | 纖 | 禪 |

| そ | そう | そう | そう | そう | そう | そう | そう | そう | そう | そう | そう | そう | ぞう | ぞう | ぞう |
|---|---|---|---|---|---|---|---|---|---|---|---|---|---|---|---|
| 祖 | 双 | 壮 | 争 | 荘 | 捜 | 挿 | 巣 | 装 | 僧 | 層 | 総 | 騒 | 増 | 憎 | 蔵 |
| 祖 | 雙 | 壯 | 爭 | 莊 | 搜 | 插 | 巢 | 裝 | 僧 | 層 | 總 | 騷 | 增 | 憎 | 藏 |

| ぞう | ぞう | そく | ぞく | ぞく | だ | たい | たい | たい | たい | だい | たき | たく | たく | たん | たん |
|---|---|---|---|---|---|---|---|---|---|---|---|---|---|---|---|
| 贈 | 臓 | 即 | 属 | 続 | 堕 | 対 | 体 | 帯 | 滞 | 台 | 滝 | 択 | 沢 | 担 | 単 |
| 贈 | 臟 | 卽 | 屬 | 續 | 墮 | 對 | 體 | 帶 | 滯 | 臺 | 瀧 | 擇 | 澤 | 擔 | 單 |

| たん | たん | だん | だん | だん | ち | ち | ちゅう | ちゅう | ちゅう | ちょ | ちょう | ちょう | ちょう | ちょう | ちょく |
|---|---|---|---|---|---|---|---|---|---|---|---|---|---|---|---|
| 胆 | 嘆 | 団 | 断 | 弾 | 遅 | 痴 | 虫 | 昼 | 鋳 | 著 | 庁 | 徴 | 聴 | 懲 | 勅 |
| 膽 | 嘆 | 團 | 斷 | 彈 | 遲 | 癡 | 蟲 | 晝 | 鑄 | 著 | 廳 | 徵 | 聽 | 懲 | 敕 |

| ちん | つか | てい | てつ | てん | てん | でん | と | とう | とう | とう | とう | とう | とう | とく | どく |
|---|---|---|---|---|---|---|---|---|---|---|---|---|---|---|---|
| 鎮 | 塚 | 逓 | 鉄 | 点 | 転 | 伝 | 都 | 灯 | 当 | 党 | 盗 | 稲 | 闘 | 徳 | 独 |
| 鎮 | 塚 | 遞 | 鐵 | 點 | 轉 | 傳 | 都 | 燈 | 當 | 黨 | 盜 | 稻 | 鬪 | 德 | 獨 |

| どく | とつ | とどけ | なん | に | のう | のう | は | はい | はい | ばい | ばい | はく | はく | ばく | はつ |
|---|---|---|---|---|---|---|---|---|---|---|---|---|---|---|---|
| 読 | 突 | 届 | 難 | 弐 | 悩 | 脳 | 覇 | 拝 | 廃 | 売 | 梅 | 博 | 薄 | 麦 | 発 |
| 讀 | 突 | 屆 | 難 | 貳 | 惱 | 腦 | 霸 | 拜 | 廢 | 賣 | 梅 | 博 | 薄 | 麥 | 發 |

| はつ | ばつ | はん | ばん | ばん | ひ | ひ | ひ | ひ | ひん | ひん | ひん | びん | びん | ふ | ふ |
|---|---|---|---|---|---|---|---|---|---|---|---|---|---|---|---|
| 髪 | 抜 | 繁 | 晩 | 蛮 | 卑 | 秘 | 碑 | 姫 | 浜 | 賓 | 頻 | 敏 | 瓶 | 敷 | 譜 |
| 髮 | 拔 | 繁 | 晚 | 蠻 | 卑 | 祕 | 碑 | 姬 | 濱 | 賓 | 頻 | 敏 | 瓶 | 敷 | 譜 |

| ぶ | ふく | ふつ | ふつ | へい | へい | へい | へん | へん | べん | べん | べん | べん | ほ | ほ | ぼ |
|---|---|---|---|---|---|---|---|---|---|---|---|---|---|---|---|
| 侮 | 福 | 払 | 仏 | 併 | 並 | 塀 | 辺 | 変 | 弁 | 弁 | 弁 | 勉 | 歩 | 舗 | 薄 |
| 侮 | 福 | 拂 | 佛 | 倂 | 竝 | 塀 | 邊 | 變 | 辨 | 瓣 | 辯 | 勉 | 步 | 舖 | 簿 |

| ほう | ほう | ほう | ぼく | ほん | まい | まん | まん | めん | もく | やく | やく | よ | よ | よ | よ |
|---|---|---|---|---|---|---|---|---|---|---|---|---|---|---|---|
| 宝 | 豊 | 褒 | 墨 | 翻 | 毎 | 万 | 満 | 免 | 黙 | 訳 | 薬 | 与 | 予 | 余 | 誉 |
| 寶 | 豐 | 襃 | 墨 | 飜 | 每 | 萬 | 滿 | 免 | 默 | 譯 | 藥 | 與 | 豫 | 餘 | 譽 |

| よう | よう | よう | らい | らい | らん | らん | らん | りゅう | りゅう | りょ | りょう | りょう | りょく | るい | るい |
|---|---|---|---|---|---|---|---|---|---|---|---|---|---|---|---|
| 揺 | 様 | 謡 | 来 | 頼 | 乱 | 覧 | 欄 | 竜 | 隆 | 虜 | 両 | 猟 | 緑 | 涙 | 塁 |
| 搖 | 樣 | 謠 | 來 | 賴 | 亂 | 覽 | 欄 | 龍 | 隆 | 虜 | 兩 | 獵 | 綠 | 淚 | 壘 |

| るい | れい | れい | れい | れい | れい | れい | れき | れき | れん | れん | れん | ろ | ろう | ろう | ろう |
|---|---|---|---|---|---|---|---|---|---|---|---|---|---|---|---|
| 類 | 礼 | 励 | 戻 | 霊 | 隷 | 齢 | 暦 | 歴 | 恋 | 練 | 錬 | 炉 | 労 | 郎 | 朗 |
| 類 | 禮 | 勵 | 戻 | 靈 | 隸 | 齡 | 曆 | 歷 | 戀 | 練 | 鍊 | 爐 | 勞 | 郎 | 朗 |

| ろう | ろう | ろく | わん |
|---|---|---|---|
| 廊 | 楼 | 録 | 湾 |
| 廊 | 樓 | 錄 | 灣 |

　이것은 중국의 간체자에 비하면 관용적으로 우리도 사용하고 있는 약자가 많이 포함되어 있어서 몇 번 눈에 익히면 읽기 정도는 큰 어려움이 없을 것이다.

<참 고 문 헌>

金田一春彦, 1980, 日本語の表記, 日本語の特質, 新NHK市民大學叢書 10.
國際交流基金, 1974, 敎師用日本語敎育ハンドブク②表記.
文化廳國語課監修, 1982, ぎょうせい發行, 新編 現行の國語表記の基準.
武部良明, 1981, 日本語表記法の課題, 三省堂.
樺島忠夫, 1981, 日本語の將來-語彙と文字, 日本語はどう変わるか, 岩波新書 145, 岩
    波書店.
藤原宏, 1984, 敎育用漢字の標準字体, 日本語學 3月号, 明治書院.
月刊言語, 編集部, 1981, Vol.10, No.11, 漢字の常識, 大修館書店.
築島裕, 1972, 古代の文字, 講座國語史2 音韻史・文字史, 大修館書店.
林大, 1977, 漢字の問題, 岩波講座 日本語3, 國語國字問題, 岩波書店.
송재록 『간체자연구』 문제와 연구사, 1983.


<참 고 사 이 트>

국방홍보원 - 기초상용간체자 http://www.dapis.go.kr/data/hanja/hanja.html.
중국어문화원편집부 『중국어간체자쓰기연습330』 시사중국어문화원  저자
http://web.hanyang.ac.kr/~pendar/chinese/primary/images/jiantizi_laiyuan.htm

  제2부  재미있는 수업모형 개발

# IT 활용 한문 교수학습 모형

## 1. 삼국지의 고사성어 학습을 위한 학습지도안

### 1) 수업발표 주제 : 비디오 삼국지를 활용한 고사성어 학습

### 2) 주제설정의 배경

    삼국지는 고사성어의 보고寶庫라고 하여도 과언이 아닐 정도로 많은 성어가 들어 있다. 그런데 고사성어의 특성상 전거典據가 되는 상황을 이해하지 않고는 그 의미도 파악하기 힘들뿐만 아니라, 실제 언어생활에 활용하기도 수월하지 않다.

    이에 본 수업에서는 비디오 삼국지를 CD로 편집하여 해당 고사성어가 나오는 부분을 시청한 다음 고사성어를 학습하여 학습자가 쉽고 재미있게 학습하도록 한다.

## 3) 학습지도안의 실제

| 수업명 | 비디오 삼국지 고사성어 | 수업 주제 | 泣斬馬謖(읍참마속) | 차시 | |
|---|---|---|---|---|---|
| 학습<br>목표 | 1. 泣斬馬謖의 뜻(음)을 알고 속뜻을 이해한다<br>2. 비디오 삼국지를 통해 泣斬馬謖의 유래를 안다<br>3. 泣斬馬謖의 교훈을 생각해 보고, 언어생활에 활용한다 | | | | |
| 학습<br>과정 | 교수-학습 활동 | 학습자료화면 | 학습자료<br>활용방법 | 시<br>간 | |

| 학습<br>과정 | 교수-학습 활동 | 학습자료화면 | 학습자료<br>활용방법 | 시간 |
|---|---|---|---|---|
| 도입 | [교사] 학습목표를 제시하고 泣斬馬謖의 간단한 뜻풀이를 먼저 한다.<br>* 泣斬馬謖 : 눈물을 흘리며 마속의 목을 베다.<br>* 馬謖 : 옛날 제갈량의 부하장수.<br>　[학생] 학습목표를 알고 泣斬馬謖의 뜻을 먼저 새기며 분위기를 환기시킨다. | | | 5분 |
| 전개 | [교사] 泣斬馬謖의 유래가 담긴 비디오 삼국지를 보여주며 그 배경을 이해하도록 유도한다.<br>[학생] 만화 비디오를 보며 泣斬馬謖이란 성어가 이루어진 유래와 배경에 대하여 숙지한다.<br>* 비디오 삼국지 시청 : 10 분간. | | | 32분 |
| | [교사] 각 한자의 뜻과 음을 자전찾기를 통해 알려준다.<br>[학생] 선생님과 함께 화면으로 제공되는 자전찾기 따라가기를 하며 한자를 익힌다.<br>　– 부수색인, 자음색인, 총획색인으로 자전찾기. | | * Power Point 자료,<br>* Projection TV,<br>* Computer,<br>* 비디오 삼국지 CD. | |
| | * 泣 (氵, 5). 총획: 8획. 뜻(음): 울 (읍) | | | |
| | * 斬 (斤, 7). 총획: 11획. 뜻(음): 벨 (참) | | | |
| | * 馬 (馬, 0). 총획: 10획. 뜻(음): 말 (마) | | | |
| | * 謖 (言, 10). 총획: 17획. 뜻(음): 일어날(속) | | | |



제2부  재미있는 수업모형 개발

| 학습<br>과정 | 교수-학습 활동 | 학습자료화면 | 학습자료<br>활용방법 | 시<br>간 |
|---|---|---|---|---|
| 전개 | [교사] 泣斬馬謖 중 泣, 斬, 馬 의 변천과정을이해하기 쉽게 설명해준다.<br>[학생] 각 한자가 만들어진 원리와 변천과정을 익히며 한자에 대한 이해도를 높인다.<br><br>* 泣 : 눈물을 흘리며 우는 모양. 형성.<br><br>* 斬 : 옛날 형벌을 집행할 때 수레에 몸을 매달아 찢어 죽이거나, 도끼로 목을 쳐서 죽였다는 데서 유래. 회의.<br><br>* 馬 : 말의 모양을 본 떠 만든 글자. 상형.<br><br>[교사] 이제 생활 속에서 泣斬馬謖이 활용되는 예를 제시하고 泣斬馬謖의 속뜻을 설명한다.<br>[학생] 함께 화면의 이야기를 읽어보고 泣斬馬謖의 활용을 익힌다. | | * Power Point 자료,<br>* Projection TV,<br>* Computer,<br>* 비디오 삼국지 CD. | 32<br>분 |
| 정리 | [교사] 泣斬馬謖의 풀이와 속뜻, 그 유래와 의미에 대하여 정리한다.<br>[학생] 泣斬馬謖의 유래와 속뜻을 정확히 알고, 본받을 점에 대해 생각해본다.<br><br>[교사] 다음 시간에 "생각하기" 과제를 내주고 다음 시간까지 발표할 수 있도록 예고한다.<br>[학생] 왜 제갈량은 마속의 목을 베어야만 했을까? '나 '라면 어떠했을까? 하는 점을 생각해본다. | | * Power Point 자료,<br>* Projection TV,<br>* Computer,<br>* 비디오 삼국지 CD. | 8분 |

## 4) 다른 학습자료 소개

| | | | |
|---|---|---|---|
| 1 | 자전찾기 | | **〈자전을 이용한 수업〉**<br>중학교 교육과정에 자전찾기가 포함되어 있고 별도로 시간을 내어 꼼꼼하게 수업을 해야 학생들이 이해를 하고 사용할 수 있게 된다. 그러나 진도에 쫓기어 제대로 수업을 할 수 없거나 혹은 대충하고 넘어가게 되는데 기말시험 후의 시간을 이용하면 자전찾기 수업을 효율적이고 재미있게 할 수 있다.<br>우선 자전(옥편)이란 한자를 설명하고 용례를 실어놓은 한자 사전이다. 자전의 구성은 부수를 중심으로 편제되어 있고 부수의 순서와 부수에 따른 한자의 정렬 순서는 낮은 획수에서 높은 획수 순으로 정리되어 있다.<br>자전을 이용하는 방법은 세 가지가 있다. 부수를 이용하는 방법, 총획색인을 이용하는 방법, 자음색인을 이용하는 방법이 그것이다. 자전이 부수를 중심으로 편제되어 있으니 부수를 중심으로 수업을 하는 것이 정도이겠으나 한자를 처음 배운 중학생이라는 점을 감안하면 자음색인으로 먼저 시작하는 것이 학생들로 하여금 쉽게 느껴지게 할 것이다.<br>이미 배운 쉬운 한자를 찾아보고 그 용례를 확인하고 점점 어려운 한자를 찾아보도록 하였다.<br>한자를 자전에서 찾는 데서 그치지 말고 그 한자의 용례를 공책에 직접 적어보도록 지도하면 학생들은 매우 흥미있어 하고 적어보는 과정에서 한자를 써보게 되고 낱개의 한자뿐만 아니라 한자어를 익혀 어휘력을 길러주게 된다. 부수에 대한 설명을 전체적으로 하고 부수의 변형자를 설명하고 각각의 항목마다 실제로 해보기를 실어 설명을 달았다. |
| 2 | 한자변천 | | **〈눈으로 보는 변천과정〉**<br>한자의 기원은 사물의 모양을 본뜬 것에서부터 시작된다. 즉 그림문자인 것이다. 문자의 옛날 모양부터 순차적 변천과정을 눈으로 보고 보다 쉽게, 보다 즐겁게, 보다 오래 남게 한자에 접근할 수 있도록 하였다.<br>먼저 갑골문, 금문, 소전, 예서, 해서의 변천과정과 20자의 한자의 기원과 변천과정을 볼 수 있도록 꾸며놓았다. |
| 3 | 게임 | | **〈퍼즐게임〉**<br>앞에서 다양한 방법으로 고사성어를 학습하였다. 이번에는 그동안 학습한 내용을 복습할 수 있는 학습방법으로 퍼즐게임을 실시하기로 한다. 이는 학생의 흥미를 돋우고, 수업의 참여도를 높일 수 있는 효과적인 학습방법이다. 가로 열쇠와 세로 열쇠를 풀면서 새로운 한자어도 익히게 되고, 그 과정에서 앞에서 배운 한자와 고사성어를 다시 한번 복습하게 되는 효과가 있다. |



제2부  재미있는 수업모형 개발

| 4 | 쉼터 | 한강, 한강의 다리들<br>- 강서구를 중심으로<br>加陽大橋 | **〈한강, 한강의 다리들〉**<br>　교과서외의 부분에서 한자,한자어 학습에 도움이 될 수 업자료를 찾아 수업내용으로 재구성해 보는 데 그 의미를 두었다.<br>　한자ㆍ한자어 교육의 가장 큰 목표가 실생활 활용에 있 다면 그 목표를 위해 내용에 있어서도 우리와 가장 가까 이 있는 것을 소재로 찾아 재구성해보는 것도 하나의 방 법이라고 생각한다. 여기에서는 가장 우리생활과 밀접한 관계가 있는 한강을 통해 "한자ㆍ한자어 익히기, 한자의 자전찾기 수업, 한강을 역사적ㆍ지리적으로 접근하기, 한 강을 중심으로 한 문화유적을 찾아 선인들의 삶과 지혜를 감상, 이해하기-형편상 강서구로 범위를 국한시켰다-"를 시도해보고자 한다. |
| 5 | 깊고 넓게 | 삼국지 관련 사이트 | **〈삼국지 관련 사이트 모음〉**<br>삼국지에 대하여 좀더 심도 있게 공부할 수 있는 관련 사 이트 모음이다<br>* 정원기 삼국지연구소　http://www.samgookji.com/<br>* 기원이의 삼국지<br>　http://my.netian.com/~neonrush/<br>* 컴온삼국지<br>　http://myhome.hananet.net/~seohwang/<br>* 삼국지동호회 http://myhome.netsgo.com/liube/ |

## 5) 삼국지 퍼즐

<table>
<tr><td>1)</td><td>ㄱ)</td><td></td><td></td><td></td><td>2)</td><td>ㄴ)</td></tr>
<tr><td></td><td></td><td></td><td></td><td></td><td></td><td></td></tr>
<tr><td></td><td></td><td></td><td>ㄷ)</td><td></td><td></td><td></td></tr>
<tr><td></td><td></td><td></td><td>3)</td><td></td><td></td><td></td></tr>
<tr><td></td><td></td><td></td><td></td><td></td><td></td><td></td></tr>
<tr><td></td><td></td><td></td><td></td><td></td><td></td><td></td></tr>
</table>

〈가로열쇠〉

1) 아침에 셋, 저녁에 넷. 간사한 꾀로 어리석은 사람을 농락함.

2) 지난 일을 돌이켜 생각함.

3) '아주 작은 초가'를 이르는 말.

〈세로열쇠〉

ㄱ) 우리나라에서 고구려, 백제, 신라가 있던 시대.

ㄴ) 단골손님.

ㄷ) 풀을 엮어 은혜를 갚음.

〈가로열쇠〉

1) 임금과 스승과 아버지의 은혜는 다 같음.

2) 수업예정을 일정한 시간에 벌여놓은 표.

3) 해가 뜸.


〈세로열쇠〉

ㄱ) 스승과 제자 사이.

ㄴ) 의견이나 감정 따위를 드러내어 나타냄.

ㄷ) 나가고 들어옴.

〈가로열쇠〉

1. 옳지 않은 일.

3. 아무런 걱정이나 부족함이 없이 살 수 있는 즐거운 곳. 파라다이스.

5. 선가仙家에서, 하늘나라에 있다고 하는 복숭아.

7. 풀을 매어서 은혜를 갚음. 죽어서도 은혜를 갚음.


〈세로열쇠〉

2. 나라를 위하여 의롭게 죽은 사람. 안중근 ○○

4. 사람들이 자연을 접하면서 산책하거나 휴식을 취할 수 있도록 인공적으로 조성한 곳. 여의도 ○○

6. 복숭아꽃.

7. 열매를 맺는 일. 또는, 그 열매. 결실結實. 어떤 원인에서 초래된 결말의 상태.

8. 가르침의 은혜를 베풀어준 스승.


〈정답〉

| 朝 | 三 | 暮 | 四 |   | 回 | 顧 |
|---|---|---|---|---|---|---|
|   | 國 |   |   |   |   | 客 |
|   | 時 |   | 結 |   |   |   |
|   | 代 |   | 草 | 家 | 三 | 間 |
|   |   |   | 報 |   |   |   |
|   |   |   | 恩 |   |   | 廬 |

| 君 | 師 | 父 | 一 | 體 |   |   |
|---|---|---|---|---|---|---|
|   | 弟 |   |   |   |   |   |
|   | 之 |   |   | 時 | 間 | 表 |
|   | 間 |   |   |   |   | 現 |
|   |   |   | 日 | 出 |   |   |
|   |   |   |   | 入 |   |   |

| 不 | 義 |   |   | 公 |   |
|---|---|---|---|---|---|
|   | 士 |   | 樂 | 園 |   |
|   |   |   |   |   |   |
|   |   | 結 | 草 | 報 | 恩 |
| 天 | 桃 | 果 |   |   | 師 |
|   | 花 |   |   |   |   |

# 2. 형제투금兄弟投金의 학습지도안

## 1) 수업발표 주제

한문단문의 이해를 위한 효과적인 교수·학습 방법의 모색 – ICT를 활용한 학습자료 개발

## 2) 주제설정의 배경

제7차 교육과정이 시행되면서 한문교과는 재량학습의 선택과목 속에 포함되어 있지만, 그 중요성이 학습자와 학교현장에서 인정되어 다양한 형태로 수업시수가 증가하고 있는 형편이다. 뿐만 아니라 학교 밖의 사교육 범주에서도 한문은 영어와 마찬가지로 필수적 학습요소로 주목받고 있는 실정이다.

이러한 상황임에도 학교의 한문교육이 평면적 수업모델에서 벗어나지 못하면 학습자들의 학습의욕은 축소되거나 다른 방향으로 돌아가고 말게 된다. 여기서 한문교과의 흥미로운 수업운영이 요구된다. 보다 다양하고 창의적인 교수·학습 방법을 개발하여 학습자의 성취동기를 일으

켜야 한다.

이러한 필요성에서 본 수업에서는 한문단문을 효과적으로 이해하기 위한 하나의 교수·학습 방법으로 멀티미디어를 활용하고자 한다. 전통시대로부터 전해져오는 한문단문을 시청각적 교재를 활용함으로써 현재의 우리와 연관시켜 이해하기를 도모한다. 아울러 이러한 자료들이 교육현장에서 공유할 수 있도록 인터넷 자료로서 실을 예정이다.

## 3) 수업지도안의 실제

| 수업명 | 한문단문의 이해 | 수업 주제 | 友愛(우애) | 차시 | |
|---|---|---|---|---|---|
| 학습 목표 | 1. 한문단문 '友愛'를 독해하여 쉬운 한글로 표현한다.<br>2. 멀티 자료를 통하여 '우애'라는 한문단문이 생겨난 공암진을 살펴본다.<br>3. 先人들의 兄弟간의 우애를 생각해보고, 본받을 수 있도록 한다. | | | | |
| 학습 과정 | 교수-학습 활동 | 학습자료화면 | | 학습자료 활용방법 | 시간 |
| 도입 | [교사] 학습목표를 제시하고 友愛의 출전인 『新增東國輿地勝覽』에 대한 설명과 새로 나온 한자의 뜻풀이를 먼저 한다.<br> * 新增東國輿地勝覽 : 조선시대의 인문지리서로 조선 중기(1530년)에 이행 등이 동국여지승람을 증보 개정한 책이다.<br> * 麗 (려) 곱다, 恭 (공) 공손하다, 孔 (공) 구멍, 濟 (제) 건너다, 怪 (괴) 괴이하다, 篤 (독) 돈독하다, 忌 (기) 꺼리다, 謂 (위) 이르다, 憫 (민) 근심하다, 偕 (해) 함께, 錠 (정) 덩이<br>[학생] 학습목표를 알고 『新增東國輿地勝覽』 및 새로 나온 한자를 새기며 분위기를 환기시킨다. | 그림1. 신증동국여지승람 | | | 8분 |

| | | | | |
|---|---|---|---|---|
| | [교사] 한문단문 友愛를 천천히 읽고 따라 읽게 한다.<br>高麗恭愍王時고려공민왕시에 有民兄弟偕行유민형제해행이라가 弟得黃金二錠제득황금이정하여 以其一이기일로 與兄여형이라. 至孔巖津지공암진하여 同舟而濟동주이제할새, 弟忽投金於水제홀투금어수하니, 兄怪而問之형괴이문지한대, 答曰답왈 "吾平日오평일에 愛兄篤애형독이러니, 今而分金금이분금에 忽生忌兄之心홀생기형지심이라. 此乃不祥之物차내불상지물이니 不若投諸江而忘之불약투제강이망지라."하니 兄曰형왈 "汝之言여지언이 誠是矣성시의로다" 하고 亦投金於水역투금어수러라<br>[학생] 한문단문 友愛를 천천히 따라 읽으며 끊어 읽는 위치를 숙지한다. | | * Power Point 자료,<br>* Projection TV,<br>* Computer, | |
| 전개<br>전개 | [교사] 본문 속의 고유명사에 대하여 알려준다.<br>[학생] 선생님과 함께 화면으로 제공되는 인명 및 지명을 익힌다. | | | 34<br>분 |
| | 고려 공민왕(제31대 왕) 개혁정치, 노국대장공주와 결혼 | 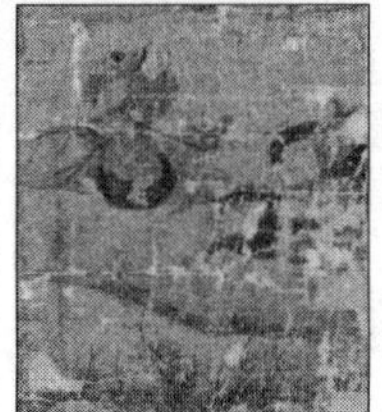 | * Power Point 자료,<br>* Projection TV,<br>* Computer, | |
| | 공암진: 경기도 김포군 양촌면(현재 서울 강서구 가양동)에 있던 나루터 |  | | |
| | [교사] 友愛를 독해하고 어구풀이를 하여 내용을 숙지하도록 한다.<br>[학생] 함께 이야기를 읽어보고 우애의 내용을 익힌다. | | | |


제2부 재미있는 수업모형 개발

| | | | | |
|---|---|---|---|---|
| 전개<br>전개 | 고려 공민왕 때에 어떤 평민 신분의 형제가 함께 가다가 아우가 황금 두 덩이를 주워 그 중에 하나를 형에게 주었다. 공암진에 이르러 함께 배를 타고 물을 건너다가 아우가 갑자기 금을 물에 던져버리거늘 형이 괴이하게 여겨 그 까닭을 물으니, 대답하기를 "제가 평소에 형을 사랑함이 도타왔는데 이제 금을 나누니 갑자기 형을 꺼리는 마음이 싹텄습니다. 이것은 바로 상서롭지 못한 물건이니 강물에 그것을 던져 잊어버리는 것만 못합니다"라고 했다. 형이 말하기를 "네 말이 진실로 옳다" 하고 또한 금을 물에 던져버렸다.<br><br>有民兄弟(유민형제) : 어떤 평민 신분의 형제. '有'는 불특정한 대상을 나타낼 때 사용되는 표현으로 '어떤'의 뜻임.<br>偕行(해행) : 함께 가다. 偕는 함께의 뜻(百年偕老).<br>孔巖津(공암진) : 한강 지류인 양천강에 있었던 나루. 현재 서울 강서구 가양동에 위치함.<br>忌(기) : 미워하다. 질투하다. 꺼리다.<br>汝(여) : 너. 당신. | | | |
| 정리 | [교사] 형제간의 우애가 황금보다 소중하다는 유래와 의미를 정리한다.<br>[학생] 兄弟投金의 유래와 속뜻을 정확히 알고, 본받을 점에 대해 생각해 본다. | | * Power Point 자료,<br>* Projection TV,<br>* Computer, | 8<br>분 |
| | [교사] 다음 시간에 "생각키우기" 과제를 내주고 다음 시간까지 발표할 수 있도록 예고한다.<br>[학생] 왜 동생은 황금을 강물 속에 버려야만 했을까? '나'라면 어떠했을까? 하는 점을 생각해본다. | | | |

## 4) 결론

'필요가 성공의 어머니'라는 말이 있다. 교수자의 고민과 노력이 모여서 한문과 교재의 멀티미디어용 자료가 축적되는 것이다.

평소 수업현장에서 각자 관심을 갖고 부족함을 느끼던 분야에 관심을 갖고 천착하게 되면 ICT 활용 교수·학습 방법과 접맥하게 된다. 이런 교수자의 노력을 통하여 학습자는 보다 흥미를 갖고 한문과목 학습에 임하게 될 것이다. 새로운 수업모델이 활발히 개발되고, 또 서로 그 성과를 공유할 수 있는 한문과 분위기가 활성화되기를 전망한다.

# 한문교과서에 활용할 한자어 개발을 위한 노트

## 들어가며

1998년부터 시행되어온 제7차 교육과정이 끝나고 곧 2008년도부터는 제8차 교육과정이 시행될 것이다. 그를 위한 준비가 교육계의 각 분야에서 활발히 진행되고 있는 작금에 있어서 필자는 나름대로 한문교과서에 대한 반성과 전망을 해본다.

제7차 교육과정에서 한문교과는 '재량활동' 속의 선택과목으로 전환되었다. 즉 '재량활동' 과목인 컴퓨터, 환경, 한문, 생활영어 중의 선택과목이라는 것이다. 다만 대학수학능력시험에는 불어, 일본어, 중국어와 같은 제2외국어군에서 희망자만 선택하는 형식이었다. 이런 한문교과의 위상은 제8차 교육과정에서도 크게 변동되지 않을 것이다. 그렇다면 현재 사용하고 있는 한문교과서의 취약점을 발견하고 그에 대한 개선책을 내놓지 않으면 안 되는 시점에 다다랐다고 생각된다.

우리나라의 한문과 교육내용은 '한자·한자어·한문'의 세 영역으로 나뉘어져 있음은 주지의 사실이다. 여기서 제일 문제가 되고 있는 것은 한자어 영

역이다. '한자어' 라는 용어 자체가 국어생활에 사용되고 있는 한자로 된 낱말
이란 뜻으로 국어어휘의 한자표기를 가리킨다. 특히 중학교 한문교과서의 한
자어란 중학교 교육용 한자 900자에 포함되는 간단한 어휘에서 벗어나질 못
한다. 초등학교 수준의 어휘이지만 한자표기이기 때문에 중학교 한문과에서
다룬다는 결론이다. 이러한 상태에서 학습자의 흥미와 자기주도적 학습을 유
도하기는 어렵다고 생각한다.

이러한 모순을 해결하기 위한 하나의 시론試論으로서 한문교과서에서 사용
할 한자어 모델과 그 학습방법을 정리하여보려 한다. 우선 제7차 한문과 교육
과정의 목표에 드러나는 세 가지 특징을 한자어에 연결시켜 '언어생활에 활용
되는 한자어' '가치관 형성의 한자어' '한자문화권의 한자어', 그리고 '중국
문화 관련 한자어' 를 제시하여 차기 제8차 한문과 교육과정의 한문교과서 제
작에 참고되기를 기대한다.

서술방법은 각 항의 표본을 각각 제시하고, 그 학습방법으로는 한자의 음훈
과 뜻풀이, 자원字源에 입각한 한자 생성원리, 그리고 관련 내용을 설명하는
문장이 서술되고, 그 중 제시어에 관계된 한자어는 괄호 안에 한자를 첨부하
였다. 사용되는 한자의 범위는 교육용 한자 1,800자 범위 내에서 선택한다.

# 1. 언어생활 활용되는 한자어

## 가) 閣下 : 문설주 각, 아래 하

각하閣下는 '전각殿閣 아래' 라는 말로, 본래 전각에 근무하는 정승들에 대한 존칭어였으나, 우리는 '대통령大統領 각하' 라는 표현처럼 극존칭으로 사용하였다.

> 각閣은 문(門)+각(咎)으로, 문을 닫는다는 뜻이고, 나아가 물선의 보관, 또는 전각으로 사용한다.
> 하下는 덮개 밑에 물건이 있는 것을 나타내어, '아래' 를 뜻한다.

각하의 '하下' 는 상대방이 거처하는 공간명칭 다음에 '하' 를 붙여 존대하는 사람이 거처하는 건물이나 발 아래에서 우러러본다는 뜻의 존칭표현이다.

예를 들면, 폐하陛下, 전하殿下, 각하閣下, 휘하麾下, 슬하膝下, 족하足下, 궤하机下, 좌하座下 등등.

폐하陛下는 천자天子가 집무하는 용상龍床으로 오르는 돌계단을 '폐陛' 라고 하므로, 그 돌계단 아래란 뜻으로 천자天子 곧 황제에게만 쓰는 존칭이다.

전하殿下는 궁전宮殿 아래란 뜻으로 진한秦漢 이래 왕비王妃, 세자世子 그리고 제왕諸王들에 대한 존칭이었다.

각하閣下는 그보다도 한 등급 아래이다. 일제시대에 문관文官으로는 일본 국왕이 직접 임명하는 칙임관勅任官과 무관武官으로는 육군소장陸軍少將 이상에게만 사용하던 말이기도 하였다.

## 나) 斷腸 : 끊을 단, 창자 장

단장斷腸은 말 그대로 창자가 끊어졌다는 말이다. 몹시 슬픈 것을 나타내고, 순 우리말로는 '애끊다' 이다.

> 단斷은 실(糸×4)+그것을 자르는 표시+도끼(斤)로, 싹둑 실타래를 자르는 것을 나타낸다.
> 장腸은 육(肉)+양(昜)으로, 긴 창자를 의미한다.

진晉나라의 환온桓溫이 양자강의 중류 삼협三峽을 지날 때, 한 병사가 장난 삼아 새끼 원숭이 한 마리를 잡아서 배에 탔다. 그러자 어미 원숭이는 슬피 울면서 환온이 탄 배를 쫓아 천여 리를 따라왔다. 배가 강어귀가 좁아지는 곳에 다가들자 어미 원숭이가 배 위로 뛰어올랐다. 하지만 원숭이는 자식을 구하려는 일념으로 애를 태우며 달려왔기 때문에 배에 오르자마자 죽고 말았다. 배에 있던 병사들이 죽은 원숭이의 배를 가르자 창자가 마디마디 끊어져 있었다.(『세설신어世說新語』「출면편黜免篇」) 단장이란 말이 여기서 나왔다.

6·25전쟁 때 인민군에게 끌려가는 남편을 애타게 그리워하는 노래에 '단장의 미아리고개' 가 있고, 또 3만여 명의 군인이 희생된 강원도 양구의 한 고개를 '단장의 능선' 이라 부르는 것처럼 단장은 참기 힘든 슬픔이다.



제2부 재미있는 수업모형 개발

## 다) 未亡人 : 아닐 미, 죽을 망, 사람 인

미망인未亡人은 글자대로 하면 '아직 죽지 않은 사람'이라는 뜻이다. 즉 남편이 죽고 홀로 남은 여자를 가리키는 말이다.

> 미未는 나무(木) 윗부분의 끝가지를 나타내는 횡선(一)을 그어서 '끝'을 의미한다.
> 망亡은 ㄴ(둘러싸다)+인(人)으로, 둘러싸여 보이지 않다, 나아가 '사라지다'를 의미한다. 인人은 사람이 서 있는 모습을 본뜬 것이다.

고대에는 왕이 죽으면 살아 있는 아내나 신하 그리고 노비들을 산채로 함께 파묻는 순장殉葬제도가 있었다. 순殉은 따라 죽는다는 뜻으로 우리나라에서도 삼국시대 이전에는 순장의 풍습이 있었다.

따라서 미망인이라는 말은 남편이 죽으면 함께 파묻혀 따라 죽어야 하는데, 그러지 못하고 살아 있어 죄송스럽다는 뜻이 담겨 있는 말이다.

아직도 인도에서는 남편이 죽으면 남은 부인을 비밀스럽게 희생시켜 '여신女神'으로 미화시키는 풍습이 남아 있다고 한다.

우리는 이 미망인을 '전쟁 미망인'이니 '나이 어린 미망인'이라 하여, '과부寡婦'라는 칭호 대신 상용하고 있지만 신중하게 사용하는 것이 좋을 듯하다.

## 라) 華燭 : 빛날 화, 촛불 촉

화촉華燭은 화려하게 빛깔을 들인 밀랍초로 흔히 혼례식婚禮式에 사용하였다.

> 화華는 초(艸)+수(垂:늘어지다)+우(于:음 부분)로, 식물의 잎이 드리워져 있는 모습을 나타낸다.
> 촉燭은 화(火)+촉(蜀:음 부분)으로, 불이 가만히 타오르는 모습을 나타낸다.

지금은 결혼식을 하기 직전에 양가兩家의 어머니가 푸르고 붉은 초에 불을 밝히는 모습을 볼 수 있다. 이 초가 화촉이다. 따라서 '화촉을 밝힌다' 는 것은 결혼을 한다는 말이다.

예전에는 화촉을 혼례와 같은 큰 행사가 아니면 사용할 수 없었다. 밀랍을 굳혀 화촉을 만들기 때문에, 구하기도 힘들고 비싸서 일반 서민들은 사용하기 어려워, 결혼식 때에나 사용하였던 것이다. 따라서 화촉에 불 밝히는 일은 결혼을 상징하는 말이 되었다.

또 화촉동방華燭洞房이라는 말도 있다. 동방洞房은 집안 깊숙이 여자들이 거처하는 방으로 침실을 나타낸다. 따라서 화촉동방이란 화촉을 밝힌 동방으로, 신랑新郎 신부新婦가 꽃잠(첫날밤)을 자는 방이다.

## 마) 食言 : 먹을 식, 말씀 언

식언食言은 한번 뱉은 말을 다시 꿀꺽 삼킨다는 뜻으로, 약속한 말대로 실행에 옮기지 않는 것을 의미하는 말이다.

식食은 그릇에 먹을 것을 담고 뚜껑을 덮은 모양을 본떠서, '먹을 것' 또는 '먹다'를 의미한다.
언言은 신(辛:절단하는 칼)+구(口)로 확실하게 끊어 발음하는 것이다.

"식언을 밥먹듯이 한다"는 말이 있다. 또 "비싼 밥 먹고 식언을 일삼는다"는 말도 한다. 분명히 자신이 말하여놓고, 내가 언제 그랬냐고 시치미를 뚝 떼거나, 기억에 없다며 모른 체하는 경우이다. 말을 밥 삼아 자꾸 먹어대면 사람이 탐욕스럽게 된다.

'식언' 하면 생각나는 이야기가 있다. 고구려 25대 평원왕平原王의 딸 평강공주平岡公主가 하도 시끄럽게 울어대니까 왕은 공주에게 바보 온달에게 시집 보내겠다고 놀렸다. 공주가 장성하여 시집을 보내려 하니, 공주는 "평범한 사람도 식언을 하지 않는 법인데 하물며 지존至尊이신 임금께서 식언을 하십니까?" 하고 부귀영화를 버리고 바보 온달에게 시집을 갔다. 왕인 아버지의 신의信義를 지켜드리기 위한 선택이었던 것이다.

## 바) 世代 : 대 세, 시대 대

세대世代에서 세世는 시조始祖를 1세世로 하여 차례로 내려가는 것이고, 대
代는 자기로부터 아버지, 할아버지의 순서로 올라가는 것이다. 이 두 말을 합
쳐서 세대라고 한다.

> 세世는 십(十)을 세 개 합하여 30을 의미하고, 나아가 30년, 1세대, 세상
> 의 뜻으로 사용된다.
> 대代는 인(人)+익(弋:대신하다)으로, 대신하는 사람, 나아가 대신하다로
> 사용된다.

한 세대는 보통 30년으로 잡는다. 그 이유는 공통의 체험을 기반으로 하여
공통의 의식이나 풍속을 전개하는 데 필요한 기간期間을 세대로 보기 때문이
다. 한편 생물학적 관점에서도 아이가 성장하여 부모의 일을 계승할 때까지
걸리는 기간으로 약 15~30년간을 표준으로 삼고 있다.

10년이면 강산江山이 변한다는 말이 있다. 한 세대와 다음 세대 사이에는
강산이 변하여도 두 번 세 번은 변할 기간이므로, 가치관價値觀에 차이가 생기
는 것은 당연지사當然之事이다. 이것을 세대차이世代差異라고 한다. 요즈음은
세상이 하도 빠르게 변하다 보니, 10살 차이에도 세대차이가 생기고 있다.

## 사) 出馬 : 날 출, 말 마

출마出馬는 말을 타고 나가는 것, 특히 전쟁터에 나가는 것이다.

출出은 발(足)이 빠졌던 곳(凵)에서 바깥으로 빠져나오는 모습에서 '나가다' '내놓다'를 의미한다.
마馬는 말의 모양을 본뜬 것이다.

출마는 본격적으로 작전계획을 세워 전쟁에 임하는 것이지만, 현재는 선거選擧에 입후보立候補하는 것을 가리킨다. 선거에 입후보하는 것이 생사生死를 예측할 수 없는 전쟁터에 나가는 것과 비슷하다는 뜻에서 나온 말이다.

지방선거地方選擧가 시행되면서 경향각지京鄕各地가 선거판 아닌 곳이 없다. 선거에 출마하는 후보候補들은 각자 자기 나름의 비장한 출사표出師表를 던지고 선거라는 전쟁터에서 사활死活을 건 경쟁競爭을 하고 있다.

예전에는 선거운동에서 한량閑良이라던가 백수건달白手乾達이 한 몫을 담당하였지만, 이제는 전문적 선거홍보 컨설턴트들이 준비된 아이디어로 선거 이벤트를 진행하면서 특수特需를 누리고 있다. 달라진 선거판이지만 최후의 승자勝者는 유권자有權者에게 신의信義를 지키는 사람임은 변함없을 것이다.

## 아) 半導體 : 반 반, 이끌 도, 몸 체

반도체半導體는 글자대로 하면 절반만 전도하는 물체이다. 전기를 잘 전달하는 도체導體와 전기를 거의 전달하지 않는 절연체絕緣體의 중간에 위치하는 물질이다.

> 반半은 우(牛)+팔(八:나누다)로, 둘로 나눈 소, 물건을 둘로 나눔을 나타낸다.
> 도導는 촌(寸=手)+도(道)로, '이끌다'를 의미한다.
> 체體는 레(豊:이어지다)+골(骨)로, 쭉 이어지는 뼈로 몸을 나타낸다.

반도체는 온도에 따라 전도율傳導率이 달라진다. 상온에서는 전도율이 도체와 절연체의 중간 정도이지만, 낮은 온도에서는 거의 전기가 통하지 않고, 높은 온도에서는 전기가 잘 통한다. 이 반도체 소재로는 실리콘, 게르마늄, 산화제일구리 따위가 있다.

우리 생활에서도 많은 곳에 반도체가 응용 사용되고 있다. 전자제품電子製品에 사용하던 진공관眞空管 대신에 트랜지스터가 사용되어 전자회로電子回路 등의 소형화·경량화에 기여하였다.

반도체의 발달로 모든 산업이 최첨단最尖端으로 성장할 수 있었고, 특히 우리나라 수출의 효자상품으로 경제성장經濟成長에 지대한 역할을 담당하였다.

## 2. 가치관 형성의 한자어

### 가) 伐草 : 벨 벌, 풀 초

벌초伐草는 한가윗날이 들어 있는 8월이 밝아오면 여름 동안 자란 조상 묘소墓所의 잡초를 뽑고 잔디를 돌보고 풀을 베는 것이다.

> 벌伐은 사람(人)의 머리를 창(戈)으로 자르는 모양에서 자르다, 나아가 '치다'를 나타낸다.
> 초草는 초(艹)+조(早:음 부분)로 이루어져, 풀 또는 도토리를 의미한다.

묘소는 본래 풍수설風水說에 따른 명당자리에 쓰려고 하였기 때문에, 옛날에는 조상의 묘소가 몇십 리 밖 먼 곳에 있는 경우도 있고, 또 여기저기 흩어져 있는 경우도 많았다. 이런 경우라도 후손들은 서로 모여서 벌초를 하면서 우의友誼를 돈독히 하고, 자손子孫된 효성孝誠의 표시를 다하였다. 한가위가 지나서도 벌초가 안 된 묘를 보면, 불효자손을 두었거나 임자 없는 묘라고 비웃음거리가 된다.

따라서 우리 조상들은 '묘소에서는 불을 조심하고 때맞추어 풀을 베고 돌본다'는 금화벌초禁火伐草라는 말을 가슴에 새겼다. 또 조상 묘소의 벌초는 노동력도 필요하지만, 그 정성된 마음을 가장 중요시하였다. 마지못하여 하면 '처삼촌 뫼에 벌초하듯' 한다고 꾸짖기도 하였다.

## 나) 親迎 : 친할 친, 맞이할 영

친영親迎이란 중국식 전통혼례의 육례六禮 중 하나로, 신랑이 친히 신부집
에 가서 인사를 올린 뒤 신부를 신랑집으로 맞이하여 오는 의식이다. 즉 혼례
식을 신랑 쪽에서 행하게 된다.

> 친親은 견(見)+신(辛+木)으로, 칼로 몸에 상처를 낼 만큼 가까이 접근하
> 여 보는 것, 나아가 '친하다'로 사용되었다.
> 영迎은 착(辶:나아가다)+앙(卬:마주보다)으로, 오는 사람을 반대로 맞이하
> 러 나가는 것이다.

중국의 『주자가례朱子家禮』 등에 보이는 유교적 예학은 거의 우리 조선조에
수용되어 예법으로 자리잡았다. 그러나 혼례 중 친영의 예절은 예외였다. 친
영은 남가男家 위주의 풍습인 반면에, 모계사회의 유습이 강하였던 우리나라
의 결혼 풍습은 고대 이래로 여가女家 위주의 남귀여가혼男歸女家婚(남자가 여
자 집에 가서 혼인을 하는 것)이 일반적이었기 때문에 받아들여지기 어려웠다.

그런데 1970년대와 80년대를 거치면서 슬그머니 우리나라 혼례문화가 남
가 위주로 바뀌어 결혼식 장소를 남자 쪽에서 정하고 있다. 이것은 친영식의
혼례문화라고 할 것이다.

## 다) 本貫 : 근본 본, 꿸 관

본관本貫은 관향貫鄕이라고도 하며, 성씨姓氏가 나온 곳, 또는 최초의 시조 始祖가 살던 곳을 말한다. 곧 성씨의 고향故鄕이다.

> 본本은 나무(木)에 뿌리 부분을 나타내는 횡선(-)을 그어서 나무의 밑둥, 근본을 나타낸다.
> 관貫은 관(毌:꿰뚫다)+패(貝:화폐)로, 찔러 꿰뚫은 돈을 나타내고 '꿰뚫다' 를 뜻한다.

본관의 '관貫' 은 꿴다는 의미로, 시조 이후의 모든 후손들을 본관이라는 줄에 묶어 연결성을 유지함이다.

본관에 사용되는 지명地名은 보통 시조가 나라에 큰공을 세워 임금에게 식읍食邑으로 받은 지역의 이름이 사용된다.

성씨姓氏와 본관 제도는 계급의 우월성과 부계혈족의 신분을 나타내는 표시이기도 하였다. 삼국시대에는 일부 상층계급만이 사용하였고, 차츰 왕실ㆍ귀족ㆍ일반 지배계급ㆍ양민 순으로 수용되었으나, 노비와 천민계층은 조선 후기에도 성씨가 없었다. 따라서 '본을 모르는 사람' 이라는 표현은 그 조상이 누구인지를 모른다는 모욕적인 표현이 된다.

## 라) 孝行 : 효도 효, 행할 행

　효행孝行은 유교의 가르침 중 가장 중시하는 것이다. 부모님께 아침저녁으로 문안을 올려 그 편안함을 살펴보고(昏定晨省), 조상의 제사祭祀를 잘 받들어 종족宗族을 계승 유지하는 것으로 요약될 수 있다.

> 효孝는 아이(子)가 노인(老)을 부축하여 돕고 있는 모습의 회의문자로 조상과 부모를 봉양한다는 뜻을 가진다.
> 행行은 교차로(+)를 그린 상형문자로, '길, 길을 가다, 움직여 동작하다' 등의 의미를 나타낸다.

　불교가 중국 사회에 들어올 때 효행의 문제로 매우 심한 반발을 받았다. 출가出家하여 승려가 된다는 것은 경우에 따라서는 조상의 제사를 모시는 자손이 없어진다는 것을 의미한다. 따라서 종족제를 가장 중시하는 중국인으로서는 도저히 용납하기 어려운 부정적 행동이었다.

　그래서 불교에서는 유교사상과 타협하여 누구든 한 사람이 출가하여 조상에 대한 공양供養을 하면 가족과 종족에게 매우 좋은 일이 생긴다고 설법하기에 이르렀다. 불교는 이외에도 중국 사회의 효행의식에 적응하기 위하여 모든 수단과 방법을 동원하기에 이르렀다.

 제2부  재미있는 수업모형 개발

## 마) 性善 : 성품 성, 착할 선

인간의 본성本性은 본디 착한 것인가, 아니면 악한 것인가, 착함도 악함도 없는 것인가? 성선性善은 착하다고 주장하는 쪽이다.

성性은 심(忄)+생(生:음 부분)으로 이루어져 태어나면서부터 갖고 있는 마음을 의미한다.
선善은 양(羊:음 부분)+구(口:뜻 부분, 많은 말)로 이루어진 형성문자로, '축하하는 말'이라는 의미에서 '좋다'라고 사용되었다.

맹자와 고자告子가 논쟁을 하였다. 먼저 고자가 물을 막고 있는 제방이 있다고 할 때, 그 제방을 동쪽으로 트면 동으로 흐르고, 서쪽으로 트면 서로 흘러가듯이, 어디를 트는가에 따라 물이 흘러가는 방향이 바뀌는 것처럼, 성性은 태어난 후의 환경에 따라 그 선악善惡이 정해진다고 주장하였다.

이에 대해 맹자가 논박하였다. 어느 쪽으로 트더라도 물은 아래쪽으로 흘러가는 것이 아닌가? 이처럼 물에 관해서 말하더라도 정해진 성격이 있듯, 성에는 즉 선善이라는 것이 본래 있다고 하였다.(『맹자』「고자告子」)

인간이면 누구나 본성 속에 착함이 있고, 그것을 발휘하면 성인에 이를 수 있다는 맹자의 주장은 평등주의 선상에서 새로운 인간 비전을 제시한 것이라고 할 수 있지 않을까?

## 바) 性惡說 : 성품 성, 악할 악, 말씀 설

인간의 본성本性이 악하다는 성악설性惡說은 순자荀子가 맹자의 성선설性善說을 비판하기 위하여 주장한 것이다.

성性은 심(忄)+생(生:음 부분)으로 이루어져, 태어나면서부터 갖고 있는 마음을 의미한다.
악惡은 심(心)과 '보기 싫다' 라는 음과 뜻의 아(亞)로 이루어져, '미워하다' 나아가 '나쁘다' 를 뜻한다.
설說은 열(兌:말하다, 기뻐하다)에 언(言)이 더해져서 주로 '말하다' 라는 의미로 사용된다.

순자는 인간에게는 태어나면서부터 욕망이 있으며(禮論), 천연자연의 욕망慾望을 그대로 따르면 욕망이 서로 충돌하여 혼란에 빠지게 되는데, 이 혼란이 바로 악惡이라고 한다.

순자는 천연자연의 성질이 이처럼 악과 연관된다는 의미에서 성악性惡이라 하였고, 인간을 선하게 만들기 위해서는 성인이 가르쳐준 예의禮義나 규범規範을 교육하여 타고난 악한 본성本性을 교정하고 규제하여야 평화롭고 이상적인 인간에 이른다고 하였다.

## 사) 循環 : 돌 순, 돌 환

농업農業을 기반으로 하여 성립된 중국 사회는 모든 것이 순환循環한다는 사상이 형성되었다.

순循은 척(彳:가다)+순(盾:음 부분, 방패)의 형성문자로 무엇인가를 의지하여 그것에 달라붙어 행하는 것을 의미한다.
환環은 바퀴(輪) 모양의 옥(玉)으로 처음도 끝도 없는 것을 의미한다.

농촌農村생활은 봄에 씨앗을 뿌리고, 여름에 성장시켜, 가을에 거둬들이고, 겨울에 휴식休息을 취하는 생활양식이 장기간 반복反復되면서, 시간은 1년을 단위로 순환한다는 의식이 생겨났다.

이 순환사상은 사회에도 적용되었다. 사회는 단순하게 발전과 악화의 길을 거치는 것이 아니라, 성하면 쇠퇴하고 쇠퇴하면 다시 성한다는 역사관을 이루었다. 어떤 왕조에서 다음 왕조로 천명天命이 옮아간다는 생각에도 이 순환사관이 바탕을 이루고 있다.

현재의 중국인들 또한 역사의 흥망성쇠興亡盛衰는 순환의 흐름 속에 돌아가고 있다고 생각하며, 과거의 찬란한 중화中華세계에 복귀하려는 움직임이 활발해지고 있다.

### 아) 祭祀 : 제사 제, 제사 사

유교문화권에서는 제사祭祀를 통하여 조상祖上을 기리고 일족一族의 화합을 도모한다.

> 제祭는 고기(月)를 손(又)으로 받드는 행위를 나타낸 것이다.
> 사祀는 시(示:제단)+사(巳:음 부분, 일하다)로 제례를 행하는 일을 의미한다.

제사祭祀를 올린다는 것은 조상祖上의 영혼을 모시는 일이다. 중국과 우리나라에서는 오랜 옛날부터 지금에 이르기까지 죽은 자의 영혼을 귀신鬼神이라고 부르고 있다.

자손들은 재앙災殃을 피하고 은혜恩惠를 받기 위해서 조상 귀신들과 좋은 관계를 유지해야 하는데, 마실 것과 먹을 것을 바쳐서 봉양한다. 그 행위를 제사라고 한다. 제사는 정해진 시기에 규범에 맞게 시행된다.

효행孝行은 살아 있는 부모에게만 행하는 것이 아니라, 돌아가신 조상에 대해서도 행하여졌다. 즉 조상에 대한 효행이 바로 '마실 것'과 '먹을 것'을 바쳐서 제사를 지내는 일이었다. 앞으로는 비록 후손後孫들이 좋아하는 '피자'와 '콜라'를 올려놓고 제사를 모신다 할지라도, 그 효행의 정신과 일족一族 화합의 의미가 사라지는 것은 아닐 것이다.

## 3. 한자문화권의 한자어

### 가) 韓流 : 나라이름 한, 흐를 류

한류韓流는 중국을 비롯한 동아시아권에 불고 있는 한국 대중문화의 물결이다.

> 한韓은 위(韋:왕도를 지키는 나라)+한(韓)으로, 국명을 나타낸다.
> 류流는 수(水)+류(㐬:출산 때 양수羊水가 흐르는 모양)로, '흐르다'를 의미한다.

20세기에서 21세기로 넘어가는 경계境界에서 홍콩을 비롯한 북경, 대만, 베트남 그리고 일본 등지에서 한국의 대중문화大衆文化가 큰 관심 속에 사랑을 받고 있다. 드라마, 음악, 패션 등에서 시작된 한류 열풍熱風은 다른 분야에서도 한국韓國 브랜드의 가치價値를 향상시키고 있다.

중국에 한류 열풍이 불게 된 사회적 요인要因 중의 하나는 홍콩이 중국에 반환返還되면서 영화산업映畵産業이 사양길을 걷게 되었고, 그 틈을 타서 한국 드라마가 대체문화代替文化로 부각하였고, 게다가 서양문화와는 다른 서로 공유하는 공감대, 즉 동아시아의 문화적 정체성을 일깨운 데 있다.

흥미롭게도 이러한 한류 현상은 동아시아를 넘어 미국과 유럽에도 확산되고 있고, 이 틈에 상술이 뛰어난 중국인들은 한류 캐릭터를 활용하여 막대한 경제효과를 올리고 있다.

### 나) 颱風 : 태풍 태, 바람 풍

태풍颱風은 여름에서 가을에 걸쳐 아시아 대륙大陸, 일본 열도列島 등에 불어닥치는 폭풍우暴風雨이다.

중국의 복건성과 대만臺灣 지방에서 거센 바람을 타이펑(大風)이라고 불렀는데, 그것을 서양인들이 typoon이라고 음역音譯하였고, 다시 역수입逆輸入하여 태풍이라 하였다.

> 태颱는 풍(風)+태(台:음 부분)로 이루어진 형성문자이다.
> 풍風은 본래 봉鳳의 상형을 차용하여 '바람'의 뜻을 나타내었다. 전문篆文은 충(虫:동물의 대표)+범(凡:펄럭이는 돛 모양)으로 펄럭이는 돛이 흔들려 동물에게 자극을 주는 바람을 나타내었다.

태풍과 같은 엄청난 위력의 자연재해가 덮쳐오면, 인간은 참으로 미약한 존재임을 자각하게 된다. 올해도 예외 없이 지구촌의 여기저기가 자연재해를 당하였다.

허리케인이 덮쳐 아수라장이 된 미국 뉴올리언즈 지역, 그리고 하루에 강수량이 1,321mm나 내렸지만 30여 명의 사망으로 피해를 최소화한 일본 미야자키 지역, 그리고 583mm의 강수량에 모든 도시기능이 마비된 울릉도 등, 그 중 일본의 방재防災 시스템은 단연 돋보인다.

진정한 선진국先進國이 되기 위해서는 국민의 생명과 재산이 보다 안전하게 보호되어야 할 것이다.

## 다) 乾達 : 마를 건, 이를 달

건달乾達은 불교용어 건달바乾達婆(Gandharva)의 음역音譯이지만, 우리나라에서는 '하는 일 없이 빈둥대는 사람'을 나타낸다.

건乾은 태양이 깃발처럼 높이 올라가는 모습을 나타내어, 높고 밝으며 건조함을 의미한다.
달達은 착(辶:나가다)+양(羊)+대(大:음 부분)로, 양의 출산처럼 순조롭게 잘 통과함을 나타낸다.

건달바는 수미산須彌山 남쪽의 금강굴金剛窟에 살며 제석천帝釋天의 음악을 담당하는 신神이었다.

한자로 의역意譯하여 식향食香, 심향행尋香行, 향음香陰, 향신香神이라고도 하였는데, 모두 향香 자를 넣은 이유는 그 천신이 술과 고기를 먹지 않고 향만을 먹고 산다고 믿었기 때문이다. 사찰에서 신도들이 향을 피우는 것은 이 건달바에게 봉양하는 행위에서 비롯된 풍습이라고도 한다.

위와 같은 전설로 건달바는 인도에서 음악 혹은 예능계에 종사하는 사람을 가리키고, 우리나라에서도 처음에는 그런 뜻으로 사용되었을 것이나, 예인藝人을 천시하던 풍토에서 오늘날 사용하는 건달의 뜻으로 변질되기에 이르렀다.

## 라) 義務 : 옳을 의, 힘쓸 무

권리權利와 짝이 되어 함께 나오는 것이 의무義務이다. 듀티(duti) 또는 오브리게이션(obligation)의 번역어이지만, 중국의 고전에서는 그 용례가 발견되지 않는 일본식 조어造語이다.

> 의義는 양(羊:잘생긴 양)+아(我:음 부분, 모가 난 삼지창)로, 번듯하게 모양이 좋음을 나타낸다.
> 무務는 무(秋:힘쓰다)에 力을 보태어서 힘쓰다를 의미한다.

의무라는 말은 일본 사회의 '의리義理'의 감각이 스며 있는 말인 듯하다. 주자학에서의 '의리'는 사람이 행하여 할 올바른 도리道理를 의미하지만, 일본어의 의리는 '타인他人에 대한 교제상의 체면體面이나 정의情誼'를 의미한다.

이 의무라는 어휘도 양계초 등에 의해 중국으로 건너가 사용되었다. 특히 양계초는 '신민지권리급의무臣民之權利及義務'라는 식으로 의무와 권리를 함께 사용하고 있다.

근대의식이 성장함에 따라 일본에서 만들어진 한자어가 동아시아 사회에 점차로 보급普及 정착定着되기에 이르렀던 것이다.



제2부  재미있는 수업모형 개발

## 마) 進化 : 나아갈 진, 될 화

에벌루션(evolution)이라는 영어를 기반基盤으로 한 진화進化라는 말은, '진보변화進步變化'라는 뜻을 축약하여 일본의 명치明治 시대에 만들어진 일본산 한자어漢字語이다.(加藤弘之,『人權新說』)

> 진進은 착(辶)+추(隹:새)로, 새가 나는 것처럼 앞으로 나아가는 것을 나타
> 낸다.
> 화化는 사람(人)과 그것을 거꾸로 돌려놓은 모양을 합쳐서 '바꾸다'를
> 의미한다.

더욱이 진화론의 속성인 생존경쟁生存競爭, 자연도태自然淘汰, 적자생존適者生存 등의 말도 명치 시기에 일본에서 만들어진 한자어들이다.

'경쟁'이나 '도태' 등의 어휘는 중국 고전에도 물론 보이고 있지만, '진화'라는 어휘는 일본인의 궁리에 의해 만들어진 듯하다.

중국의 엄복嚴復은 진화를 '천연天演'이라는 말로 표현하였는데, 이는 일부러 일본 한자어를 기피하려 한 의식의 표현이기도 하였다. 그러나 엄복이 궁리하여 만들어낸 번역어들은 중국 사회에서도 대부분 도태되고, 일본 한자어가 한자문화권의 공용 표현으로 자리잡아왔다.

## 바) 脫亞入歐 : 벗을 탈, 버금 아, 들 입, 토할 구

탈아입구脫亞入歐의 아亞는 아세아亞細亞(Asia)이고, 구歐는 구라파歐羅巴(Europe)이다. 전근대적인 아시아적 양식에서 벗어나 근대화된 서구식 사회로의 진입을 말한다.

일본의 근대화는 탈아입구를 기점起點으로 삼고 있다. 아시아를 벗어나 일사불란一絲不亂하게 서양을 모방함이다. 이 근대화 과정은 전통과 철저히 괴리되고 내적內的 필연성도 없었다. 따라서 일본은 서양에 대해서는 '저항의식과 콤플렉스'를 갖게 되고, 아시아에 대해서는 유일하게 근대국가近代國家를 확립했다는 독자성獨自性을 과시하기에 이르렀다.

하지만 '서양 콤플렉스'와 '아시아 멸시'라는 이중구조二重構造 속에서 '내적 공허감空虛感'을 갖게 되었다. 이 내적 공허감 때문에 일본은 동양을 다시 상기하고, 동양문화가 서양문화와 맞설 만한 문화임을 자신의 일본 · 인도(불교) · 중국(유교) 문화를 총동원하여 주장한다. 이 경우 동양문화는 제국주의 침략에 고뇌하는 아시아 문화가 아니라, 과거에 대한 낭만의 상기에 불과하다. 이런 과정에서 일본 근대의 폐쇄적 일본문화론이 형성되었던 것이다.

## 사) 乾杯 : 하늘 건, 잔 배

건배乾杯는 음주飮酒 의식에서 가장 중요하고 오래된 의식儀式이다. 고대사회에서 제사를 지낼 때 제사장이 술잔을 높이 들고 신과 소통하던 신성한 행위가 일반 민간에 전해져 건배 의식으로 남게 되었다.

> 건乾은 큰 깃발이 높게 펄럭이는 모습을 본뜬 상형문자이다.
> 배杯는 목(木)과 음 부분의 부(不:구부려 휘다)로 이루어져 나무를 구부려 휘어서 만든 그릇으로 술잔을 의미한다.

우리나라 사람들은 술을 마시기 전에 잔을 높이 들고 '위하여!' 라고 외치면서 서로의 우정과 좋은 관계를 확인한다. 건배는 중국어로는 '간베이', 일본어로는 '간파이' 라고 발음하며, 술잔을 비워 시원하게 마시라는 말이다.

이 말을 영어로는 구운 빵을 뜻하는 '토스트(toast)' 라고 외치는데, 그 유래는 포도주를 마실 때 구운 빵을 함께 먹기 때문에 유래하지 않았을까 하고 추측할 정도이지 정확하게는 알 수 없다.

건배라는 음주 의식은 공동체의 형제애를 결속하려는 목적과, 한편으로는 통제·의무 그리고 경쟁의 특성을 내포하고 있다.

# 4. 중국문화 관련 한자어

## 가) 中國 : 가운데 중, 나라 국

중국中國이란 중국인이 자신의 나라가 세계의 중심中心에 있다고 의식하여 사용한 말이다.

> 중中은 깃대로 틀의 한가운데를 꿰뚫은 모양을 나타낸 상형문자이며, 가운데, 또는 가운데를 관통한다는 의미를 갖는다.
> 국國은 □(울타리)+或(음 부분)으로 된 형성문자로, 틀로 경계를 한정함을 의미한다.

대륙大陸에 위치한 중국인은 국경國境에 대한 의식이 명확하지 않았다. 머리 위에 무한한 하늘이 있고, 그 하늘 아래 역시 무한한 대지가 있으며, 그곳에 중국문화를 가진 중화中華 세계가 펼쳐진다고 생각하였다.

이 중화세계의 중심지가 중원中原이며, 고대에는 황하黃河의 중류에서 하류에 걸쳐져 있던 지역이다.

문명도가 높은 중원 지역과 점차로 문명도가 낮은 주변 지역과는 문명의 정도에서는 차이가 있지만, 중국문화를 받아들여 공유한다면 모두 중국이며 중화세계라고 한다.

반면 중국문화에 따르지 않는 주변국은 어두운 세계(海-晦), 암흑이라고 하여(『논어』, 「공야장公冶長」) 주변국의 문화를 철저하게 멸시하였다.

## 나) 儒敎 : 선비 유, 가르칠 교

동아시아는 한자漢字문화권 또는 유교儒敎문화권이라 불려진다.

유儒는 인(人)과 수(需:음 부분)로 이루어진다. 수需는 '雨+而(수염)'으로 물에 젖어 부드러워진 수염이고, 유儒는 성품과 행동이 참하고 부드러운 사람, 문물文物에 관여하는 사람을 뜻한다.
교敎는 원래 攴(동사의 기호)+爻(음 부분)에 다시 자子를 더하여, 아이에게 지식을 전하여주는 일, 교류交流함을 의미한다.

유儒는 교양 있는 사람, 즉 학자이며(『논어』「옹야雍也」), 유교는 유가儒家의 가르침을 말한다. 유교는 전한前漢 시대에 국교國敎가 되었다. 국교가 되었다는 것은 국가에 봉사하는 사람은 모두 유교를 알아야 한다는 의미이기도 하다. 따라서 유교적 교양을 몸에 익혀야 사회를 움직이는 지식인(士)이 될 수 있었다.

유교는 불교와 도교에 대립하는 종교적 호칭이기도 하다. 그 학문적 성격으로는 유학儒學, 여러 학파 중의 하나로서는 유가라고 하고 있다. 같은 유교문화권이면서도 한국은 유교, 일본은 유학, 중국은 유가라는 명칭을 관용적으로 사용하는데, 여기서도 삼국의 성향이 다름이 드러나는 것은 아닐까?

## 다) 君子 : 임금 군, 아들 자

한자문화권에서 추구하는 이상적 인물상은 '군자君子'였다.

> 군君은 구(口)+윤(尹:음 부분)으로, 사람에게 호령하여 원만하게 두루 다스리는 인물을 말한다.
>
> 자子는 어린아이를 형상화한 상형문자라는 설도 있으나, 여기서는 존칭의 뜻을 나타내는 접미사로 사용되었다.

군자는 덕이 높고 훌륭한 사람을 지칭하고, 소인小人에 대립되는 말이다(「논어」 「위정爲政」). 그 구체적 이미지는 『맹자』에 나오는 '군자삼락君子三樂' 에서 엿볼 수 있다(「진심 상盡心上」).

첫째는 부모와 형제 등 혈연공동체를 잘 보호하여 화목하게 하는 것, 둘째는 질서와 예禮를 잘 지켜 하늘과 땅에 부끄러움이 없는 것, 셋째는 후진을 양성하는 것이다.

영어권에서는 군자君子를 '젠틀맨' 이라고 번역하지만, 위의 세 가지 성격이 다 포함된 것은 아니다.

뒤에 군자君子는 지위와 관직이 높은 사람, 나아가서는 군주君主를 지칭하였고(「논어」 「안연顔淵」), 학문과 수양에 뜻을 두는 사람을 가리켰으며, 아내가 남편을 부를 때도 사용하였으니, 군자君子다운 남편이 되기를 바라는 기원이었을 것이다.



제2부  재미있는 수업모형 개발

## 라) 道敎 : 길 도, 가르칠 교

도道를 그대로 신격화하여 신앙의 대상으로 삼은 종교가 도교道敎이다. 유교儒敎나 불교佛敎에 비교하면, 중국의 사상과 문화적 특색을 가장 많이 지니고 있다.

도道는 길이라는 뜻의 辵(착)과, 길게 통한다는 뜻의 首(수:음 부분)로 이루어져, '길게 통하는 길', 또는 '길을 가다'를 의미한다.
교敎는 배우다의 효(爻:음 부분)와 아이(子), 그리고 때리다의 복(攴)으로 이루어져 '강제로 배우게 하다'를 의미한다.

도교는 도가道家사상의 영향을 어느 정도 받고는 있지만, 그다지 관계가 깊다고 할 수는 없다. 또 신선神仙사상이나 일종의 의학醫學사상도 오래 전부터 별도로 존재하다가 나중에 도교에 수용된 것이다.

도교의 전신은 황건의 난으로 유명한 태평도太平道라던가, 신자가 될 때 다섯 되의 쌀을 바치게 했다는 오두미도五斗米道이다.

따라서 중화민국이 수립되고 나서 도교는 미신迷信으로 간주되어, 문화혁명기에는 철저하게 탄압을 받았다. 오지에 있는 도관道觀까지 파괴되고, 도사道士들은 노동자가 되었으며, 헐리지 않은 도관은 학교 또는 공장으로 사용되었다. 1978년 신앙의 자유가 인정되어 현재는 각지에서 도교의 신들이 신앙의 대상으로 추앙받고 있다.

## 마) 道士 : 길 도, 선비 사

도사道士는 도교에서 교단敎團이라는 조직에 있으면서 여러 가지 의식을 거행하고, 선인仙人이 되기 위하여 수양하는 사람이다.

도道는 辵(발의 동작)+首(머리:음 부분)로 이루어져, 수首를 향하여 나아가는 길을 의미한다.
사士는 남자의 성기를 본떠서 남자를 의미하고, 성인으로서 자립하는 것을 나타낸다.

도교에는 두 부류의 신봉자가 있다.

하나는 개인적으로 도를 수행하여 도에 동화同化하려는 사람들로, 금을 마셔서 금과 같은 능력을 얻으려고 한 사람들이 대표적인 존재이다. 이들에 의해 중국에서는 연금술鍊金術이 발달하기도 하였다.

다른 하나는 대다수의 사람들로 일반 신자와 도사들이다. 도사들은 신들을 배례拜禮하는 의식, 기우제 의식, 죽은 자의 안락을 원하는 초도의식, 산 자의 장생을 기원하는 의식 등을 거행하고, 일반인에게 부적과 같은 도술道術을 베풀기도 한다.

도사 본인은 선인仙人이 되는 것을 목적으로 하지만, 일반인들은 도사를 통하여 개인의 현세적 행복을 추구하고 있다.

  제2부  재미있는 수업모형 개발

## 바) 解脫 : 풀 해, 벗을 탈

생로병사生老病死를 고통으로 보고, 이 고통에서 해방되는 것을 해탈解脫이라고 한다.

해解는 도(刀)＋우(牛)＋각(角:음 부분)으로 이루어져 칼로 소를 잡아 해체하는 것을 의미하고, 나아가 '가르다' '이해하다' 로 사용되었다.
탈脫은 육(肉)＋태(兌:음 부분, 없애다)로 이루어져 살이 빠져 '야위다' 나아기 '벗다' 로 사용되었다.

해탈은 불교에서 최고 목표로 하는 가르침이다.

이것은 인도에서는 보편적 가르침이었던 '윤회輪廻의 운명' 에서 벗어나는 일이기도 하다. 인도에서는 기본적으로 인생 자체를 고통으로 본다. 이런 비관론의 입장에서 현세의 고통스런 삶을 초월하여 궁극의 목표에 이르는 것을 해탈이라고 한 것이다.

하지만 현세를 긍정적으로 받아들이는 낙천적 중국인들에게 이 인도의 '윤회' 설과 그에 따른 해탈은 친숙하지 않은 외래사상이었다.

중국인들은 불교를 믿게 되면 좋은 일이 생기리라 생각하였다. 여기서 중국 불교의 특색이 드러나게 된다. 즉 인과응보因果應報 같은 것이다. 중국인들은 불교를 통하여 미래에 대한 희망을 가지려고 하였다.

## 사) 國敎 : 나라 국, 가르칠 교

국교國敎란 국가가 인정한 단 하나의 정식 사상을 의미한다. 중국에서는 전한前漢 시대 이래 유교가 국교로 지칭되었고, 우리나라에서는 조선시대에 유교가 국교의 자리에 올랐다.

> 국國은 경계(나라)라는 뜻의 혹(或:음 부분)에 둘러싸다의 위(囗)를 보태어 주로 '나라' 라는 의미로 쓰인다.
> 교敎는 배우다는 뜻의 효(爻:음 부분)+아이(子)에, 다시 때리다의 복(攵)이 덧보태져서 '강제로 배우게 하다' 를 의미한다.

흔히 중국이나 한국의 국교를 유교儒敎라고 한다.

유교는 글자 그대로 유가儒家의 가르침이라는 의미에 지나지 않지만, '국가와 사회의 지도 이념' 임을 강조한 지칭이다. 국교가 되었다는 것은 국가에 봉사하는 사람은 모두 유교를 알아야 한다는 의미이고, 학교제도 등도 유교를 기반으로 정비되었다.

따라서 국교로서의 유교는 정치하는 방법에서부터 행정조직, 일상생활의 행동기준이 될 도덕이나 고전과 역사에 대한 지식, 또는 음악에서 마차를 모는 방법에 이르기까지 다양한 가르침을 포괄하여야만 했다. 후에는 종교적인 색채까지도 포함하여 서구권의 국교의 의미인 '국가의 종교(state religion)' 로도 사용되기에 이르렀다.

## 아) 封建制 : 봉할 봉, 세울 건, 지을 제

중국문화의 기본을 이룬 정치제도는 봉건제封建制였다. 주周나라 무왕이 왕조를 열 때 공적이 있었던 친척이나 신하에게 일정한 토지(封)에 대한 통치권을 주어 나라를 만들게(建) 하였다는 데서 비롯된 것이 봉건封建이다.

> 봉封은 흙(土+土)과 손(寸)이 합하여진 회의문자로 삼각뿔 모양으로 흙을 모아 쌓은 제단 또는 둔덕을 의미한다.
> 건建은 율(聿:붓을 꼿꼿하게 세운 모양)과 인(廴:걸어 나가다)이 합하여진 회의문자로 몸을 꼿꼿하게 세우고 당당하게 걷는 모습을 의미한다.

천자天子는 천제天帝로부터 왕조를 세워도 된다는 명(天命)을 받아 왕이 된 하늘의 아들이다. 천자는 아들로서 부모인 하늘을 잘 섬겨야 하기 때문에, 조상에게 제사를 받드는 것처럼 하늘에 제사를 지냈다.

천자는 다시 제후諸侯에게 봉지封地를 봉하여주어 전권全權을 가지고 통치하게 하였다. 제후는 자신의 영토(封)와 지위를 세습하게 해주는 천자를 종가宗家로서 받들어 모시었다. 이처럼 하늘이나 왕실, 공신의 조상 등의 권위를 빌어 통합해내는 체제가 봉건제였다.

오늘날 우리의 지방자치地方自治 체제와는 다른 양상이지만, 원시적인 지방분권地方分權의 정치시스템으로 천자의 전제專制를 견제하는 시스템이었다.

## 나오며

이상에서 31개의 한자어를 제시하여보았다. 이러한 한자어를 선택한 이유는 그 어휘를 통하여 문화를 생각할 수 있게 하는 '문화언어' 라는 점이다.

특히 '한자문화권의 한자어' 에서는 현재 조어造語되어 사용하고 있는 '한류' 와 같은 어휘는 물론이고, 고대에 인도의 산스크리트어가 중국어로 번역된 어휘, 그리고 근대에 들어와 서구西歐의 용어들이 일본에서 번역되며 생성된 어휘들을 종류별로 살펴보고자 하였다. 그리고 부족하나마 일본문화를 이해하는 키워드에 해당하는 한자어 등을 통하여 일본의 역사와 문화를 생각하게 하였다. 그러나 교육목표에서 추구하는 '한자문화권 내에서의 상호 이해와 교류 증진' 을 위하여서는 보다 많고 다양한 한자어들을 준비할 필요가 있다.

앞으로 남은 문제는 보다 많은 교사와 한문에 관련된 연구자들이 한문교과서에 사용할 한자어들을 취사선택하여 정보를 공유하는 일이다. 제7차 교육과정에서 한문교과서는 그 외관外觀에 있어서는 흠잡을 데 없는 질적 발전을 이루었다. 이제 남은 것은 교육내용에서의 질적인 발전이다. 교과서는 특성상 제한된 짧은 시간에 제작하게 된다. 미리 그 담을 내용에 대한 검토 없이는 예전의 틀에서 벗어나기가 힘들다. 하지만 제7차 한문교과서에 대한 세밀한 분석과 반성하에 새 교과서를 만든다면 시행착오는 훨씬 줄어들 수 있게 된다.


제2부  재미있는 수업모형 개발